Frank Teichmann · Die griechischen Mysterien

Frank Teichmann

Die griechischen Mysterien

Quellen für ein Verständnis des Christentums

Verlag Freies Geistesleben

Himmlische sind
und Menschen auf Erden
beieinander
die ganze Zeit.

Friedrich Hölderlin, Der Einzige

Für Eckart Förster,
den späten Freund im gleichen Streben

Aus dem Nachlass von Frank Teichmann
herausgegeben von Brigitte Teichmann und Andreas Neider.

Alle Fotografien stammen vom Autor.

ISBN 978-3-7725-0911-7

1. Auflage 2007

Verlag Freies Geistesleben,
Landhausstr. 82, 70190 Stuttgart
Internet: www.geistesleben.com
© 2007 Verlag Freies Geistesleben
& Urachhaus GmbH, Stuttgart

Schutzumschlag: Bekrönung einer Grabstele,
Mitte 4. Jhd. v. Chr., Athen Nationalmuseum

Frontispiz S. 2: Demeter, Persephone und Triptolemos.
Votivrelief aus Eleusis, 440 v. Chr., Athen Nationalmuseum

Einbandgestaltung: Walter Schneider, Stuttgart
Druck: DZA Druckerei zu Altenburg GmbH, Altenburg

Inhalt

Vorwort

Das vorliegende Buch ist Frank Teichmanns letztes Werk, und an seinem Manuskript hat er bis einen Tag vor seinem Tod am 23. Dezember 2007 noch gearbeitet. Dabei konnte er das von ihm Geplante beinahe vollständig ausführen, lediglich die beiden Schlusskapitel mit einem Ausblick auf das entstehende Christentum und die zukünftigen Mysterien konnten nicht mehr geschrieben werden. Der Text ist von ihm druckreif niedergelegt worden und erscheint hier so, wie er ihn uns hinterlassen hat und nur an wenigen Stellen sprachlich überarbeitet. Auch die Bebilderung des Bandes ist von ihm noch vorbereitet worden, so dass Brigitte Teichmann und Walter Schneider, der Hersteller des Bandes, das Bildmaterial aus Frank Teichmanns reichhaltigem Fotoarchiv ohne größere Probleme zusammenstellen konnten. Die verwendete Literatur hat er in den Anmerkungen vollständig aufgeführt, weiterführende Literatur hat er hingegen nicht mehr angegeben, auf eine solche Auflistung wurde deshalb auch verzichtet.

Mit dem Thema des vorliegenden Buches hat sich Frank Teichmann, wie er selbst in der Einleitung schreibt, 50 Jahre seines Lebens beschäftigt. Er knüpft dabei an zwei zuvor erschienene Werke an: zum einen an das in gleicher Ausstattung 1999 erschienene Werk „Die ägyptischen Mysterien", auf das er im Verlauf mehrfach Bezug nimmt, zum anderen an das im Verlag Urachhaus 2003 in dritter, erweiterter Auflage erschienene „Der Mensch und sein Tempel – Griechenland". Das Ägyptenbuch (Mysterien) bietet sozusagen die Vorgeschichte zum jetzt vorliegenden letzten Werk, das Griechenlandbuch (Tempel) dagegen die architektonische Außenseite dessen, was im vorliegenden Werk als die Mysterien Griechenlands beschrieben wird.

Die griechischen Mysterien haben in vieler Hinsicht die europäische Kulturentwicklung vorbereitet und eingeleitet, insbesondere, was die Entwicklung des Denkens und der Philosophie betrifft. Das zeigt Frank Teichmann an den drei Mysterienstätten Ephesos, Eleusis und Samothrake sehr schön auf und ordnet jeder Mysterienstätte einen der für das Abendland prägenden Philosophen zu: Heraklit zu Ephesos, Platon zu Eleusis und Aristoteles zu Samothrake. Dabei stützt er sich nicht nur auf entsprechende Darstellungen der Altertumsforschung sowie der Anthroposophie Rudolf Steiners, sondern, besonders was Platon betrifft, auch auf vollkommen eigenständige Untersuchungen, bei denen ihn in der letzten Zeit seines Lebens besonders der Philosophieprofessor und Freund, Eckart Förster unterstützt und beraten hat.

Überhaupt bemerkt man bei der Lektüre dieses Buches, dass es aus vielen Unterrichts- und Gesprächssituationen heraus entstanden ist, die Frank Teichmann sein Leben lang wichtig waren und die er deshalb immer wieder aufgesucht und entwickelt hat. Denn sein Herzensanliegen war es, die Tradition der platonischen Akademien, Gedanken und Erkenntnisse *miteinander*, im philosophischen Gespräch zu pflegen, im Sinne der Anthroposophie Rudolf Steiners weiter zu entwickeln. Er knüpfte damit an einen der zentralen Dialoge Platons, den *Phaidros*, an, in dem Platon nicht nur den Wert und die Bedeutung des mündlichen Vortrages und des philosophischen Gespräches hervorgehoben hat, sondern auch deren organische Gestaltung.

Das Prinzip der organischen Gliederung eines Gedankenzusammenhanges, wie es Frank Teichmann auch in diesem Buch, eben anhand des platonischen Dialoges *Phaidros*, noch einmal in vollendeter Form entwickelt, war sein Lebensmotiv. Diesem hat er als ein wahrer Philosoph ein Leben lang gedient, und ihm ist auch dieses Buch gewidmet in dem Wissen, dass die Erkenntnis des Wesens, das sich in diesem Prinzip der organischen Gedankengestaltung zum Ausdruck bringt und das die Griechen den *Logos* nannten, für die Gestaltung der Zukunft der Menschheit von entscheidender Bedeutung sein wird. Möge die Lektüre dieses Werkes in diesem Sinne Früchte tragen!

28. August 2007
Andreas Neider

Abb. 2 S. 12 und 13:
Herakleia am Latmos.

Abb. 3 links: Delphi.

Einleitung

«Ewiges Griechenland!» Durch dieses von Martin Hürlimann seit 1944 herausgegebene Buch sind Generationen von Menschen an die alte griechische Kultur herangeführt und für sie begeistert worden. Viele von ihnen besuchten danach auch das Land, das sie innerlich ersehnten, schauten sich die Museen an, nahmen die herrlichen Natureindrücke in sich auf und tauchten mit ganzer Seele ein in diese schöne, doch fremde Kultur. Wer das Glück hatte, Griechenland noch vor dem Ausbruch des Massentourismus zu erleben, wer etwa die feldwegbreite Straße noch kannte, die sich in zahllosen Kurven nach Delphi hinaufwand, wer dort noch von dem Kommen des Frühlings überrascht wurde, wo sich Artemis innerhalb weniger Tage ein neues Gewand anzog, der hatte in der seit der Antike nur wenig veränderten Natur noch ähnliche Erscheinungen wahrnehmen können, wie sie auch einem Griechen in alten Zeiten begegnen konnten. Damals war die Artenfülle der Pflanzen noch nicht auf den giftresistenten Raps reduziert, der Lärm der Autos hatte noch keine Adler verjagt und die Einsamkeit der Hochweiden war noch nicht von den zahllosen Ferienhäusern durchsetzt, die in der Sommerzeit ganze Landschaften zu Vororten Athens degradieren. Handel und Verkehr wurden mit Schiffen bewältigt und an den Häfen konnte man sich Esel und Maultiere mieten, die dann den Rest des Weges zu versorgen hatten.

So stark die Veränderungen der letzten Jahrzehnte auch sind und so schwierig es heute, zumal in der Umgebung größerer Städte, auch ist, sich die alten Umgebungen zu imaginieren, viel entscheidender für das Erleben der alten griechischen Kultur ist der Wandel, der sich im Seelengefüge des Menschen vollzogen hat. In den über 2000 Jahren, die seit dem Aufblühen, Gedeihen und Welken der altgriechischen Kultur nun schon vergangen sind, hat sich das Seelen- und auch das Geistesleben der Menschen so stark verändert, dass kaum noch vorausgesetzt werden kann, daß überhaupt ein Verständnis der Alten möglich ist. Schon Herman Grimm

15

Abb. 4: Athena hilft
Atlas beim Tragen des
Himmelsgewölbes
(Olympia, Museum).

registrierte diese Tatsache: «Alles Griechische, bis in die festesten historischen Zeiten hinein, behält für unsere Blicke etwas Märchenhaftes. Auch
da wo die in Stein … gegrabenen Urkunden vorliegen, steht allen Ereignissen ein ‹Es war einmal› als Einleitung vorgeschrieben. Wir glauben die
Dinge gerne, aber hören auf sie zu begreifen, sobald die Erzählung stockt.
Es sind lauter Irrfahrten und Abenteuer, die wir erfahren … Die Griechen
… sind auch im praktischen Geschäftsleben fantastisch und scheinen von
Einfällen regiert zu werden. Menschliches und Göttliches lässt sich nicht
bis auf den letzten Rest scheiden.»[1] Man müsste sogar sagen: Es lässt sich
überhaupt nicht scheiden. Die Götter greifen nicht nur in die entscheidenden Schlachten ein, sie bestimmen alles und jedes – und wer gelernt
hatte, sie wahrzunehmen, entdeckte bald, dass sie sich überall einmischten.

1 Herman Grimm, *Goethe,*
16. Vorlesung, Stuttgart
[7]1903.

16

Die Kämpfe der Ilias sind voll von ihrem tatkräftigen Einsatz oder auch von ihrem Widerstand; kaum eine Beratung verläuft ohne Athenas Erscheinen, und wem sie verbunden ist, der kann auf sie vertrauen. Doch nicht nur die großen Götter greifen ein, auch die Natur und die in ihr wirkenden Wesen beteiligen sich; so kann ein Flussgott Achill bedrohen, Winde blasen Odysseus' Schiffe zu Äolus' Heim zurück, Meeresströmungen fordern ihren Tribut, Baum-Nymphen offenbaren sich, der Gesang der Sirenen verlockt Odysseus, bei ihnen zu bleiben – ja die ganze Welt ist von geistigen Wesen erfüllt.

Doch auch das Umgekehrte ist möglich. Einzelne Menschen können nicht nur die Götter wahrnehmen, sie können sich auch aktiv bei ihnen bemerkbar machen. Gar mancher ist in die Unterwelt hinabgestiegen und hat dort die Toten befragt, Herakles hat den Kerberos bezwungen, wenige Auserwählte sind sogar in den Olymp gelangt oder sind in die Gefilde der Seligen entschwunden. Götter und Menschen sind noch nicht geschieden, sie wissen von ihrer Verwandtschaft und handeln danach. Viele edle Geschlechter haben göttliche Vorfahren, und die großen Helden sind dadurch ausgezeichnet, dass sie entweder eine göttliche Mutter (wie etwa Achill) oder einen göttlichen Vater haben (wie z.B. Sarpedon).

Im Gegensatz zu uns, die wir nun schon im Anfang des dritten Jahrtausends leben, existierten für den alten Griechen nicht nur die Sinneswelt, sondern geistige Welten hinter und über ihr. Zumindest für bestimmte Zeiten und in besonderen Situationen konnte er die Götter und auch niedere geistige Wesenheiten wahrnehmen. Erst am Ende der griechischen Kultur entschwanden sie aus seinem bewussten Leben. Noch lange jedoch erschienen sie ihm dann im Traum, aber auch dort wurden sie ernst genommen, wie es das Beispiel des Sokrates zeigt.[2]

Wovon der Grieche natürlicherweise noch ganz selbstverständlich überzeugt war, das ist die Vorherrschaft des Geistes. Was von dort aus geschaffen oder beschlossen worden ist, das galt. Was Zeus versprochen hatte, das wurde auch eingehalten, ja er selbst konnte es nicht mehr ändern. So konnte sich zum Beispiel Achills Mutter unbedingt darauf verlassen, dass das Schicksal, das Zeus ihr zugenickt hatte und das den ganzen Gang der Ilias enthielt, wirklich genauso eintreten werde.

So unbestritten dieser Unterschied der Seelenlage eines alten Griechen im Vergleich zu uns auch ist, so wenig werden die Konsequenzen daraus gezogen. Denn wenn wir die Welten, die dem Griechen besonders wichtig gewesen sind und von denen sein Dasein abhing, nicht mehr wahrnehmen können, weil uns die Organe dafür fehlen, dann wird es schwierig für uns, überhaupt seine Kultur zu verstehen. Und genau das ist gegenwärtig

2 Vgl. Platon, *Apologie des Sokrates,* 33a. Vgl. auch: *Phaidon,* 60d.

17

allenthalben zu erleben. Wer sich etwa eine moderne Darstellung der griechischen Geschichte ansieht, findet zwar dort alle äußeren Tatsachen ordentlich verzeichnet, aber wenn er die Erklärungen dazu liest, findet er nur wieder die Probleme, die der gegenwärtige Mensch damit hat. Das Gleiche gilt für die Religionsgeschichte, für die griechische Philosophie und für all jene Fragen, in denen es um das Menschenverständnis der alten Welt geht.

Diese Bemerkungen müssen hier vorausgeschickt werden, weil die Situation der heutigen Kultur und der heutigen Wissenschaften den Zugang zu den griechischen Mysterien außerordentlich erschwert. Was wir nämlich mit einem modernen Sinnesbewusstsein von den Mysterien erfahren können, das ist nur die Außenseite ehemaliger Wirksamkeiten. Die innere Seite erschließt sich nicht, denn dazu bräuchten wir dasselbe Organ, mit dem die Griechen ihre Götter wahrgenommen haben. Und das ist bei uns Heutigen wegen Nichtgebrauchs zu allermeist total verkümmert, ja oft sogar gänzlich entschwunden.

Das Problem, das hier auftaucht, ist indes seit längerem bekannt und wurde von Goethe in dem schönen Gespräch zwischen Wagner und Faust schon gültig dargestellt. Was Wagner den «Geist der Zeiten» nennt, in den er sich versetzen möchte, das wird von Faust so kommentiert:

«Mein Freund, die Zeiten der Vergangenheit
Sind uns ein Buch mit sieben Siegeln;
Was ihr den Geist der Zeiten heißt,
Das ist im Grund der Herren eigner Geist,
In dem die Zeiten sich bespiegeln.»[3]

Durch die Vorherrschaft der Naturwissenschaften in unserer Zeit hat man sich immer mehr daran gewöhnt, nur die Sinnesseite der Welt als real gelten zu lassen und all das zu bezweifeln, was den Sinnen nicht zugänglich ist. Forscher, die diesem Trend unreflektiert folgen, werden daher immer unsicher, wenn in alten Texten von Göttern, Geistern oder Engeln die Rede ist. Man «glaubt» sie dann nicht mehr ernst nehmen zu können, ohne sich zu fragen, ob diese Erlebnisse den früheren Menschen nicht etwa genauso real erschienen sind wie uns irgendein Sinneserlebnis.

Am deutlichsten zeigt sich diese Haltung wohl da, wo sie uns am meisten betrifft, in der Theologie des Neuen Testaments. Was da in den letzten 200 Jahren in immer schärferen und hochmütigeren Abhandlungen herausgearbeitet worden ist, hat nicht nur die Historizität des Neuen Testamentes infrage gestellt, sondern auch all das abgelehnt, was die spirituellen Wur-

3 *Faust I*, 575–579.

zeln des Christentums sind. Ein Werk wie das von Gerd Lüdemann[4] kann überhaupt nur noch wenige Szenen der Evangelien schätzen. Das meiste wird in den Bereich der Fabel verwiesen. Die Argumentation ist immer dieselbe. Wenn übersinnliche Phänomene berichtet werden, fragt man sofort, woher denn der Evangelist davon weiß. Also zum Beispiel: Wenn der Engel an Maria herantritt und ihr die Geburt eines Kindes verkündet – eine Szene, die jahrhundertelang zum Grundbestand der spirituellen Bilder aus dem Christusleben gehörte –, fragt man: Woher weiß das Lukas denn?, er kannte doch Maria nicht persönlich. Dazuhin wird noch extra berichtet, dass auch Maria niemandem davon erzählte, sondern es in ihrem Herzen bewahrt habe. Da bleibt für ein modernes Bewusstsein nur übrig, sich zu denken, daß Lukas die ganze Szene frei erfunden habe. Ja, wenn man das Tagebuch Mariens gefunden hätte, dann bräuchte man sich wenigstens nur zu überlegen, warum denn Maria auf einen solchen Einfall gekommen wäre, aber man hätte zum Mindesten einen archivalischen Beleg gehabt. So aber, wo es überhaupt keine historischen Urkunden gibt und alles, was das Christuswesen betrifft, nur auf mündlicher Überlieferung beruht, kann man die Quellen des Christentums nicht mehr schätzen. Für die früheren Christen, bis in die Neuzeit hinein, gab es diese Problematik nicht. Wenn da Zweifel an den Geschichten der Evangelien aufkamen, weil man vielleicht Widersprüche zwischen den Evangelien festgestellt hatte, war man vorsichtig in der Beurteilung, und man schrieb das Unverständnis eher sich selbst zu als den «heiligen Schriften». John of Salisbury hat zum Beispiel in der Schule von Chartres im 12. Jahrhundert noch gelernt: «Was gesagt wird, soll im Lichte von dem interpretiert werden, warum es gesagt worden ist. Wenn wir uns törichterweise nur nach der Oberfläche der Worte richten würden, ohne den Sinn des Gesagten zu erfassen, würden, sogar in den kanonischen Schriften, die Väter nicht miteinander übereinstimmen, ja sogar die Evangelisten selbst würden einander widersprechen.»[5]

Ein solcher Mensch hat eher erwartet, dass seine Fähigkeiten noch nicht ausreichen, um die «Widersprüche» auflösen zu können und sie zu verstehen, als dass die Texte sich wirklich widersprechen würden. Ganz abgesehen davon, dass geistige Wesen wie Engel selbstverständlich als Tatsachen hingenommen und noch nirgends bezweifelt worden wären.

Eine ganz ähnliche Situation, wie wir sie in Bezug auf die Evangelien haben, besteht auch für den Altertumsforscher in Bezug auf Homer. Was wird da nicht alles ausgedacht, um erklären zu können, woher ein Dichter, der im 8. Jahrhundert v.Chr. lebte, wissen kann, was bei dem Kampf um Troja alles geschehen ist. Er war doch nicht dabei. Die Lücke von 400 Jah-

4 Gerd Lüdemann,
Jesus nach 2000 Jahren,
Lüneburg 2000.
5 *Metalogicon I*, 19.

19

ren wird da nicht einfach durch Fantasie überbrückt, denn Homer liefert im 8. Jahrhundert v.Chr. oft ganz exakte Daten, die in vielem wirklich den vorvergangenen Tatsachen des 12. Jahrhunderts v.Chr. entsprechen.

Das hat die diesbezügliche Forschung neuerdings bekräftigt, nachdem sie seit der Wiederaufnahme der Grabungen in Troja einen starken Impuls bekommen hat, sich gerade mit diesen Fragen zu beschäftigen.[5]

Die erstaunlichsten Ergebnisse liefert dabei der Schiffskatalog aus dem zweiten Gesang der Ilias, denn dort werden nicht nur die Feldherren und Anführer und die Zahl ihrer Schiffe genannt, sondern auch deren Herkunftsorte. Manche dieser Orte gab es in dem Jahrhundert, in dem Homer dichtete, schon lange nicht mehr, sie bestanden nur in mykenischer Zeit. Erst durch Ausgrabungen konnte ihr längst vergangenes Dasein überhaupt nachgewiesen werden. Woher also wusste Homer davon? Die alte Antwort wäre gewesen: von den Musen! Die sagten es ihm, denn ehe er die 266 Verse (!) des Schiffskataloges erinnernd aufzählt, ruft er die Musen an:[7]

«Sagt mir nun, Musen! die ihr die olympischen Häuser habt –
Denn ihr seid Göttinnen und seid zugegen bei allem und wisst alles,
Wir aber hören nur die Kunde und wissen gar nichts …–»

Von ihnen hat ja Homer nicht nur die schwer zu erinnernden Einzelheiten erfahren, von ihnen übernahm er auch die ganzen Geschichten, sowohl die Erzählung vom Zorn des Achill als auch die der Irrfahrten des Odysseus. Beide Epen beginnen deshalb mit einem Anruf an die Muse, welche die eigentliche Quelle der Dichtungen ist, sowohl der Ilias:

«Den Zorn singe, Göttin, des Peleus-Sohns Achilleus,
Den verderblichen, der zehntausend Schmerzen über die Achaier
brachte …»[8]

als auch der Odyssee:

«Den Mann nenne mir, Muse, den vielgewandten,
der gar viel umgetrieben wurde, nachdem er Trojas heilige Stadt
                                        zerstörte …
Davon – du magst beginnen, wo es sein mag – Göttin,
Tochter des Zeus, sage auch uns!»[9]

Die Musen wissen nicht nur alles, als ob sie dabei gewesen wären, sie erinnern auch alles und singen es dem Dichter und Sänger zu. Als Odysseus auf seinen Irrfahrten schließlich im Land der Phäaken mit einem großen Fest mit Wettspielen, Tänzen und Geschenken geehrt wird, da ruft man

6 Siehe den Ausstellungskatalog *Troia, Traum und Wirklichkeit*, Stuttgart 2001.
7 *Ilias 2*, 484 ff.
8 *Ilias 1*, 1–2.
9 *Odyssee I*, 1–2.

auch den berühmten Sänger Demodokos zur Tafel, damit er seine Gesänge ertönen lasse. Er wählt sich die Themen dazu aus dem trojanischen Krieg, ohne zu wissen, dass der zu Ehrende Odysseus ist. Zum größten Erstaunen des Odysseus singt er, obwohl er vor Troja nicht anwesend war, die einzelnen Begebenheiten so wahrheitsgetreu, dass ihn Odysseus sehr dafür lobt und ihm ein tüchtiges Stück von seinem Festtagsbraten überbringen lässt. Dabei sagt er zu ihm, nicht ohne Hintergedanken:[10]

«Demodokos! Über die Maßen preise ich dich unter allen Sterblichen: ob dich nun die Muse, die Tochter des Zeus, gelehrt hat oder auch Apollon. Ganz nach der Ordnung nämlich singst du das Unheil der Achaier: wie viel sie getan und gelitten haben und wie viel sie ausgestanden, die Achaier, so als wärst du selber dabei gewesen oder hättest es gehört von einem andern. Doch auf! wechsle den Pfad und singe das Lied von dem hölzernen Pferde, das Epeios gemacht hat mithilfe der Athene, das einst der göttliche Odysseus als eine List auf die obere Stadt geführt, nachdem er es mit Männern angefüllt, die Ilion vernichtet haben. Wenn du mir auch dieses nach Gebühr berichtest, so will ich alsbald allen Menschen verkünden, wie freundlich gesonnen dir der Gott den göttlichen Gesang verliehen.»

Dieser, von dem Gott und der Muse getrieben, hob nun zu singen an, und wieder so eindrücklich genau, «als ob er selbst dabei gewesen wäre». Odysseus «schmolz hin und Tränen quollen ihm aus den Lidern und benetzten seine Wangen», indem ihm all seine Erlebnisse durch den «göttlichen» Gesang wieder erinnert wurden. Erst jetzt offenbarte er den Phäaken seine Identität. Als vielkluger Mann hatte er den Sänger prüfen wollen, indem er ihm den Auftrag gab, das zu besingen, was eigentlich nur er selber wissen konnte. Und beschämt musste er feststellen, dass Demodokos tatsächlich von Apollon und seinen Musen inspiriert worden war.

Die Antwort eines Homer auf die Frage, woher er das alles wusste, hätte also gelautet: «Nicht von mir selbst, sondern Gott und die Musen haben mich erwählt, damit ich ihre Stimme vernehme.» Ganz ähnlich hätte sicher auch der Evangelist gesprochen. Auch er empfand den Inhalt der Evangelien von höheren Wesen inspiriert, und so ist es auch während der ganzen christlichen Jahrhunderte dargestellt worden. Engelwesen waren es, wie es die Bilder bis in die Barockzeit hinein zeigen, die den Evangelisten einhauchten, was sie zu schreiben hatten.

Was liegt nun diesem ganzen Phänomen wirklich zugrunde? Um hier weiterzukommen, muss man wissen, dass es ein *Weltgedächtnis* gibt – Rudolf Steiner nannte es in Anlehnung an die altindische Terminologie, wie sie in der «Theosophischen Gesellschaft» zunächst gebraucht wurde,

10 *Odyssee VIII*, 487 ff.

die *Akasha-Chronik* –, in der alles verzeichnet ist, was je auf Erden geschah.

George William Russel, der irische Seher und Dichter, nannte es das *Erdgedächtnis*. In seinem Buch «Weg zur Erleuchtung» (= The Candle of Vision, London 1918) beschreibt er, wie er «an einem warmen Sommertag, müßig am Hügelhang ausgestreckt», dalag, «mit keinem andern Gedanken beschäftigt als mit dem Sonnenlicht und wie angenehm es war, darinnen zu dösen», als ihm plötzlich ein heftiger Herzschlag durchbebte und er erkannte, dass es um Wesentliches ging. Er fuhr auf, alle Sinne geweitet und gespannt, und tauchte ein in jenes wunderbare Land, in dem die Götter wohnten. Seit jenem Augenblick wusste er, dass das goldene Zeitalter immer noch existiert, aber dass er dafür blind gewesen war. Nachdem sich ihm das Schau-Organ für die Vergangenheit geöffnet hatte, war er zunächst unsicher über das, was er erlebte. Er prüfte zunächst die Situation, stellte Versuche an, verglich das Geschaute mit den überlieferten Texten und den ergrabenen Grundrissen, ehe er seinem Lesen im Erdgedächtnis immer mehr vertraute und es immer besser zu beherrschen lernte.

«Ich habe über die Rasenhügel gegrübelt, die alles sind, was von den Festungen noch übrig ist, worin unsere keltischen Vorfahren lebten, und sie bauten sich für mich wieder zusammen, sodass ich anschauen konnte, was anscheinend eine frühere Zivilisation war, ich sah die Menschen, bemerkte ihre Kleidung, die Farben Naturwolle, Safrangelb oder Blau und wie rauh sie war, genau wie unser eigenes Handgesponnenes; sogar solche Einzelheiten waren zu sehen, wie dass die Männer bei Tisch das Fleisch mit Messern zerschnitten und mit den Fingern zum Munde führten … Es ist ein visueller Akt, das Wahrnehmen von bereits existierenden Bildern, hingehaucht auf ein ätherisches Medium, das sich in keiner Weise vom Träger unserer Erinnerungen unterscheidet.»[11]

G.W. Russel wehrte sich heftig gegen äußere Einwände wie etwa, er habe zu viel Phantasie oder er würde einer «Suggestivwirkung» o.Ä. unterliegen, denn durch seine jahrelangen Kontrollen hatte er allmählich gelernt, seine Erlebnisse ernst zu nehmen. Schließlich ist er sich sicher, «dass die Erinnerung ein charakteristischer Bestandteil aller Lebewesen ist und ebenso der Erde, des größten bekannten lebenden Organismus, und dass sie ihre ganze lange Geschichte, die uns zugänglich ist, mit sich herumträgt; Städte, die längst untergegangen sind, Weltreiche, die zu Staub geworden oder die zusammen mit versunkenen Kontinenten unter den Wassern begraben liegen. Die Herrlichkeit, wofür Menschen ihr Leben ließen, erstrahlt noch immer; *Helena ist da in ihrem Troja* … Keine alte

11 George William Russel, *Weg zur Erleuchtung*, München 1992, S. 82 f.

22

Überlieferung ist je zugrunde gegangen. Die Erde bewahrt für sich und ihre Kinder, was diese voller Leidenschaft zerstört haben mögen, und es lebt fort im Reich des Ewiglebenden, sodass es der mystische Abenteurer sehen kann.»

Dieser mystische Abenteurer kann nun lernen, durch Ausbildung seiner Kenntnisse und seines Willens sich einzuarbeiten in vergangene Kulturen. Doch «für jene, von denen in ihrer spirituellen Entwicklung diese Erscheinungen erstehen, möchte ich sagen: Suchen Sie nach den größten Erdenerinnerungen und rufen Sie diese hervor, nicht jene Dinge, die nur Neugierde befriedigen, sondern die, die erheben und begeistern und uns eine Vorstellung unserer eigenen Größe geben. Die edelste aller Erdenerinnerungen ist das erlauchte Ritual der alten Mysterien, worin der Sterbliche, in feierlichen Auftritten unbeschreiblicher Größe, seiner Sterblichkeit entkleidet und in die Gesellschaft der Götter aufgenommen wurde.»[12]

Aus solchen Einblicken in das «Erdgedächtnis» stammen zum Beispiel alle die Schilderungen Rudolf Steiners, die er aus seinen Forschungen heraus gegeben hat. Sie werden hier nicht nur als alternative Ergebnisse angeführt zu denen, die sonst von den Altertumswissenschaften entdeckt worden sind, sondern als zentrale Aufdeckungen ehemals geistiger Erlebnisse. Da es sich bei Mysterieninhalten jeweils um innere Vorgänge handelte, die zwar oftmals von äußeren Bildern angeregt wurden, sich aber in ihrer Bedeutung erst danach erschlossen, kann eine äußere Aufzeichnung allein niemals zu verstehbaren Mysterienerlebnissen führen. Das zeigen viele der heutigen Bücher, die über das alte Mysterienwesen verfasst worden sind. Gerade die sorgfältigsten Untersuchungen unter ihnen führen immer zu dem Eingeständnis, dass man «solche Erfahrungen nicht zurückgewinnen und nicht rekonstruieren kann»,[13] obwohl man sie für denkbar hält.

Wem sich das Schau-Organ für das Erdgedächtnis aufgetan hat, dem liegen nicht nur die äußeren Tatsachen vergangener Zeiten vor Augen, sondern er kann sich auch, je nach seinem eigenen geistigen Begriffsvermögen, in die inneren Erlebnisse vertiefen, welche den Menschen der Vorwelt einst beschieden waren. Allerdings verläuft ein solches Schauen nicht wie das Sehen der Sinneswelt ab, wo es nur eines Augenaufschlags bedarf, um die vorhandene Welt wahrzunehmen. Die Welt des Geistes muss immer erst geschaffen werden! Sie wird von Wesen getragen, die dem Seher dabei helfen, das zu schauen, wessen er bedarf. Das kann ein Gott oder eine Muse sein, ein inspirierendes Engelwesen oder ein Toter, auf jeden Fall muss es ein Wesen sein, das im Zusammenhang mit der geistigen Welt die

12 Ebd., S. 88.
13 W. Burkert, *Antike Mysterien*, München 1990, S. 96.

23

Offenbarung ermöglichen will. So wurden Homer, die Evangelisten und auch Rudolf Steiner belehrt. Wenn die Inhalte dann veröffentlicht sind, kann jeder Mensch, der daran interessiert ist, nun selber prüfen, ob die Zusammenhänge stimmen. Außenstehende vermuten dann gern, dass hier bloßer Glaube an Einsichten, die man einfach hinzunehmen habe, vorliege. Das mag am Anfang wohl so sein. Aber je öfter man sich mit den Inhalten beschäftigt, je genauer man sie mit alldem in Zusammenhang bringt, was man auch aus anderen Quellen wissen kann, desto mehr wachsen sie zu möglichen, dann zu wahrscheinlichen und schließlich zu gesicherten Erkenntnissen heran. Der Erkenntnisprozess ist dabei nie abgeschlossen, jeder neue Gesichtspunkt erweitert wieder das Ganze – ein Vorgang, der lebenslang anhält.

In diesem Sinne habe ich gewagt, die folgenden Seiten aufzuschreiben. Sie sind ein vorläufiges Zwischenergebnis meiner nun bald fünfzigjährigen Beschäftigung mit diesem Thema. Sie fußen auf den gewöhnlichen Forschungsergebnissen der Altertumswissenschaften mit derselben Schätzung, wie sie auch den darüber hinausgehenden Schauerlebnissen Rudolf Steiner zukommt. Jedoch wird hier nur dasjenige dargestellt, was aus beiden Bereichen zusammengewachsen ist, was sich gegenseitig ergänzt und so den wirklichen Zusammenhang mit der Götterwelt erst verständlich macht. Was nur als äußere Überlieferung allein bewahrt worden ist, wird ohne seine geistige Ergänzung zumeist als wenig belangvoll erscheinen, genauso wie eine Mitteilung des Geistesforschers in der Luft hängt, wenn man die entsprechende äußere Situation nicht kennt.

So habe ich den hier gewählten Zugang zu den alten Mysterien auch schon in meinem Buch über die altägyptischen Mysterien beschrieben. Doch trotz dieser Einleitung glaubte man, das Buch doch so beurteilen zu müssen, als ob der zweite, der geistige Zugang zu den Phänomenen, so wie ihn Rudolf Steiner eröffnet hat, gar nicht existierte. Wenn das möglich wäre, dann müsste man konsequenterweise auf jedes Verstehen verzichten. Die Mysterien sind als solche ausgesprochenermaßen ein geistig-göttliches Phänomen, und wer sie als ein solches von vornherein ablehnt, kann ihre Welt nicht finden. Zudem bleibt ihm der tiefere Zugang zu den alten Kulturen verwehrt, denn in deren Zentren wirkten die Mysterien und gestalteten die von ihnen ausstrahlende Kultur. Als Angehöriger der griechischen Kultur wusste das jeder gebildete Mensch, und selbst noch in der Spätantike, als Valentinianus im Jahre 364 n.Chr. die Feier der eleusinischen Mysterien verbieten wollte, antwortete ihm der Prokonsul Praetextatus, dass «dieses Gesetz das Leben der Griechen unlebbar machen würde, wenn sie verhindert würden, die das ganze Menschengeschlecht zusammenhaltenden heiligsten Mysterien nach den Satzungen zu vollführen».[14]

Die Mysterien gehören zu den vorchristlichen Kulturen wie das Zentrum zur Peripherie, von ihnen strahlte aus, was an Geistigkeit in einer Kultur lebte. Sie wirken gerade noch in die Zeit des frühen Christentums hinein, um auch dort ein erstes Verständnis für den größten Umschwung aller irdischen Kultur zu erwecken, der durch Christus eingeleitet wurde. Die griechischen Mysterien haben von diesem Ereignis gewusst, sie haben es erwartet, sich darauf vorbereitet und all die geistigen Hilfsmittel zur Verfügung gestellt, mit denen diejenigen, die eingeweiht waren, das Christus-Ereignis wenigstens ahnungsweise verstehen konnten. Ein Gott, der Mensch ward, kann nur dann verstanden werden, wenn zu dem Erleben des Christus, das viele hatten, auch noch die innere Begrifflichkeit hinzukam, mit der man zu wahren Erkenntnissen gelangen konnte. Und diese hatten die Mysterien in ihrer eigenen Entwicklung nach und nach ausgebildet.

So mündet die Mysteriengeschichte in die christliche Entwicklung ein und ermöglichte den an ihr beteiligten Menschen, ihre eigene Entwicklung allmählich immer besser zu verstehen. Heute stehen wir erstmals an dem Ort, wo wir die gesamte Geistesgeschichte, einschließlich des Umschwungs ins Christentum, als einen kontinuierlichen Prozess, der noch längst nicht abgeschlossen ist, begreifen lernen können. Und vielleicht ist die Zeit nicht mehr weit, in der ein neues, jetzt das Christentum aufnehmendes Mysterienwesen wiedererstehen wird.

14 Zitiert nach K. Kerényi, *Die Mysterien von Eleusis*, Zürich 1962, S. 26 f.

Abb. 5 S. 26 und 27:
Epidauros, Theater.

Abb. 6 links: Epidauros,
Theater.

Die griechische Kultur als Quellort unserer heutigen Kultur

Unsere moderne Kultur wurzelt, ohne dass wir uns dessen normalerweise bewusst sind, in der Kultur der alten griechischen Welt. Zwar hat sich auf dem jahrhundertelangen Überlieferungsweg die lateinische Kultur und ihre Sprache dazwischengeschoben, aber hinter ihr ist zu allen Zeiten die Nachwirkung der Griechen lebendig geblieben. Seit den Zeiten der Scholastik versuchten die Gebildeten immer wieder an die alten ursprünglichen Texte und Überlieferungen Griechenlands zu kommen, von deren Existenz man wusste, die aber in keiner Bibliothek mehr aufzufinden waren. Hier und da gelang es ein solches Werk noch bei den Arabern zu entdecken, doch die originalen Quellen blieben zumeist verschollen. Dabei gab es immer wieder Schulen, wie die von Chartres im 12. Jahrhundert oder die von Paris im 13. Jahrhundert, welche nichts sehnlicher erstrebten, als die Werke der Alten bearbeiten zu können. Man ging davon aus, dass die Werke Platons und die des Aristoteles zum Beispiel den Geist des Menschen so vorbereiten und schulen würden, dass man die Geheimnisse des Christentums vielleicht besser verstehen könnte. Man hoffte, sich durch diese Werke wieder an den alten Weisheitsstrom anschließen zu können, der aus noch älteren, aber geistigeren Zeiten stammte.

Als dann nach dem Zusammenbruch des byzantinischen Staates und der Eroberung von Konstantinopel 1453 ein plötzlicher Strom von altgriechischen Textüberlieferungen nach Italien hereinfloss und sich in die verschiedenen Geisteszentren verteilte, war das ganze Interesse der Gebildeten darauf gerichtet, sich möglichst schnell mit dem herrlichen Schatz bekannt zu machen.

Der alte Cosimo di Medici erbat sich von Marsilio Ficino zuallererst die Übersetzung der «Hermetischen Schriften», weil er sich von ihnen erhoffte, dass sich «in ihnen alle Regeln des Lebens, alle Prinzipien der Natur und alle heiligen Mysterien des Göttlichen»[15] eröffnen würden. Von diesen zwar griechisch geschriebenen Texten, die aber zum Teil auf wirklich altägyptisches «Gedankengut» zurückführten,[16] erwartete man eine

15 Zitiert in: M. Ficino, *Über die Liebe,* Hamburg 2004, S. XVII
16 Vgl. E. Hornung, *Das esoterische Ägypten,* München 1999, S. 57 ff.

vertiefte Anregung des eigenen Geisteslebens. Und wahrlich, das Interesse erweckte eine heute kaum noch zu verstehende Begeisterung für diese Inhalte. Erst nachdem Cosimo di Medici sich bei Marsilio Ficino mit einem bescheidenen Haus bedankt hatte, konnte dieser mit der Platon-Übersetzung beginnen. Die Folge war auch diesmal eine intensive Aneignung der neu gewonnenen Dialoge, sodass man in Florenz eine «Akademie» begründen konnte, in der man die Werke der Alten las, besprach und kommentierte. Neben den Werken Platons übersetzte man noch eine Fülle weiterer zum Teil spätantiker Philosophen wie Plotin, Proklos u.a., die ebenso aus ihrem Schlafesdasein in byzantinischen Klosterbibliotheken gerettet und dem eigenen Kulturkreis einverleibt wurden. Was an diesen Autoren so besonders geschätzt wurde, das war ihre so selbstverständliche Beziehung zur göttlichen Welt. Ficino hebt das besonders hervor, wenn er den Stil Platons lobt, der «wie ein göttliches Orakel immer himmlische Geheimnisse enthält».[17] Diese galt es zu enthüllen, und so entsteht eine reiche Kommentarliteratur. Die alten Bilder waren ja nur gewählt worden, weil man die eigentlichen geistigen Tatsachen, deren Zeuge man war, nicht einfach profan aussprechen konnte, sondern nur, wie in Mysterien üblich, in imaginativer Form.

Die Kultur der Renaissance in Italien versuchte nicht nur an die bildende Kunst der Antike anzuknüpfen, sondern vor allem an ihr inneres geistiges Leben. Was die großen Dichter der alten Welt hinterließen, wird ebenso eifrig studiert wie das, was die großen Philosophen gedacht haben, ja die gesamte alte Kultur taucht aus den Tiefen der Zeiten wieder auf und bildet den geistigen Hintergrund der aufgehenden «Neuzeit».

Von nun an sind in den Studien der großen Humanisten und großen Gelehrten Europas die griechische Sprache und die Kenntnis der überlieferten Literatur nicht mehr wegzudenken, sodass die Welt der Antike zu einem stets anwesenden und stetig wachsenden Kulturfaktor wird. Einen gewissen Höhepunkt in diesem Präsentsein erreicht die alte Kultur zur Zeit des deutschen Idealismus, wo jeder der großen Geister manche seiner Werke dem Leben in jenen vergangenen Zeiten verdankt. Aber jetzt kommt die Zeit, wo man nicht mehr nur nachlebt, was sich in der zurückliegenden Kultur vorfand, sondern wo man auch auf den Unterschied achtet, der zwischen den Alten und der eigenen Zeit besteht. Gelegentlich kann man zwar noch nostalgisch die verblühten Zeiten zurücksehnen – und dafür gab es Anlässe genug –, aber in den meisten Fällen wird man auf den Entwicklungsschritt aufmerksam, der sich seit damals vollzogen hat. Der Gedanke der *Entwicklung* wird jetzt geboren, und unter seiner Führung entsteht ein neuer Blick auf die alte Welt.

17 Siehe Anm. 15, S. XXII.

Als Herder seine «Ideen zur Philosophie der Geschichte der Menschheit» (1784–91) verfasst, steht er ganz unter dem Eindruck dieser neuen Idee, beginnt mit der Entstehung der Erde, setzt mit der Entwicklung der Pflanzen und Tiere fort, ehe er den Menschen anschließt. Im dritten Band erst, den er 1787 Goethe nach Italien sendet, beschreibt er die geschichtliche Abfolge der Kulturen, von Asien ausgehend, über den Alten Orient mit Ägypten und Mesopotamien, um dann als Schwerpunkt dieses Bandes zuerst die griechische und dann die römische Kultur zu behandeln. Vor allem das griechische Kapitel, in dem Herder die Künste in den Mittelpunkt stellt, hat die Zeitgenossen stark beeindruckt. Hier wurde eine Kultur geschildert, der man nachstreben wollte, und wenn Herder die griechische Sprache «als die gebildetste der Welt, die griechische Mythologie als die reichste und schönste auf der Erde, die griechische Dichtkunst endlich vielleicht als die vollkommenste ihrer Art» bezeichnet,[18] so weckte das in den eifrigen Lesern Goethe und Schiller nur den Impuls, etwas Vergleichbares selbst zu entwickeln.

Vor allem über die selbstverständliche Darstellung erhöhter Menschen, von Helden, Halbgöttern und Göttern, die stufenweise miteinander verbunden sind, staunt Herder, denn sie spornten die Griechen an, ihnen nachzufolgen. «Alles hing an der kühnen Idee», so schreibt er, «dass Götter mit ihnen verwandte, höhere Menschen, und Helden niedere Götter sei'n», eine Idee, welche die Dichter gebildet hätten. Diese, der Götterwelt noch näher lebende Kultur, ist indessen verloschen, denn «mit jedem neuen Geschlecht kommt eine neue Denkart empor» und der «Genius dieser Zeit ist vorüber»[19].

Als Schiller 1788 Weimar besucht, umschweben ihn noch solche Gedanken, sodass er sich angeregt fühlt, «Die Götter Griechenlands» zu dichten. In umständlicher Ausführlichkeit entwickelt er dort seine Begeisterung für die alte Kultur, die er allerdings in der späteren Fassung von 1793 mildert und kürzt. Hier einige Strophen davon:

Da ihr noch die schöne Welt regieret,
An der Freude leichtem Gängelband
Selige Geschlechter noch geführt,
Schöne Wesen aus dem Fabelland!
Ach da euer Wonnedienst noch glänzte,
Wie ganz anders, anders war es da!
Da man deine Tempel noch bekränzte,
Venus Amathusia!

18 J.G. Herder, *Ideen zur Philosophie der Geschichte der Menschheit*, 3. Band, 13. Buch, II.
19 Ebd., 3. Band, 13. Buch, IV.

Da der Dichtung zauberische Hülle
Sich noch lieblich um die Wahrheit wand –
Durch die Schöpfung floss da Lebensfülle,
Und was nie empfinden wird, empfand.
An der Liebe Busen sie zu drücken,
Gab man höhern Adel der Natur,
Alles wies den eingeweihten Blicken
Alles eines Gottes Spur.

Wo jetzt nur, wie unsre Weisen sagen,
Seelenlos ein Feuerball sich dreht,
Lenkte damals seinen gold'nen Wagen
Helios in stiller Majestät.
Diese Höhen füllten Oreaden,
Eine Dryas lebt' in jenem Baum,
Aus den Urnen lieblicher Najaden
Sprang der Ströme Silberschaum.
…

Zu Deukalions Geschlechte stiegen
Damals noch die Himmlischen herab,
Pyrrhas schöne Töchter zu besiegen
Nahm der Leto Sohn den Hirtenstab.
Zwischen Menschen, Göttern und Heroen
Knüpfte Amor einen schönen Bund,
Sterbliche mit Göttern und Heroen
Huldigten in Amathunt.
…

Das Evöe muntrer Thyrsusschwinger
Und der Panther prächtiges Gespann
Meldeten den großen Freudenbringer,
Faun und Satyr taumeln ihm voran,
Um ihn springen rasende Mänaden,
Ihre Tänze loben seinen Wein,
Und des Wirtes braune Wangen laden
Lustig zu dem Becher ein.

Damals trat kein grässliches Gerippe
Vor das Bett des Sterbenden. Ein Kuss
Nahm das letzte Leben von der Lippe,
Seine Fackel senkt' ein Genius.

Selbst des Orkus strenge Richterwaage
Hielt der Enkel einer Sterblichen,
Und des Thrakers seelenvolle Klage
Rührte die Erinnyen.
…

Aber ohne Wiederkehr verloren
Bleibt, was ich auf dieser Welt verließ,
Jede Wonne hab ich abgeschworen
Alle Bande, die ich selig pries.
Fremde, nie verstandene Entzücken,
Schaudern mich aus jenen Welten an,
Und für Freuden, die mich jetzt beglücken,
Tausch' ich neue, die ich missen kann.[20]
…

20 Strophe aus der
ungekürzten Version
von 1788.

Schöne Welt, wo bist du? Kehre wieder
Holdes Blütenalter der Natur!
Ach nur in dem Feenland der Lieder
Lebt noch deine fabelhafte Spur.
Ausgestorben trauert das Gefilde,
Keine Gottheit zeigt sich meinem Blick,
Ach von jenem lebenwarmen Bilde
Blieb der Schatten nur zurück.

Alle jene Blüten sind gefallen
Von des Nordes schauerlichem Weh'n,
Einen zu bereichern unter allen
Musste diese Götterwelt vergehn.
Traurig such' ich an dem Sternenbogen,
Dich Selene find' ich dort nicht mehr,
Durch die Wälder ruf' ich, durch die Wogen,
Ach! sie widerhallen leer!

Unbewusst der Freuden, die sie schenket,
Nie entzückt von ihrer Herrlichkeit,
Nie gewahr des Geistes, der sie lenket,
Sel'ger nie durch meine Seligkeit,
Fühllos selbst für ihres Künstlers Ehre,
Gleich dem toten Schlag der Pendeluhr,
dient sie knechtisch dem Gesetz der Schwere
Die entgötterte Natur.
…

Bürger des Olymps konnt' ich erreichen,
Jenem Gotte, den sein Marmor preist,
Konnte einst der hohe Bildner gleichen;
Was ist neben *Dir* der höchste Geist,
Derer welche Sterbliche gebaren?
Nur der Würmer Erster, Edelster.
Da die Götter menschlicher noch waren,
Waren Menschen göttlicher.[21]
…

Ja sie kehrten heim und alles Schöne,
Alles Hohe nahmen sie mit fort,
Alle Farben, alle Lebenstöne,
Und uns blieb nur das entseelte Wort.

21 Wie Anm. 20.

Abb. 8: Kuros
(München
Glyptothek).

Aus der Zeitflut weggerissen schweben
Sie gerettet auf des Pindus Höhn,
Was unsterblich im Gesang soll leben,
Muss im Leben untergehn.

Dieses Gedicht Schillers ist aus jener Wehmut heraus entstanden, welche sich durch den Vergleich der Kultur seiner Zeit mit den «wahren Genüssen»[22], welche ihm die Alten vermittelten, einstellte. Es gab Anlass zu den heftigsten Auseinandersetzungen, besonders von der christlich-dogmatischen Seite aus, aber es hat auch dazu beigetragen, sich intensiver mit der «Alten Welt» auseinander zu setzen.

Nachdem der Entwicklungsgedanke gefunden und von den idealistischen Philosophen weiter bedacht worden war, eröffnete sich ihm nicht nur die Perspektive nach der Vergangenheit hin – das ist die Frage, woraus sich ein bestimmter Zustand eigentlich entwickelt hat –, sondern auch hin auf ein künftiges Ziel, zu dem ein Wesen hinstreben will. Am schönsten hat darüber Johann Gottlieb Fichte gesprochen, der in seiner Abhandlung «Über die Bestimmung des Gelehrten» eine von Schiller sehr geschätzte Ableitung dieses Problems gegeben hat. In der vierten Vorlesung wird nicht nur dargestellt, dass es die Aufgabe des Menschen ist, «für die gleichförmige Entwicklung aller Anlagen des Menschen» zu sorgen, um vollkommener zu werden, sondern sich auch der Mittel zu versichern, mit denen man das erreichen kann. Doch dazu muss er nicht nur das Gegenwärtige beachten, er hat auch das Künftige zu sehen; «er sieht nicht bloß den jetzigen Standpunkt, er sieht auch, wohin das Menschengeschlecht nunmehr schreiten muss, wenn es auf dem Wege zu seinem letzten Ziele bleiben und nicht von demselben abirren oder auf ihm zurückgehen soll».

Zur sittlichen Veredlung des Menschen gehört zudem die Ausbildung eines Sinnes für das Geistige in der Welt, mit dem er sich dann selbst zum Angehörigen der Geistwelt emporentwickeln kann. Dieser durch uns selbst aus Freiheit zu erbildende Sinn für Geist, «für den nur Geist ist und durchaus nicht anderes», führt den Menschen wieder in jene Höhen zurück, die er einst in den alten Mysterien erschaute. Zwischendurch ging ihm dieser Einblick jedoch zugunsten der freien Individualität verloren; wenn uns indessen bewusst wird, was wir verloren haben – und dazu diente eine vertiefte Darstellung der griechischen Kultur –, dann öffnet sich uns die Pforte, die uns erneut in die Geistwelt eintreten lässt. «In Summa: Jene sehen nur den Abglanz der wahren Welt: ihre äußere Fläche; darum geistiges Getast. Diesen geht die wahre Welt selbst auf, deren Abglanz ihnen darum nicht verloren ist. Sie sehen ihn vielmehr aus jener

22 Aus dem Brief vom 20. 8. 1788 an Körner.

hervorgehen. – Wer nur den Abglanz sieht und nichts hinter ihm, dem ist er natürlich die ganze wahre Welt. Um sie nicht als allein die Welt zu sehen, sondern als Abglanz der wahren, muss man erst das Hinterihr sehen, dem sie entglänzt. Da kann nun aller Zweifel und alle Bestreitung, dass es eine Anschauung dieser wahrhaften und *innern* Welt gebe, nichts helfen: denn dass es eine solche gibt, wird man freilich nur inne, indem man sie besitzt. Man erhält sie aber nur durch absolute Freiheit, also durch eine Schöpfung aus *Nichts,* durch eine vollkommene Erneuerung und Umschaffung.»[23]

Hier leuchtet, wenige Wochen vor Fichtes Tod, in reinster Klarheit das höhere Ziel des deutschen Idealismus auf, nämlich wiederzugewinnen, was einst in den Mysterien lebte.[24]

Als Karl Julius Schröer 1883 den von Rudolf Steiner herausgegebenen und kommentierten ersten Band von Goethes Naturwissenschaftlichen Schriften in Händen hält, schreibt er dafür noch eine Einleitung, in der er den weltgeschichtlichen Zusammenhang betrachtet, in dem diese Schriften erschienen sind. Und wieder weist er zurück auf das Studium der antiken Welt: «In Deutschland, im 18. Jahrhundert reiften die Früchte des Humanismus, drang der Geist bis zur unmittelbaren Anschauung der Antike durch, fand den Urquell jener vorbildlichen Welt im eignen Innern und wirkte nun mit verjüngten Sinnen verjüngend auf die Menschheit ein …Es war die Zeit, mit der ein großer Aufschwung unsres Volkes abschloss. Der gesamten Menschheit voran drang die neue Kultur, die mit verjüngten Sinnen die antike Welt fortsetzt, in Deutschland hervor. Philologen, Philosophen, Dichter wirkten aus Einem Geiste zusammen, alle Wissenschaften durchdringend und in allem Wissen den Zusammenhang fordernd mit den großen Ideen der Zeit. Die Zentripetalkraft philosophischen Denkens ergriff alle Kreise, und damit waren höhere Anforderungen an Wissenschaftlichkeit gestellt. Die Sammlung und Zusammenstellung von Erfahrungen konnte nicht mehr genügen. Jedes Einzelne musste als Teil eines großen Ganzen erkannt werden.»

Diese Charakterisierung gilt natürlich ganz besonders für Goethe, dessen wissenschaftliches Bestreben damit vollständig identisch ist. Wie stark sein Geist an die Antike gebunden war, muss wohl nicht erst sonderlich betont werden. Es ist ein Geistesleben, das damals die ganze Gruppe der deutschen Idealisten umfasste, und Schröer sieht auch hier genau, was da eigentlich vor sich ging:

«Wie sein Geist unbewusst mit den Philosophen Hand in Hand ging, erkennt man aus dem Einfluss, den er auf Schiller, Fichte, Schelling, Hegel ausübte, die dann wieder auf ihn zurückwirken. Es ist ein Geistesleben, das

23 J.G. Fichte, *Einleitung in die Wissenschaftslehre* 1813.
24 Man vergleiche dazu Schellings Dialog *Bruno* von 1802.

37

den Geist des alten Hellas fortsetzt, das sich der alternden Zeit als ein Neues, die Welt mit ursprünglichem Empfinden erfassendes gegenüberstellt.»

«… ein Geistesleben, das den Geist des alten Hellas fortsetzt» bestimmt nicht nur das Geistesleben des 19. Jahrhunderts, sondern auch noch unsere heutige Kultur. Diese Beobachtung Schröers hätte wohl ein jeder der deutschen Idealisten für sein eigenes Streben bestätigt, doch ergänzt um die Bemerkung, dass dadurch die ganze Kultur auf eine neue Stufe erhöht worden sei. Was für das Geistesleben gilt, dessen Grundlage schließlich immer noch das in Griechenland entstandene Verstandesleben ist, gilt nun auch für die ganze übrige Kultur: Denn dort sind die Grundlagen gelegt worden für die meisten der Wissenschaften, angefangen von der Logik, der Dialektik, der Mathematik bis hin zur Astronomie und anderen Naturwissenschaften, aber auch die Art der Künste hatte in Griechenland Vorbildcharakter, und das auch deswegen, weil man nicht nur einem blinden Schaffen frönte, sondern verstehen wollte, was man schuf. Eine durchrationalisierte Plastik etwa, deren Harmonien aus ganz bestimmten Gesetzen abzuleiten waren, wurde vorgeführt, ein Gleiches galt für die Architektur mit ihren Proportionen und so weiter. Zwar haben all die ursprünglichen Kunst-Gedanken zahlreiche Metamorphosen durchlaufen, doch die Grundstruktur der Künste ist bis ins 20. Jahrhundert dieselbe geblieben. Die Basilika zum Beispiel bildete noch immer das Grundgerüst der Kirchenbaukunst, die reinen Skalen der Musik mitsamt der Harmonielehre tradierten sich bis in unsere Zeit hinein, ja sie gelten noch immer. Sogar die Formen des Zusammenlebens der Menschen, vom Schulwesen angefangen bis in die Regierungsform und die Gesetzgebung hinein, schließen an ihre griechischen Ursprünge an. Es gibt wohl keine vergangene Kultur, die trotz ihrer zeitlichen Distanz uns noch so nahe ist wie die griechische. Und doch gilt, was Herman Grimm beobachtet hat: Verstehen, was das Seelenleben eines Griechen ausmachen würde, verstehen würden wir einen solchen Menschen eigentlich nicht! Das wird sofort deutlich, wenn wir die alten Plastiken in ihrer heute zur Gänze verlorenen harten Farbigkeit wahrnehmen könnten oder wenn es uns möglich wäre, einer altgriechischen musikalischen Veranstaltung zu lauschen. Die Fremdheit wäre unüberhörbar.[25]

Allerdings darf dabei nie vergessen werden, dass die griechische Kultur selbst eine lange und vielfältige Entwicklung durchgemacht hat. Die Zeiten Homers im 8. Jahrhundert v.Chr. sind in ihren wesentlichen Zügen kaum vergleichbar dem geistigen Leben, das etwa im 5. oder 4. Jahrhundert in Athen geherrscht hat. Nur 400 Jahre liegen dazwischen, doch welche Unterschiede im gesamten Seelen- und Geistesleben der Menschen!

25 Vgl. die rekonstruierten Melodien altgriechischer Musik von Henning Siedentopf, Tübingen.

Die griechische Kultur im engeren Sinne beginnt, nach langer Vorbereitung des Territoriums im 3. und 2. Jahrtausend, mit Homer im 8. Jahrhundert v.Chr. In seiner *Ilias* wird die Auseinandersetzung mit einer altorientalischen Stadt (Troja) geschildert, die mit dem Sieg der Griechen endet. Dieser Kampf hat lang vor Homers Lebenszeit stattgefunden (der Überlieferung nach im 12. Jahrhundert v.Chr.), geschah also in einer Übergangszeit, wo die Griechen zwar schon da sind, aber noch nicht in der späteren Kulturumgebung leben. Dementsprechend verhalten sich die Griechen auch noch nicht wie die späteren Bewohner dieses Landes, sondern leben noch in vorgriechischen Kulturzusammenhängen, wie sie tatsächlich für diese frühe Zeit bezeugt sind. Am auffälligsten ist dafür vielleicht die fast totale Abwesenheit persönlicher Intelligenz (mit Ausnahme bei Odysseus), die überhaupt nur dann auftritt, wenn Athena selbst erscheint und ihren Lieblingen Gedanken eingibt. Dafür können aber die Helden die Götter noch wahrnehmen, die sich sogar mitunter in das Kampfgeschehen einmischen. Dies geschieht nicht im äußeren Sinnessein, sondern im Bereich der Kraft und der Geschicklichkeit. Das Wachsen der Kraft ist sogar ein sicheres Zeichen für die Anwesenheit eines Gottes. Hier ein Beispiel: Diomedes, einer der großen Helden der Achaier, wurde im Kampf um Troja von einem Pfeil getroffen, der ihm in der Schulter stecken blieb. Nachdem er ihn von seinem Wagenlenker hatte herausziehen lassen, schoss das Blut aus seinem Leibrock hervor:

«Ja, da betete alsdann der gute Rufer Diomedes:
‹Höre mich, Kind des Zeus, des Aigishalters, Atrytone!
Hast du mir je auch dem Vater freundlich gesonnen zur Seite gestanden
Im feindlichen Kampf: jetzt sei auch mir freundlich, Athene!
Gib, dass ich den Mann fasse und er meiner Lanze in den Wurf kommt,
Der mir mit dem Schuss zuvorkam und sich rühmt und sagt,
nicht mehr lange
Werde ich sehen das strahlende Licht der Sonne!›
So sprach er und betete, und ihn hörte Pallas Athene,
Und machte ihm die Glieder leicht, die Füße und die Hände darüber,
Und trat zu ihm heran und sprach die geflügelten Worte:
‹Fasse Mut jetzt Diomedes! und kämpfe gegen die Troer!
Denn ich lege dir in die Brust das Ungestüm deines Vaters,
Das furchtlose, wie es hatte der schildschwingende Rossetreiber Tydeus.
Und auch das Dunkel nahm ich dir von den Augen,
das vorher darauf lag,
Dass du deutlich erkennst einen Gott wie auch einen Mann.
Darum, wenn jetzt ein Gott hierherkäme und dich versuchte,
Dass du nicht unsterblichen Göttern entgegenkämpfst –
Den anderen. Aber käme des Zeus Tochter Aphrodite
In den Kampf, die magst du mit scharfem Erz verletzen.›
So sprach sie und ging hinweg, die helläugige Athene.
Doch der Tydeus-Sohn ging und mischte sich wieder
unter die Vorkämpfer.
Und war er schon vorher im Mut voll Begierde, mit den Troern
zu kämpfen,
Ja, da fasste ihn dreimal so großes Ungestüm, so wie einen Löwen …»[26]

In der Folge wütet nun Diomedes unter den Troern und tötet zwei Söhne des Priamos, sodass er auffällt im Schlachtgetümmel. Aineias, der tapfere Sohn der Aphrodite, sieht ihn, aber weiß nicht, wer er ist. So fragt er den Bogenschützen Pandaros, der vorher den Pfeil auf den Tydeus-Sohn abgeschossen hatte, wer dieser Wüterich sei, aber der ist sich nun nicht mehr sicher, ob es wirklich Diomedes ist, indem er sagt:

«Aineias, Ratgeber der Troer, der erzgewandeten!

26 *Ilias*, V. Gesang, 114–136.

40

Dem Tydeus-Sohn, dem kampfgesinnten, gleicht er mir in allem.
Denn ich erkenne ihn an dem Schild und dem Helm mit Augenlöchern,
Und auf die Pferde sehend. Doch sicher weiß ich nicht, ob er nicht
                                        ein Gott ist.
Ist er aber der Mann, den ich meine, der kampfgesinnte Sohn des Tydeus,
Dann rast er so nicht ohne einen Gott, sondern nahe bei ihm
Steht einer der Unsterblichen, mit einer Wolke verhüllt an den Schultern
…»[27]

In der nun folgenden Auseinandersetzung tötet Diomedes zunächst den
Pandaros und zerschmettert dem Aineias, der ihn mit der Lanze zu verletzen suchte, mit einem riesigen Stein die Hüfte, sodass er niedersank und
den Todesstreich erwartete. Da greift Aphrodite ein, um ihren Sohn zu
retten, doch Diomedes greift auch sie an und verletzt sie an der Hand.
Aufschreiend übergibt sie den Aineias an Apollon, läuft zu Ares, erbittet
sich von ihrem Bruder «die Pferde mit dem goldnen Stirnband» und flieht
zum Olymp. «Gar sehr quält sie die Wunde, die ihr ein sterblicher Mann
schlug.»
Im weiteren Verlauf des Kampfes schickt nun Apollon den Ares in die
Schlacht, die dadurch zugunsten der Troer gewendet wird. Doch Diomedes
erkennt die schauderhafte Situation und ruft den Achaiern zu:

«Freunde, was staunen wir doch, dass der göttliche Hektor
Ein Lanzenkämpfer ist und ein kühner Krieger!
Steht bei ihm doch immer einer der Götter, der ihm das Unheil abwehrt!
Auch jetzt ist jener bei ihm: Ares, und gleicht einem sterblichen Mann.
Darum weicht immer nach rückwärts, gegen die Troer gewendet,
Und begehren wir nicht, gegen Götter mit Kraft zu kämpfen.»[28]

Dieser kleine Ausschnitt aus der Ilias ist typisch für die frühe Welt, von
der die griechische Kultur ihren Ausgang nimmt: Menschen und Götter
sind noch nicht geschieden. Zwar sind die einen sterblich und die anderen
nicht, doch gibt es alle Arten von Verbindungen dazwischen: Es gibt Menschen, die einen göttlichen Vater haben (z.B. Sarpedon) oder eine göttliche
Mutter (Aineias, Achilleus), es gibt Menschen, die göttliche Vorfahren
hatten und sich auf einen Gott als Ahnherrn berufen können (später z.B.
Alexander der Große auf Herakles), es gibt Menschen, die in die Götterwelt aufgenommen und damit unsterblich geworden sind (Herakles) und
noch Vermischungen aus all den genannten Kategorien. Die beiden Welten,
die der Götter und die der Menschen, wirken noch zusammen, denn nicht
nur in den Auseinandersetzungen des Kampfes ist Athene beteiligt, auch
in den Erfindungen des Alltags ist sie anwesend, und selbst in den Entde-

27 *Ilias,* V, 180–186.
28 *Ilias,* V, 601–606.

41

ckungen fremder Länder; auch in den Segnungen des sozialen Lebens, der Gastfreundschaft, ja bei Handel und Gewerbe – überall mischen sich die Götter ein. An entscheidenden Stellen erscheinen sie ihren Schützlingen oder kommen ihnen zu Hilfe, beraten sie oder schimpfen sogar mit ihnen – eine Welt des gegenseitigen Austausches. Die «olympische» Welt ist nur eine Handbreit von der menschlichen geschieden und es bedarf nur geringer Aufmerksamkeit, um diese Grenzwand zu durchstoßen.

So selbstverständlich dieses Miteinander sich auch auslebt und so unproblematisch das Zusammensein normalerweise auch ist, ein Vorgang ist doch so entscheidend, dass er für immer Menschen von Göttern trennt, der Tod und das Leben nach dem Tod. Zwar nehmen die Helden mutvoll den Tod auf sich, «wann immer Zeus ihn vollenden will und die anderen unsterblichen Götter»,[29] aber was dann kommt, hat nichts Wünschenswertes an sich. Das offenbart sich wohl nirgends deutlicher als im 11. Gesang der Odyssee, wo beschrieben wird, was Odysseus erlebte, als er in den Hades hinabstieg und mit den verstorbenen Seelen seiner ehemaligen Freunde in Kontakt kam. Odysseus wollte dort den Seher Teiresias von Theben über seine Heimkehr befragen, doch dabei traf er auch all die anderen Seelen, die inzwischen das Totenreich betreten hatten, seine Mutter vor allem, aber auch Agamemnon und schließlich die anderen großen Helden, die vor Troja gefallen waren, Achilleus, Patroklos und Aias. Als das erste Verwundern über die Ankunft eines noch auf Erden Lebenden vorüber ist, spricht Odysseus Achilleus an: ««Glückseliger als du, Achilleus, war kein Mann vormals und wird künftig keiner werden! Denn vordem haben wir Achaier dich im Leben geehrt gleich Göttern, jetzt aber, wo du hier bist, herrschest du groß unter den Toten! Darum sei auch im Tode nicht betrübt, Achilleus!›

So sprach ich, und er antwortete alsbald und sagte zu mir: ‹Suche mich nicht über den Tod zu trösten, strahlender Odysseus! Wollte ich doch lieber als Ackerknecht Lohndienste bei einem anderen, einem Manne ohne Landlos, leisten, der nicht viel Lebensgut besitzt, als über alle die dahingeschwundenen Toten Herr sein!›»[30]

Achilleus erlebt sein nachtodliches Dasein als so schattenhaft, dass er sich sehnt, nur wieder auf der Erde leben zu dürfen, und sei es auch nur als Knecht eines der ärmsten Bauern. Sein hiesiges Dasein und sein Selbstbewusstsein hat er auf seine Kraft und seine Geschicklichkeit gebaut; nach dem Verlassen des Körpers erlebt er nun hauptsächlich das Fehlen des Leibes – ein schattenhaftes Daseinsgefühl ist die Folge. Keinen Leib mehr bewegen zu dürfen, ist ein trostloses Dasein, dem nur dann abgeholfen werden kann, wenn zu Ehren des Toten sportliche Wettkämpfe gefeiert werden.

29 *Ilias,* XVIII, 115–116.
30 *Odyssee,* XI, 480 ff.

Nach dem Tode des Patroklos sitzt Achill am Strand des vieltosenden
Meeres, als ihm die Seele des verstorbenen Freundes erscheint und sich
bei ihm beschwert, dass er ihn vergessen habe. Er bittet um schnelle Be-
stattung und prophezeit Achill, dass auch er nun bald umkommen würde
und er dafür sorgen solle, dass die Asche von ihnen beiden in einer Urne,
das heißt auch in einem Grabe, beigesetzt werde. Achill verspricht ihm
diesen letzten Liebesdienst und bittet ihn, ein wenig näher zu kommen.
«Als er so gesprochen, griff er nach ihm mit seinen Händen, aber er fasste ihn nicht, und die Seele ging unter die Erde wie ein Rauch, schwirrend.
Und staunend sprang auf Achilleus, schlug die Hände zusammen und
sprach das Wort mit Jammern: ‹Nein doch! so ist denn wirklich noch in
des Hades Häusern irgendwie Seele und Bild, doch das Zwerchfell ist ganz
und gar nicht darin!›»[31]

31 *Ilias*, XXIII, 98–104.

43

In den für den Toten veranstalteten Spielen ging es vor allem darum, mit höchstem Einsatz sich im Körper zu betätigen – und daran hatte der Tote wohl Freude. Er konnte das Leben im Leibe nochmals wie in einer Art Abschiedszeremonie wahrnehmen, ehe er sein schattenhaftes Dasein im Hades antrat.

Ähnliche Ursachen dürften wohl für alle regelmäßigen Wettkämpfe Griechenlands gelten. In Olympia, Nemea und Delphi ging es nie nur um körperliches Kräftemessen, denn immer und überall waren die Götter beteiligt und auch die Toten. Die heutigen so genannten «olympischen» Spiele, die so ohne irgendeinen geistigen Bezug auskommen, wären für die alten Griechen die reine Farce gewesen und ohne jede Bedeutung. Was ihren Spielen die Weihe gab und den Ruhm, das war, die Götter zu erleben, wenn sie einem den Sieg verliehen.

Der Kampf um Troja, das heißt um eine Stadt des Alten Orients, die schon viele Jahrhunderte bestanden hatte,[32] bildet den imaginativen Hintergrund der ganzen griechischen Geschichte. Als im 5. Jahrhundert v.Chr. die reale Auseinandersetzung mit Persien beginnt, erleben es die Griechen als eine Erneuerung des Kampfes um Troja, und als sie schließlich siegen, wird auch diese Tatsache als «literarisch» vorgeformt betrachtet. Selbst noch der Heereszug Alexanders des Großen wird von Homer bestimmt, die Liebe zur Ilias, die Aristoteles in ihn eingepflanzt hatte, begleitete Alexander auf dem ganzen Zug nach Asien. Warum war dieses Bild so wirksam?

Um die Ilias zu verstehen, braucht man die Odyssee, denn erst dann wird durch den Kontrast deutlich, was in den jeweiligen Einseitigkeiten gar nicht auffällt. Zwar sind die Themen und Helden miteinander verknüpft – Odysseus zum Beispiel nimmt an der gesamten Belagerung Ilions teil, er ist auch derjenige, dessen Rat schließlich zum Untergang der Stadt führt –, aber die Welt der Odyssee lebt nicht mehr von der Auseinandersetzung mit dem Alten Orient, sondern spielt an vielen Orten des mittelländischen Meeres. Es sind die Irrfahrten, die der klügste Grieche auf seinem Heimweg durchmachen musste, Leiden, die all denen erspart blieben, die nicht so klug waren und einfach nach Hause fuhren!

Odysseus ist ein Vertreter einer ganz anderen Generation, ein Vertreter einer späteren Zeit, als es die Helden der Ilias sind. Zwar gehört er auch zu ihnen, doch er besitzt schon die Fähigkeit des eigenständigen Denkens. Der «vielkluge» und «listenreiche» Mann, «der überlegen ist an Verstand den Sterblichen»,[33] hätte auch eine Gestalt des klassischen Zeitalters Griechenlands sein können. In sich erwägend, was wohl das Beste ist, entschließt er sich, jeweils seinen Urteilen zu folgen, um sich aus den meist misslichen Lagen zu befreien. Ein Beispiel:

32 Wie es die neuen Ausgrabungen Korfmanns vielfältig erwiesen haben.
33 *Odyssee*, I, 66.

Polyphem, der Riese mit dem unzivilisierten Gebaren, hat Odysseus und seine Gefährten in seine Höhle eingesperrt, um morgens und abends jeweils zwei von ihnen zu verspeisen. Als er eingeschlafen war, gedachte nun Odysseus in seinem «großherzigen Mute, an ihn heranzutreten und, das scharfe Schwert von der Hüfte gezogen, es ihm in die Brust zu stoßen, da wo das Zwerchfell die Leber umschlossen hält … Doch eine andere Regung hielt» ihn zurück. Er erkannte nämlich, dass sie niemals den großen Stein, den Polyphem vor die Türe gerückt hatte, hinwegstoßen könnten, dass der Tod des Riesen also auch gleich ihren Tod bedeuten würde. Dies bedenkend kam er zu einem anderen Entschluss: «Und dies schien mir in meinem Sinne der beste Rat.»[34] Er sah den riesigen Knüttel aus frischem Ölbaumholz, mit dem er, wenn seine Spitze glühend gemacht worden wäre, ihm das Auge ausbrennen könnte. Und das wird in die Tat umgesetzt. Dadurch entstand dann allerdings ein weiteres Problem, nämlich wie sie am Morgen durch die geöffnete Tür, an der sich Polyphem als Wächter postiert hatte, unbemerkt entschlüpfen könnten, und erst als

34 Ebd., IX, 318.

45

Odysseus wieder nachgedacht hatte, «wie es am weit besten geschehen könnte, dass er für die Gefährten und für sich selber eine Lösung vor dem Tode fände», kam ihm der rettende Einfall. Auch der köstliche Gedanke, mit dem er sich vorstellte, er hieße «Niemand», rettete ihn vor weiteren Nachstellungen, denn als die übrigen Riesen Polyphem fragten, warum er denn so schreie, antwortete er: «Niemand hat mich verletzt!», und da ihn niemand verletzt hatte, zogen sie wieder ab.

Odysseus entkommt also mit dem Rest seiner Gefährten, aber nicht ohne noch seinen wahren Namen zu nennen, denn der Kluge ist immer stolz auf seinen Verstand: «Kyklop! Wofern dich einer der sterblichen Menschen befragen wird nach deines Auges unwürdiger Blendung, so sage, dass Odysseus, der Städtezerstörer, dich blind gemacht hat, der Sohn des Laertes, der auf Ithaka die Häuser hat.»[35]

Die Episoden auf der Insel des Polyphem sind typisch für alle Erzählungen der Odyssee. Immer verwickelt sich der Held in unerwünschte Umstände, immer entwindet er sich ihnen ein Stück weit, und immer entstehen daraus wieder neue Verwicklungen. Die Irrfahrten des Odysseus sind alle selbst gemacht, sodass man staunt, dass er am Schluss überhaupt nach Hause kommt. Aber sein Verhalten richtete sich nirgends nach alten vorgegebenen Gesetzen, es war immer neu, nicht vorhersehbar und jedes Mal aus seiner eigenen Persönlichkeit heraus gedacht. Deshalb liebte ihn auch Athene besonders, weil er «unter den Sterblichen allesamt der weitaus beste ist an Rat und Worten».[36] So kann sie ihn auch im Unglück nicht verlassen, «weil er verständig ist und geistesschnell und einsichtsvoll».[37] Eine solche Fähigkeit gibt dem Menschen das Gefühl der Unabhängigkeit und Freiheit. Zwar kommt er nicht so effizient ans Ziel wie in früheren Zeiten, wo die Autoritäten bestimmt haben, wie man handeln soll. Aber ein Grieche hat sich nicht danach zurückgesehnt. Im Gegenteil: Handeln zu können wie Odysseus, das war zu allen Zeiten sein Ideal.

Der Bewusstseinswandel, der die Ilias von der Odyssee unterscheidet, ist so evident, dass bis heute darüber diskutiert wird, ob denn der Homer, der die Ilias dichtete, überhaupt derselbe Autor sein kann wie der, welcher die Odyssee verfasste. Die Diskrepanz zwischen den beiden Werken gehört aber gerade zu deren Inhalt, denn durch sie wird in aller Deutlichkeit der Umschwung vorgeführt, der vom Alten Orient, in dem die Autorität noch alles bestimmte, hinleitete zu einem freiheitlichen Bewusstsein. In dem Drama des Aischylos «Die Perser» ist sich der Dichter, der die Perserkriege als Grieche miterlebt hatte, dieses Bewusstseinsunterschiedes durchaus bewusst, indem er den Chor nun sagen lässt:

35 Ebd., IX, 502–505.
36 Ebd., XIII, 297–298.
37 Ebd., XIII, 351–352.

«Asias Völker, sie fügen
Fürder sich Persischer Macht nicht,
Fürder gebotnem Tribut nicht,
Herrischem Joche gebeuget;
Nicht mehr beten im Staub sie
Schweigsam an, da des Königs
Zwingende Kraft dahinsank.

Fürder auch hütet der Menschen
Rede sich nicht; denn das Volk fühlt
Frei sich zu freiester Rede,
Weil der Gewalt es sich frei fühlt.»[38]

«Von den göttlichen Autoritäten hin zur menschlichen Selbstbestimmung» könnte als Motto über der griechischen Kulturentwicklung stehen. Und so gibt es die vielfältigsten Darstellungen, welche diesen Wandel aufzeigen. «Vom Mythos zum Logos» ist etwa der Titel eines solchen Buches[39] oder «Die Entdeckung des Geistes» das eines anderen.[40] Jedenfalls hat die gesamte griechische Kultur eine Entwicklung durchgemacht, die sich an diesen Bewusstseinswandel anschließt. Natürlich ergriff er nicht alle Griechen zur selben Zeit und auch nicht an allen Orten gleichermaßen. Aber wenn wir die Entwicklung an einem Ort oder in einer Stadt verfolgen, dann zeigen sich auch alle zugehörigen Phänomene.

Die Grundlage der griechischen Kultur bildet das von Natur aus auftretende Denken, das bei den altorientalischen Völkern so nicht aufgetreten ist.[41] Die Ursache dafür ist die mit Griechenland beginnende Fernehe, welche die Adeligen zunächst vorlebten, durch die Fülle der Koloniegründungen dann allgemein üblich und schließlich von Alexander dem Großen sogar empfohlen wurde. Sie löste die Heirat in der Familie ab, in der keinerlei natürliches Denken bei den Kindern auftritt. Der Alte Orient blieb noch jahrhundertelang bei seinen alten Sitten und verharrte dadurch in seinem alten Bewusstseinszustand.[42] Das Auftreten der Denkfähigkeit von Natur aus bedarf dann weiterer Erziehung und Pflege, der sich schließlich berühmte Lehrer und Sophisten annahmen. Auch Sokrates sah seine Aufgabe darin, das aufkeimende jugendliche Denken zu entwickeln und wenn möglich in heilsame Bahnen zu lenken.

Indessen ist selbst Sokrates noch kein moderner Mensch. Er folgt zwar überall, wo es nur geht, seinem rationalen Verstand, aber er tut es im Auftrag Apollons. In seinem Namen handelt er, sodass er glaubt, Richtiges zu tun, obwohl er den Menschen lästig fällt. In seiner Apologie verteidigt er sich deswegen folgendermaßen:

38 Aischylos,
Die Perser, 584–594.
39 Von Wilhelm Nestle.
40 Von Bruno Snell.
41 Vgl. Frank Teichmann,
*Die Kultur der Verstandes-
seele*, Stuttgart 1993.
42 Vgl. Frank Teichmann,
*Die Kultur der Empfindungs-
seele*, Stuttgart 1990.

47

«Ich verehre und liebe euch sehr, ihr Athener. Aber ich will lieber dem Gotte als euch gehorchen, und solange ich atme und die Kraft dazu habe, nicht ablassen zu philosophieren, um euch zu mahnen und jeden von euch, den ich antreffe, zu überführen, indem ich in meiner gewohnten Art zu ihm sage: ‹Mein Bester, du bist doch ein Athener, ein Bürger der größten und an Bildung und Macht berühmtesten Stadt. Schämst du dich nicht, dass du dich wohl darum bemühst, wie du zu möglichst viel Geld, zu Ruhm und Ehre kommst, um die Einsicht aber und um die Wahrheit und darum, dass deine Seele möglichst gut werde, dich weder sorgst noch kümmerst?› Und wenn einer von euch widerspricht und behauptet, er bemühe sich darum, dann lasse ich ihn nicht gleich frei und gehe nicht einfach weiter, sondern ich frage und prüfe und forsche ihn aus. Und wenn ich dann den Eindruck bekomme, dass er keine Tugend besitzt, trotzdem er das behauptet, so tadle ich ihn, dass er das Wertvollste am geringsten, das Minderwertige aber höher schätze. So will ich es mit jedem halten, dem ich begegne, mit Jung und Alt, mit Fremden und Bürgern, vor allem aber mit euch Bürgern, die ihr mir von Natur ja näher steht. Denn das, wisset es wohl, befiehlt mir der Gott, und ich glaube, dass euch in der Stadt noch keine größere Wohltat widerfahren ist als dieser Dienst, den ich dem Gotte leiste. Denn, wenn ich umhergehe, tue ich nichts anderes, als euch, Jung und Alt, zu überreden, nicht mehr so sehr für den Leib zu sorgen noch für das Geld, sondern mehr um die Seele und darum, dass sie möglichst gut werde.»[43]

Wie die Gespräche im Einzelnen abgelaufen sind, das dokumentiert das ganze platonische Werk. Hier sei nur darauf hingewiesen, dass es dabei immer ums Mitdenken geht, das erfragt, angeregt und geprüft wird, bis der Delinquent das Thema, um das es sich handelt, durch seinen eigenen Verstand eingesehen hat. Auf der anderen Seite wird aber das Leben, das Sokrates führte, noch von ganz anderen Einflüssen bestimmt, wenn er sich vor Gericht darauf beruft, dass ihm das, «wie gesagt, von dem Gotte zu tun befohlen worden ist, durch Weissagungen, durch Träume und auf jede Weise, mit der jemals eine göttliche Berufung einem Menschen irgendetwas aufgetragen hat».[44]

Selbst im Griechenland des 5. Jahrhunderts v.Chr. und selbst in Athen, der für das Denken aufgeschlossensten Stadt, ist immer noch ein Rest frühgriechischen Bewusstseins lebendig geblieben, sodass Sokrates sich öffentlich darauf berufen kann! Vollständig verschwinden wird es erst, wenn die griechische Kultur in der Spätantike gänzlich zugrunde geht. Die frohen Perspektiven persönlicher Gottverbundenheit sind ein letzter Glanz vorangehender Zeiten, das nüchterne Denken dagegen schon der

43 Platon, *Apologie* 29D–30A, übersetzt von Rudolf Rufener.
44 Ebd., 33B.

48

Vorblick auf künftigere, profanere Jahrhunderte. Bald schon sind die Götter entschwunden, obwohl gelegentliche Nachklänge, wie eben gezeigt, noch dann und wann auftreten, doch im Großen und Ganzen beginnt jetzt die Epoche der auf sich selbst gestellten Persönlichkeit. Statt von Göttern oder anerkannten Autoritäten geführt zu werden, muss sich der Mensch nun selber leiten und seinen eigenen Weg einschlagen:

«Der vor allem ist gut, der selber alles bedenket,
Der erwägt, was später und endlich am Ziele das beste.
Edel nenn ich auch jenen, der gutem Zuspruch gehorsam;
Aber wer selber nicht denkt und auch dem Wissen des anderen
Taub sein Herz verschließt, der Mann ist nichtig und unnütz.»[45]

Solche Worte sind die Maximen des fortgeschritteneren Griechen, der noch nicht einmal hundert Jahre nach Homer lebte. Im 4. Jahrhundert v. Chr. wird das noch verschärft, wenn Aristoteles das Trefflichste des Menschen als «den Geist und den aus dem Geist entspringenden Gedanken» bezeichnet. Etwas anderes will er nicht gelten lassen für die eigene Lebensführung. Sie ersetzt jetzt sogar, einhundert Jahre nach Sokrates, die Führung der alten Götter: «Darum gibt es für die Menschen nichts Göttliches und Beseligendes als das, was allein der Mühe wert ist, nämlich das, was an Geist und Vernunft in uns ist. Denn von allem, was wir haben, ist dies allein unvergänglich und allein göttlich. Obgleich daher unser Leben von Natur unglücklich und schwer ist, ist es doch, weil wir die Fähigkeit haben, an einer solchen Kraft teilzunehmen, so schön eingerichtet, dass der Mensch im Verhältnis zu den anderen Lebewesen ein Gott zu sein scheint. Denn ‹unser Geist ist Gott›, … also muss man entweder Philosophie treiben oder dem Leben den Abschied geben und weggehen, da alles andere Nichtigkeiten und Possen sind.»[46]

Damit ist die griechische Kultur auf ihrem Höhepunkt angekommen. Was hier formuliert worden ist, wird auch gelebt, und mehr und mehr Griechen wenden sich der Ausbildung des Denkens zu. Schulen werden gegründet, wo die Grundlagen einer solchen «Bildung» vermittelt werden, Lehrer werden bezahlt, welche die Fortgeschrittenen belehren, und Einrichtungen werden geschaffen, in denen sich kluge Menschen betätigen und entfalten können. Während der gesamten Zeit, in der dies geschieht, fördert Apollon von Delphi aus diese Entwicklung, sodass man wie in der bildenden Kunst auch das sich wandelnde Bewusstsein der Menschen beobachten und in sein Jahrhundert einordnen kann. Ein schönes Beispiel für diesen Zusammenhang stellen die Münzbilder dar, die vom 6. zum 4. Jahrhundert den Übergang der Autorität von den Göttern zu den Men-

45 Hesiod, *Werke und Tage*, 293–297.
46 Aristoteles, *Protreptikos*, übersetzt von Wilhelm Nestle (Ausgabe von G. Schneeweiss, Darmstadt 2005, S. 153 ff.).

schen mitmachen. Ihre Abfolge zeigt noch einmal deutlich, welcher Wandel eingetreten ist. Bis ins 4. Jahrhundert hinein sind selbstverständlich die Götter noch die Garanten des Wertes einer Münze, ihnen folgen dann die Halbgötter und Heroen (Alexander der Große als Herakles), ehe sich herrische Menschen (als neue Götter) auf den Münzen abbilden lassen. Auch die Rückseiten folgen diesem Abstieg: von den Zeichen der Götter über die Elementarwesen zu rein irdischen Allegorien. Als schließlich Rom die Weltherrschaft übernimmt, sind die Götter und Elementarwesen zugunsten rein irdischer oder abstrakter Bilder und Symbole entschwunden (vgl. Abb. 12 – 16).

Die große Wendezeit der griechischen Kultur ist das 5. und 4. Jahrhundert, die Zeit, in der Athen aufblüht und welkt, wo in der bildenden Kunst die «Klassik» erreicht wird, in der die großen Dichter leben und schaffen und in der die griechische Philosophie auf ihrem Höhepunkt anlangt. Aber auch auf vielen anderen Gebieten geschehen die bedeutsamsten Umwälzungen. Hier möge nur wieder an die Perserkriege erinnert werden, deren überraschende Siege jeder vorhergehenden Einschätzung Hohn sprachen.[47] Das setzt sich sogar im 4. Jahrhundert noch fort, denn wer hätte inmitten des Jahrhunderts ahnen können, dass sich die griechische Kultur in den nächsten Jahren durch die Alexanderzüge über den ganzen Alten Orient ausbreiten und ihn mit griechischem Geistesleben durchdringen würde? Und doch war es so, in bedeutenden Zentren, in neu gegründeten Städten werden Gymnasien und Bibliotheken eingerichtet, «Musenstätten» geschaffen, in denen man nicht nur die klassische griechische Literatur und Sprache weiter pflegte und die bedeutenden Denker und Wissenschaftler studierte, sondern wo man teilnehmen konnte an den neuesten Entdeckungen und Entwicklungen, weltweit. Es geschah die «große Verwandlung des Hellenentums aus einer politischen in eine Kulturpotenz».[48] Die hellenistische Weltkultur verlor sich allmählich in die vielen Nationalkulturen, von denen die lateinische nicht ihre geringste Nachfolgerin ist, wenn auch mit anderen Akzenten. Auch das aufkeimende Christentum verdankt seine geistige Grundlage, wie wir noch sehen werden, der Höhe der griechischen Geistesbildung.

Doch zurück zum Ausgangspunkt – die griechische Kultur als Quellort unserer heutigen Kultur. Diese Überschrift ist gewählt worden, weil es einerseits tatsächlich so ist, doch andererseits auch, weil die griechische Kultur, im Vergleich zu anderen Kulturen der alten Welt, eine gewisse Vollständigkeit und eine Harmonie zwischen Mensch und Welt anstrebte. Mit dem Erscheinen des Denkens im Menschen wird eine Tätigkeit in Gang gesetzt, welche den Menschen mit der äußeren Natur verbindet.

47 Vgl. das 1. Kapitel des Buches von Christian Meier, *Athen*, Berlin 1993.
48 = die berühmte Formulierung von J. Burckhardt aus seiner *Griechischen Kulturgeschichte*, IX (4. Bd. 1902).

Abb. 12 – 16:
Obere Reihe:
Götterdarstellungen;
Mittlere Reihe links:
Alexander der große als
Herakles;
Mittlere Reihe rechts und
untere Reihe:
Darstellungen herrischer
Menschen.

Jetzt fängt er aus innerstem Interesse an zu fragen, woraus denn die Welt eigentlich entstanden ist, er möchte die Ursachen wissen, welche die äußeren Gestaltungen hervorgebracht haben. Und erst wenn er das weiß und sich Erklärungen dazu zurechtgelegt hat, ist er befriedigt und freut sich seiner Erkenntnisse. Dasselbe gilt aber genauso für sein eigenes inneres Wesen. Auch da möchte er wissen, woher er eigentlich stammt und wie sein eigenes Seelenleben funktioniert. Die Philosophen haben sich zunächst in der «ionischen Naturphilosophie» mehr der äußeren Welt zugewandt, ehe sie sich dann, vor allem durch Platon und Aristoteles, auch für das Wesen der Menschenseele und das Menscheninnere interessierten. Das Zusammenspiel von innen und außen, die Mittebildung zwischen Mensch und Welt untersucht und dabei entdeckt zu haben, dass zum Beispiel der Logos sowohl im Menschen als auch in der Natur wirkt (Heraklit), ist eine Großtat in der Geistesentwicklung der Menschheit, die noch bis in unsere Zeit nachwirkt. Den Begriff «Logos» gebildet und in die Geisteskultur eingeführt zu haben, hat Jahrhunderte hindurch Anlass gegeben, darüber nachzudenken. Durch Johannes den Evangelisten ist dieser Begriff in den Prolog seines Evangeliums als zentraler Begriff für sein Christus-Verständnis aufgenommen worden und hat von da aus in der Entwicklung des Christentums die Menschen zu den tiefsten Gedanken in ihrer Christus-Erkenntnis geführt. Allein an einem solchen «Begriff» kann deutlich werden, warum die Evangelien in griechischer Sprache verfasst worden sind, denn allein dadurch ist eine immer weiter sich entwickelnde «Theologie» über das Christuswesen möglich geworden.

Von den ägyptischen zu den griechischen Mysterien

Abb. 17 Seite 54 und 55:
Die große Sphinx von Gizeh,
Ägypten.

So wie die Kultur der Neuzeit auf der Kultur der vergangenen Antike aufbaut, so baute die griechische Kultur auf den vorausgegangenen Kulturen des Alten Orients auf. Aber auch da war man sich des inneren Unterschieds wohl bewusst. Die Ehrfurcht gebietende Größe der Baudenkmäler und die Tiefe der überlieferten umfangreichen Weisheiten waren, verglichen mit den eigenen Kunsterzeugnissen und den eigenen intellektuellen Erfahrungen, als erhaben erlebt worden. Schaute man doch in hellere Reiche zurück, in welchen das Erleben der Götter noch von einer lichtvollen und strahlenden Aura umhüllt war, wo man die Anweisungen der höheren Wesen selbstverständlich verstanden und in der Kultur zum Ausdruck gebracht hatte. Das Wahrnehmen dieser Welten war deutlich zurückgegangen, wenngleich sie noch nicht ganz entschwunden waren. Vor allem in den griechischen Mysterien konnte man noch manches finden, was einstmals die früheren Kulturen bis in ihr heiliges Wissen hinein gestaltete und das Leben der Menschen bestimmte.

Zu den Grundgegebenheiten gehörte in allen alten Kulturen das Erleben einer Vielzahl von «Göttern», das heißt von höheren Wesen, die den Menschen wahrnehmbar und ihnen übergeordnet waren. Ihnen und ihrer anerkannten Autorität zu folgen war selbstverständlich, und niemand hätte gewagt, ihnen zuwider zu handeln oder mit ihnen zu rechten. Man konnte verschiedene Wesen voneinander unterscheiden, denen jeweils verschiedene Aufgaben zugeordnet waren. Sie alle unterstanden dem Sonnengott, der als höchstes Wesen die Ordnung der Welt und die Hierarchien der Geisteswelt anführte.

Das Erleben der Götter war zunächst noch allen Menschen gemeinsam, es bedurfte dazu weder einer «Religion» noch eines Religionsstifters. Man «kannte» die Götter und wusste von ihnen, ein Wort wie «glauben» existierte noch nicht. Erst als sich die Welt der Götter allmählich verdunkelte und nur noch einzelne Menschen von ihr zeugen konnten, bildeten sich verschiedene religiöse Praktiken aus, die eben für die einzelnen Kulturen charakteristisch sind. Während der langen Übergangszeiten zwischen dem dritten und ersten Jahrtausend v.Chr. gibt es jedoch immer noch einzelne Menschen, an die man sich wenden konnte, wenn man Genaueres über die Götter und ihr Verhältnis zum Menschen wissen wollte.

Diese einzelnen, ausgewählten und auch besonders begabten Menschen gehören gewöhnlich zu einer Mysterienstätte, wo sie erzogen und zum *Schauen* der geistigen Welten erwählt und ausgebildet wurden. War dieses Schauen einmal erweckt worden, dann konnte es zum bewussten Erleben eigener Fragestellungen weiterentwickelt werden. Diese waren nun in den verschiedenen Kulturen verschieden. In Ägypten zum Beispiel stand im Mittelpunkt des Interesses der Mensch mit seinen Wesensgliedern und wie er im «Diesseits», aber auch im «Jenseits», in der Unterwelt, mit den Göttern zusammenhängt. In anderen Mysterienstätten wurde dann auch die «Natur» erforscht und wie sie entstanden ist. Aus diesem Wissen heraus entwickelten sich ganz verschiedene Kulturen, solche, die schließlich alles über den Menschen wussten, und solche, denen die «Natur» und der Kosmos überaus wichtig war. Doch eines ist immer der Fall, dass nämlich die Kulturen eindeutig entweder zu der einen oder zu der anderen Art gehörten. Die Schulungswege der Mysterien waren eben auch so verschieden, dass man sich entweder dem Innenleben des Menschen zuwenden konnte oder der Außenseite der Welt – jeweils mit den daraus folgenden Weiterungen.

Das religiöse Leben bestand in der Menschheitsfrühe ganz aus geistigen Erfahrungen, und erst als diese schwanden, entstanden die Religionen. Doch lange noch gab es einzelne Eingeweihte, die durch ihre Schulung noch immer zu eigenen Erfahrungen gelangen konnten, und erst als diese Praxis nicht mehr funktionierte, erstarrte das Geistesleben in religiöse Traditionen. Erst jetzt konnten Menschen auftreten, die an bestimmten Traditionen festhalten wollten und den Angehörigen einer Kultur befahlen, was «richtig» war und was «falsch»,[49] was sie sich vorstellen sollten und was nicht. Dieser Umschwung trat in Ägypten mit Echnaton ein, der der Erste war, der solche Vorschriften und Verhaltensweisen durchzusetzen suchte. Ab jetzt gab es eine «richtige» Religion mit eigenem Glaubensbekenntnis, eine Religion, die sich von allem absetzte, was bis dahin gegolten hatte.

Für die griechische Kultur und die griechischen Mysterien war die ägyptische Kultur von besonderer Bedeutsamkeit. Galt sie doch als Hüterin alter Weisheitsschätze, die denjenigen, der sich auch noch im ersten vorchristlichen Jahrtausend ihr zuwandte, mit tiefen Erkenntnissen beglü-

49 Vgl. Jan Assmann, *Die Mosaische Unterscheidung*, München 2003.

cken konnte. Von manchem bedeutenden Griechen der frühen Zeit wird ein längerer Aufenthalt in Ägypten überliefert. Pythagoras war dort und Solon, Thales und Herodot, ja selbst Platon scheint in Heliopolis längere Zeit gelebt zu haben, sodass er viele der geheiligten Überlieferungen kennen gelernt und selbst in seinen Dialogen verarbeitet hat.[50] In dieser Spätzeit Ägyptens hat man die Überzeugung, dass «alles hier von alters her in unseren Tempeln aufgezeichnet worden und damit erhalten geblieben»[51] ist, um den «Wissenden zu erinnern an das, was geschrieben steht»,[52] denn die Schrift allein sagt noch nichts, erst dem, der belehrt worden ist, dient sie als Erinnerungshilfe.[52]

Im Zentrum des ägyptischen Mysterienwissens stand der Mensch. Seit Jahrhunderten haben die Eingeweihten seine Wesensglieder erforscht, seinen Leib und dessen Herkunft, sein Leben (*Ka*) und dessen Form, seine Seele (*Ba*) und schließlich seinen Geist (*Ach*). Ihr Zusammenwirken im Leben und ihre Verwandlungen im Leben nach dem Tod sind nicht nur immer wieder neu beobachtet, sondern auch in vielen Texten und Bildern tradiert worden. Allerdings bedurfte es zu ihrer Entschlüsselung der Kenntnis der Tatsachen selbst. Ohne Belehrung, das heißt ohne Kenntnis bei denjenigen, welche die Vorgänge geschaut und in Bilder gegossen haben, wären die Bilder ziemlich unverständlich geblieben. Die erste Stufe der Einführung in die Mysterienweisheit, gewissermaßen deren Vorbereitung, ist deshalb das Studium derselben, aber gelehrt und geführt von Priestern, die sie bezeugen konnten.

Das Hauptbild, in das die ägyptischen Weisen ihr Wissen verschlossen, ist das Bild des täglichen Sonnenlaufes.[53] Es sieht von außen wie ein primitives Weltbild aus und hat daher für alle diejenigen, die nicht gelernt haben, Bilder zu «lesen», keinen Anlass gegeben, es zu deuten. Schauen wir hin auf das mächtige und beeindruckende Phänomen: Jeden Morgen erhebt sich das Gestirn der Sonne über den östlichen Horizont, wandert über den Himmel, dabei zunächst an Kraft gewinnend, dann aber, zum Abend hin, wieder sanfter werdend, um schließlich im Westen unter den Horizont hinabzutauchen, dem äußeren Blick entschwindend. Darauf folgt nun der unsichtbare Teil des Sonnenlaufes, der Rückweg durch die Unterwelt hindurch, zunächst weiter absteigend, dann sich aber wieder nach oben wendend, um einen neuen Kreislauf zu eröffnen.

Dieser Vorgang enthält nun, als Zusammenhangsbild betrachtet, zunächst eine Polarität: die Tagseite, in welcher der Sonnengott die Welt von außen beleuchtet und sie den Sinnen sichtbar macht, und die Nachtseite, in welcher er die Welt von innen erleuchtet und die sich nur geistigen Sinnen erschließt. Der rhythmische Wechsel von Tag und Nacht macht die Zu-

50 Vgl. z.B. *Phaidros* 274c-278b, *Timaios* 20e-23c. Vgl. dazu Jula Kerschensteiner, *Platon und der Orient*, Stuttgart 1945.
51 *Timaios* 22e.
52 *Phaidros* 277e.
53 Zum Folgenden siehe die ausführliche Darstellung in meinem Buch über *Die ägyptischen Mysterien*, Stuttgart 1999.

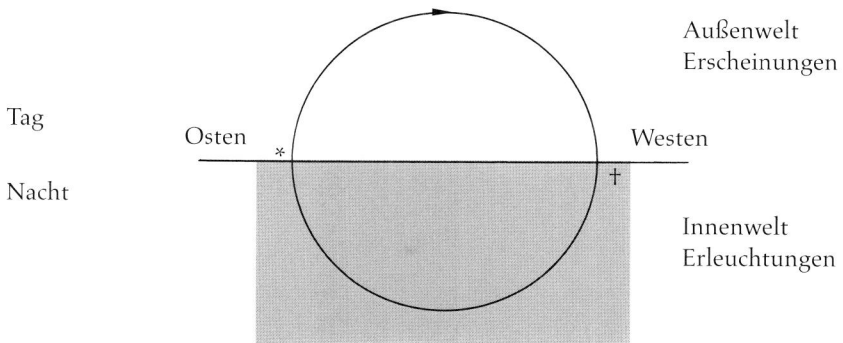

Tag

Nacht

Osten   Westen

Außenwelt
Erscheinungen

Innenwelt
Erleuchtungen

sammengehörigkeit beider Seiten deutlich. So wie der Tag nicht ohne die Nacht bestehen kann, so kann auch die Sinneswelt nicht ohne die zugehörige Geisteswelt bestehen.

Für das bildhafte Denken des Ägypters stellt sich der Vorgang des täglichen Sonnenlaufes und seiner Verwandlungen nun so dar, dass die Weltgöttin (z.B. Isis) den Sonnengott am Morgen gebiert, dieser dann als ihr Sohn Horus heranwächst, über den Tageshimmel fliegt (die Außenseite der Welt), um mit Sonnenuntergang wieder in ihr Inneres aufgenommen zu werden. Dabei verwandelt sich Horus, wie jeder Mensch, der stirbt, in Osiris. Die Göttin wird dabei als ein viergliedriges Wesen vorgestellt, deren Arme und Beine den vier Himmelsrichtungen entsprechen und die so über die Erde gebeugt ist, dass sich ihr Kopf im Westen, ihr Rumpfende im Osten befindet (Abb. 18). Das Sterben des Sonnengottes heißt also, in den Kopf der Isis einzutreten. Mit diesem Eintreten in das Innere der Welt ist zugleich ein Zeugungsakt verbunden: die Isis wird befruchtet und der Keim wächst in ihr während der Nacht zu einem neuen Leibe heran.

«Ich bin Isis, die strahlender und erhabener ist als jeder Gott. Der Gott, der in meinem Leibe ist, der Same des Osiris ist er, … der Erbe des Osiris ist er, … komm, komm heraus auf die Erde, … mein Sohn Horus!»[54]

Die jungfräuliche Mutter gebiert den Sohn, der wächst heran, altert während seiner Tagesfahrt und stirbt schließlich als greisenhafte Abendsonne. Im Tode wird er zu Osiris, Isis empfängt von ihm den Samen, und ein neuer Zyklus beginnt. In diesem Kreislauf ist der Sonnengott zugleich Sohn (als Horus) und Gatte (als Osiris) der Isis – Sohn und Vater sind eins!

Dieses auf die Ganzheit hinweisende Bild kann aber noch eine Stufe tiefer gelesen werden, und das ist erst der Sinn, der eigentlich für den «Kenner»,

54 Sargtexte, 148, 216 a.

Abb. 18: Die Weltgöttin in Menschengestalt, über die Erde gebeugt. Am Morgen bestrahlt die neu geborene Sonne den Hathortempel, am Abend wird die alt gewordene Sonne von ihr verschluckt. Darstellung im Hathortempel von Dendera.

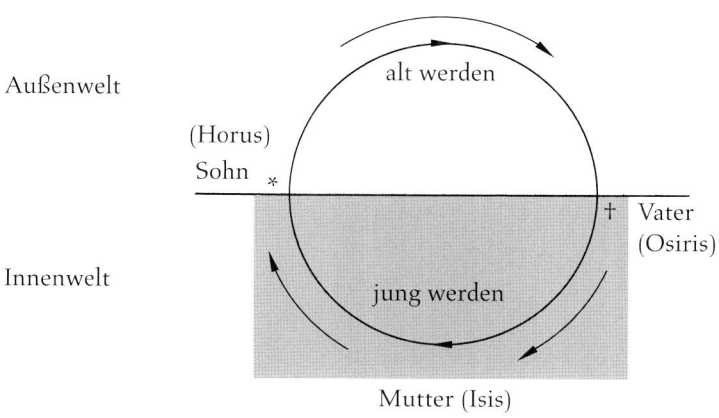

Außenwelt

alt werden

(Horus)
Sohn ☀

† Vater
(Osiris)

Innenwelt

jung werden

Mutter (Isis)

der belehrt worden ist, in dem Bilde immer mitschwingt. Diese tiefere Bedeutung tritt sofort ins Bewusstsein, wenn man ernst nimmt, was in unzähligen Texten und Bildern immer wieder dargestellt worden ist, dass nämlich der Tageslauf des Sonnengottes mit dem Lebenslauf eines Menschen in Beziehung gesetzt wird. Dann folgt also auf den Lebenslauf der «Todeslauf» ebenso eindeutig, wie die Nacht auf den Tag folgt, und dieser endet am «Morgen» mit dem erneuten Erscheinen auf der Oberwelt. Es ist *das* Bild für den Reinkarnationsgedanken, und es ist so eindeutig, dass man ein extra Wort dafür gar nicht brauchte. «Wie Re jeden Tag» seinen Umlauf vollzieht, so vollzieht auch jeder Mensch seinen abwechselnden Lauf durch Leben und Tod. Dieses Bild ist nicht so einfach, wie es auf den ersten Blick aussieht, denn es enthält in sich eigentlich vier verschiedene Phasen: den Auf- und Abstieg des Sonnengottes am Tage und sein Hinab- und wieder Aufsteigen in der Nacht. Dem entsprechen auch beim Menschen vier Phasen: das Ankommen, Einwachsen und Umgehenlernen mit der Sinneswelt, um sie zu beherrschen, und das langsame Vorbereiten auf den Tod, indem wir jetzt selbstständig uns geistige Erkenntnisse anzueignen trachten. Die erste Phase im nachtodlichen Leben besteht dann im Einleben in die geistige Welt und in der Verarbeitung der auf Erden gewonnenen Ergebnisse,[55] ehe dann, nach der «Mitternacht», wieder ein neues irdisches Leben vorbereitet wird. Im Einzelnen wären dann sogar noch genauere Einteilungen zu beachten, denn der Tag wird, wie die Nacht, in je zwölf Stunden eingeteilt, sodass man eigentlich zwölf Phasen im ganzen nachtodlichen Weg zu verfolgen hätte. Diese genauere Differenzierung wird dann relevant, wenn wir die Schicksale der einzelnen Wesensglieder im Leben und im Leben nach dem Tod zu verfolgen hätten.

55 Vgl. Origenes, *Peri Archon,* 2. Kapitel.

Hier soll uns nur ein Aspekt genauer interessieren, weil er im griechischen Mysterienwesen wieder auftaucht und er dort ganz bewusst an die ägyptischen Mysterien angeschlossen ist. Das ist das große Interesse an der Gestaltung der Welt. Wie bildet und wie erhält sich zum Beispiel die Gestalt des menschlichen Leibes? Er unterliegt ja einem ständigen Stoffwechsel, doch seine Gestalt bleibt während des ganzen Lebens erhalten! Ohne hier auf das tiefere Problem eingehen zu können, möge es genügen, die «Lösung» der Ägypter zu referieren, welche die lebendige Gestalt mit ihren Kräften einem Ka zuordneten, der während des ganzen Menschenlebens für die Gestalterhaltung sorgt. Er ist nicht identisch mit dem physischen Leib des Menschen, aber er sorgt aus dem Hintergrund dafür, dass dieser Leib die ihm entsprechende Form behält. Zwei Fragen schlossen sich daran an: Was geschieht mit dem Ka nach dem Tod und wie wird er vor der Geburt gebildet? Denn damit ein Mensch hier auf der Erde den ihm passenden Leib erhält, muss er doch mit seinem Wesen, seinem Schicksal und mit seinen eigenen Fähigkeiten übereinstimmen.

Um hier nun weiterzukommen, hat der ägyptische Eingeweihte genau nachgeforscht, wie sich sein Ka bildete und woher er seine Gestalt bekam, bevor er auf der Erde ein vorübergehendes Abbild von sich in Form des physischen Leibes überhaupt schaffen konnte. Was er gefunden hat, hat er wiederum dargestellt, indem er das Bild des Sonnenlaufes ergänzte.[56] Zunächst würden wir erwarten, dass unser Ka sich aus der Vorfahrenreihe heraus individualisiert, denn unsere Gestalt haben wir doch aus dem «Vererbungsstrom». Der genauere Blick zeigt aber, dass der Vererbungsstrom nur benutzt wird, um den schon individualisierten, quasi schon vorbereiteten Ka in die Menschheit einzufügen. Die ursprüngliche Form stammt dagegen von uns selbst ab, und zwar von unserem eigenen einstigen Ka, der durch den Tod gegangen ist. Von diesem Ka bleibt eine Essenz, ein «Same» nach dem Tod erhalten, bis er, in der Mitte zwischen dem Tod und einer neuen Geburt, den jetzigen Ka im Inneren der Weltengöttin zeugen konnte. Unser Leib kommt also durch eine Befruchtung durch unseren unteren Ka und durch eine Empfängnis seitens unseres oberen Ka zustande! Im Bilde wird dann das Sonnenlaufbild von einem oberen und einem unteren Ka umrahmt. Der obere Ka wird wie eine Hieroglyphe für Ka gebildet, (s. auch Abb. S. 63), der untere Ka wird durch den Stierkopf symbolisiert, denn «Stier» heißt auf ägyptisch auch Ka (Abb. 20).

Nun ist aber der ganze Vorgang noch einiges komplizierter. Denn der Mensch lebt eigentlich in einem Doppelleib: Ein Pol von ihm, das Haupt, existiert mit seinem Sinnes- und Nervensystem nahe an der Grenze zum Tod, fast alle Prozesse sind in die Form erstarrt, der andere Pol ist noch

56 Vgl: Frank Teichmann, *Die ägyptischen Mysterien*, S. 147 ff.

Abb. 19: Die Ka-Statue des Königs
Hor (13. Dyn.), mit der Hieroglyphe
für Ka auf dem Haupt.

ganz den Lebensprozessen hingegeben, sein Rumpf mit den Gliedmaßen lebt sich in Bewegungs- und Stoffwechselprozessen aus. Form und Stoff, Haupt und Rumpf, Sinnes- und Stoffwechselorgane bestimmen den jeweiligen Pol. Die Beobachtung dieser Polarität, die charakteristisch ist für die Menschengestalt, ist schon alt und bekannt, seitdem es eine physiognomische Betrachtung des Menschen gibt (seit Pythagoras).[57] Neu ist jedoch, durch die Forschungen Rudolf Steiners, dass diese Gestalt dadurch entsteht, dass der Ka des Rumpfes sich nach dem Tod in den Ka des zukünftigen Hauptes transformiert und der Mensch dann vom Kopf aus auf die Welt kommt.[58]

Diese Transformation war den Ägyptern gut bekannt und ist von ihnen in die vielfältigsten Bilder gekleidet worden (Würfelhocker, Kanopengefäße

Abb. 20: Das Bild für die Wiedergeburt aus «Oberem» und «Unterem» Ka. Aus dem Papyrus der Her-Uben A (21. Dyn., Ägyptisches Museum Kairo).

57 Vgl. z.B. Carl Gustav Carus, *Die Symbolik der menschlichen Gestalt*, Leipzig ¹1853.
58 Vgl. jetzt: Johannes W. Rohen, *Morphologie des menschlichen Organismus*, Stuttgart 2000, S. 349 ff.

u.a.). Aber diese Bilder sind dem Unbelehrten genauso stumm, wie es das Bild des Sonnenlaufes selbst ist. Wer die Tatsachen nicht kennt, auf die sich die Darstellungen beziehen, entdeckt sie auch nicht, wenn er die Bilder betrachtet. Die oberflächliche Deutung verhindert geradezu den tieferen Blick. Dieses Grundgesetz der Mysterienkunde hat seine Bedeutung noch bis heute, denn es «schützt» den unvorbereiteten Menschen davor, Geheimnisse zu wissen, für deren Verständnis er nicht reif ist. Wir kommen darauf noch zurück.

Der ägyptische Mysterienschüler, der nach langer Vorbereitungszeit schließlich eingeweiht und zum Schauen geführt wurde, hat dazu den Tod durchmachen müssen. In einem dreieinhalbtägigen Todesschlaf wurden seine Seele (Ba) und sein Ka aus dem Leib herausgehoben und im Kosmos herumgeführt. Nach dem Wiedererwachen im Leibe konnte dann ein solcher Mensch von seinen Erlebnissen berichten, von denen ein normaler Mensch erst nach seinem Tode erfuhr. Seine Einführung in diese Welt wurde nach außen als eine Krönung vorgestellt, nach innen als eine geistige Geburt. Von jetzt an war es ja auch dem so eingeweihten Teilnehmer an den Mysterien möglich, immer wieder, wenn er es wollte und wenn er dessen bedurfte, sich in die göttliche Welt zu erheben, um mit den Göttern zu kommunizieren. Mit der Geistgeburt erhält er auch einen neuen Namen, er ist jetzt ein Sohn des Sonnengottes und als solcher auch für die geistigen Wesen wahrnehmbar. Somit hat jeder Eingeweihte zwei Namen: Mit dem einen wird das Wesen benannt, welches hier auf Erden geboren ist, einen Leib hat und hier wirkt, mit dem anderen wird das geistige Wesen bezeichnet, welches als eigenständiges Geistwesen mit Göttern sprechen und sich mit ihnen beraten kann.

Einer der Eingeweihten ist der Pharao. Daher die vielen Darstellungen und Textzeugnisse von den Begegnungen und dem Austausch mit den Göttern. Was er von ihnen erfährt, wird in Kultur umgesetzt. Die Götter bestimmen alles: die Form der Tempel und Bauten, die Art, wie sie verehrt werden wollen, die Durchführung der Rituale und Feste, die Opfergaben und ihre Verwendung, kurz alles, was das Leben in Ägypten ausmacht. Hinter der gesamten Kulturentwicklung gibt es eine geistige Führung, die von geistigen Wesen ausgeht und denen die Eingeweihten als Mittler dienen. Alles, was als Größe der ägyptischen Kultur aufleuchtet, ist nicht den Bewusstseinen nur irdischer Menschen entsprungen, sondern stammt auch aus geistigen Welten. Das Licht der Weisheit, das die Griechen später dort suchten, ist nur der tradierte Rest einer einst lebendig gepflegten Beziehung zu den Göttern.

Immerhin gibt es selbst noch in dieser Spätzeit Ägyptens solche Weisheitsstätten, an denen ein vorbereiteter Grieche mit ernstem Weisheits-streben sich weiterbilden konnte. Im Vergleich mit der alten Mysterien-herrlichkeit sind diese späten Lehr- und Lernorte allerdings nur noch Schatten ihrer selbst. Zwar wird es wohl so gewesen sein, dass manche der Inhalte schriftlich tradiert worden sind, die Praxis aber, die dazugehörte, um diese Inhalte auch selbst schauen zu können, war verloren gegangen.

 Doch bevor die Verdunkelung in der Mysterienpraxis eingetreten ist, haben die alten Eingeweihten dafür gesorgt, dass an anderen Stellen wie-der neue Mysterienorte entstehen, welche nicht nur die Inhalte, sondern auch Praktiken, wenn auch in modifizierter und an den Bewusstseinswan-del der Menschen angepasster Form, weiterpflegen konnten. Das grie-chische Mysterienwesen ist so entstanden. Es ist nicht gänzlich neu erfun-den worden und auch nicht das bewahrte verschattete alte, aber es ist deutlich aus dem alten Mysterienstrom herausgewachsen.

In dem Moment, wo der griechische Aufbruch beginnt, ist jedenfalls eine Mysterienstätte da, welche die zukünftige Richtung, die die griechische Kultur nimmt, schon in sich wie im Keime enthält und sie so im Zusam-menhang mit der Götterwelt halten kann. Denn wenn es die Aufgabe der Griechen ist, das Denken zu entwickeln, so ist doch, wenn diese Fähigkeit von Natur aus eintritt, eine große Gefahr damit verbunden. Der Denken-de ist nämlich zunächst so stolz auf die ihm zur Verfügung stehende Kraft, dass er sie zur bloßen Meinungsbildung einsetzt, in der Regel dazu noch für egoistische Zwecke. Damit das nicht eintritt, was in aller Unschuld zunächst immer geschieht, und die Kultur auch nach dem Auftreten der Intelligenz den Zusammenhang mit den Göttern nicht verliert, dafür wird von Anfang an in den Mysterienstätten gewirkt. Selbstverständlich än-dern sich dann die Aufgaben während der griechischen Kulturentwick-lung. Denn in dem Maße, in dem die Menschen nun selber im Denken auf das Wirken der Götter aufmerksam werden, zum Beispiel in der plato-nischen Philosophie, in dem Maße ziehen sich die Mysterien zurück. Nach dem Kommen des Christus auf die Erde, eines Gottes, der Mensch wurde und unter den Menschen wohnte, geht ihre Wirkung fast ganz zurück. Sie unterstützten noch eine Weile (bis ins 4. Jahrhundert n.Chr.) das Werden des Christentums, sodass die Menschen nun von der Erde aus und im Leben die Beziehung zur Geisteswelt finden können. Die alte götterge-führte Kultur ist zu ihrem Ende gekommen zugunsten einer neuen men-schengeführten Kultur.

Der Beginn:
Die Mysterien von Ephesos

Abb. 21 Seite 68 und 69:
Kuretenstraße in Ephesos.

Das griechische Mysterienwesen ist zunächst durch die Mysterien von Eleusis bekannt geworden. Von ihnen wusste jeder Grieche, denn durch den homerischen Hymnus an Demeter wußte man, dass diese Göttin die heiligen Weihen gestiftet hatte und dass seither einmal jährlich eine große Prozession von Athen nach Eleusis zur Feier dieser Weihen führte. Daran beteiligten sich Tausende von Menschen, nicht nur die vergleichsweise wenigen Eingeweihten, sondern ein großer Teil der Bevölkerung. Gehörten doch die Mysterien von Eleusis zu Athen wie das Herz zum Menschen. Und wenn auch nicht jeder wusste, was dort geschah, so war er doch davon überzeugt, dass ohne die regelmäßigen Begehungen die Kultur Athens leiden müsste. Zudem wusste man auch, dass es nicht nur die Großen Mysterien gab, die in Eleusis gefeiert wurden, sondern auch die Kleinen Mysterien, welche diejenigen Menschen, die überhaupt an den Mysterien Interesse bekundeten, vorzubereiten hatten. Die Kleinen Mysterien wurden aber in Athen vollzogen, zwar nicht innerhalb der Mauern der Stadt, doch nicht weit davon entfernt. Dort begann der Weg, dort wurde man belehrt und in das Mysterienwesen eingeführt. Doch nicht jeder, der daran teilnahm, wurde auch zu den Großen Mysterien zugelassen. Man musste sich bewährt haben, bestimmte Bedingungen erfüllt, bestimmte Prüfungen bestanden und ein reines Leben geführt haben. Nur wenige konnten wirklich berufen werden, die meisten waren bloße Thyrsosträger. Doch all dies war öffentlich bekannt und wurde von jedem Bürger Athens, ja von jedem gebildeten Griechen gewusst.

Dieser öffentliche Bekanntheitsgrad der Mysterien ist etwas ganz Neues in der Geschichte der Alten Welt. In den vorangegangenen Zeiten gab es zwar auch Mysterienstätten in den verschiedenen Ländern und Kulturen, aber man wusste nichts von ihnen. Außer denen, die von den Göttern erwählt worden waren und die seither dazugehörten, blieb das Wirken eines solchen Mysteriums der übrigen Welt vollständig verborgen. Niemand Außenstehendes erfuhr etwas, und niemand, der dazugehörte, er-

70

zählte davon. Nur bei besonderen Festen konnte sich ein wenig von dem offenbaren, was aus dem wahrhaftigen Umgang mit den Göttern stammte und in das kulturelle Leben der Bevölkerung einfloß. Aber auch das geschah in Bildern und war nicht jedem verständlich. Über das eigentliche geistige Geschehen, das solchen Offenbarungen zugrunde lag, wurde strengstens geschwiegen. So kommt es, dass zum Beispiel noch ein Grieche wie Herodot zwar manches bei Besuchen alter Mysterienstätten erlebte, aber selbst nie darüber sprach. Dieses Schweigegebot hat zwei Gründe – einmal deshalb, weil man über geistige Erlebnisse zu anderen, die davon keine Begriffe haben, nicht sprechen *kann,* und zum anderen, weil man davon nicht sprechen *möchte,* um heilige Inhalte nicht an Unwürdige preiszugeben.

Dieses Schweigegebot galt natürlich aus denselben Gründen auch für die griechischen Mysterien. Und so weiß man nur wenig, was die eigentlichen Inhalte des Mysterienwesens dort gewesen sind. Das Wenige, was man von Eleusis kennt, ist der Mythos, der von Demeter und Kore handelt, so wie er in den «Homerischen Hymnen» erzählt wird. Außerdem ist

71

noch die immer neu erzählte Verheißung für die Eingeweihten bekannt, dass sie nach dem Tode ein seligeres Leben führen werden als ein gewöhnlicher Sterblicher. Doch dieses Wissen kann keinesfalls die Ursache dafür sein, sich selbst den Mysterien zuwenden zu wollen. Denn was sie enthalten, sind nicht Ergänzungen zum normalen religiösen Leben, die man nur durch Einweihung erfahren konnte, sondern etwas ganz anderes. Dieses andere ahnt wohl der Grieche, allein es bleibt zunächst verborgen, sodass es einem modernen Bewusstsein nirgends auffallen muss. Selbst wer heute eine Geschichte Griechenlands oder auch nur eine Geschichte Athens verfasst, wird sie schreiben können, ohne auch nur mit einem Wort auf die Mysterien von Eleusis eingehen zu müssen.[59] Ja nicht einmal bei Platon, der erwiesenermaßen in Eleusis eingeweiht war, berücksichtigt man diese Tatsache in der Kommentierung seiner Werke.[60]

Ein Grieche der damaligen Zeit hat jedoch immer ein Gespür für die Bedeutung seiner Mysterien gehabt und hat zu ihnen als zu etwas Verehrungswürdigem aufgeschaut. Wie wir schon hörten, hat selbst noch am Ende der griechischen Kultur, als der oströmische Kaiser Valentinianus die eleusinische Mysterienfeier verbieten wollte, ein dort Eingeweihter dagegen Einspruch erhoben mit der Begründung: «… dieses Gesetz würde das Leben der Griechen unlebbar machen, wenn … die das ganze Menschengeschlecht zusammenhaltenden heiligsten Mysterien» nicht mehr nach den alten Satzungen begangen werden könnten.[61]

Ganz anders liegen die Verhältnisse bei den Mysterien von Ephesos. Sie sind nach außen hin kaum bekannt, auch nicht in Griechenland. Niemand spricht dort von ihnen, niemand weist auf sie hin, und wenn das merkwürdige «Mysterienbild» der Artemis von Ephesos nicht wäre, würde man auch dort nichts Besonderes vermuten. Eigentlich verhält sich die Mysterienstätte von Ephesos noch ganz wie ein altorientalischer «geheimer Ort», der einem Tempel angeschlossen war, ohne dass die Umwohner das wussten. Erst gegen Ende der antiken Kultur gibt es Hinweise auf Einweihungspraktiken in Ephesos, die zum Beispiel Julian Apostata dort noch finden konnte. Aber auch da bleibt der Zusammenhang mit dem Tempel der Artemis zweifelhaft, es ist keinesfalls sicher, dass die «Einweihung», die Julian dort empfing, überhaupt noch etwas mit dem Heiligtum der großen Göttin zu tun hatte.

Wenn nicht Rudolf Steiner in mehreren Vorträgen auf diesen wichtigen Mysterienort hingewiesen hätte, auf eine Stätte regsten Geisteslebens in der Frühzeit der griechischen Kultur, würden wir uns heute nur mit einigen wenigen zarten Andeutungen begnügen müssen. Heraklit vielleicht und das Bild der Artemis von Ephesos hätten uns wohl auf den Hinter-

59 Was in zahlreichen zeitgenössischen Werken tatsächlich geschehen ist.
60 Selbst nicht in der großen, neu erscheinenden Göttinger Ausgabe. Ausnahme: Die Werke Christina Schefers.
61 Zitiert nach K. Kerényi, *Die Mysterien von Eleusis*, Zürich 1962, S. 26.

grund eines Mysteriengeschehens aufmerksam machen können, aber diese wenigen Besonderheiten hätten nur den Kennern des Mysterienwesens etwas zu sagen gehabt.

Der Tempel der Artemis von Ephesos

Was wir dagegen wissen und wofür Ephesos berühmt ist, das ist der Wunderbau seines Tempels. Er gehörte nicht nur zu den größten und schönsten ionischen Tempeln überhaupt, sondern auch zu den bekanntesten Heiligtümern der Alten Welt. Er muss so beeindruckend gewesen sein in seiner Größe, seiner Schönheit, seiner Lage und in seiner Ausstattung, dass die Griechen ihn als einzigen Tempel zu den Weltwundern rechneten. Das größte Wunder aber ist, dass dieser einzigartige Bau nach der Katastrophe von 356 v.Chr., in der er durch Brandstiftung vollständig zerstört wurde, ein zweites Mal errichtet werden konnte, und sogar schöner und vollkommener als der erste. So konnte ein Dichter des 2. Jahrhunderts v.Chr. ein Gedicht über die Sieben Weltwunder verfassen, in dem es heißt:[62]

«Babylons ragende Stadt, ich sah sie mit
Mauern, auf denen Wagen fahren.
Ich hab' Zeus am Alpheios gesehn,
sah des Helios Riesenkoloss und die hängenden Gärten,
auch den gewaltigen Bau der Pyramiden am Nil
und des Maussolos mächtiges Mal.
Doch als ich dann endlich Artemis' Tempel erblickt, der in die Wolken
sich hebt,
blasste das andre dahin. Ich sagte:
‹Hat Helios' Auge außer dem hohen Olymp
je etwas Gleiches gesehn?›»

Das Heiligtum der Artemis bildet zu allen Zeiten der griechischen Kultur das Zentrum von Ephesos, und ohne das Wirken der Göttin hätte die sich dort entwickelnde Stadt keine Bedeutung. Selbst noch in der hellenistischen und römischen Epoche wird Ephesos «die Stadt der Artemis» genannt. Im Rathaus sogar, und nicht nur im Tempel, war eine Statue der Göttin aufgestellt, und an vielen Orten und Plätzen erschien ihr Bild. Der Ruf «groß ist die Artemis der Epheser», den die Bürgerschaft unter Anführung des Demetrius, gemäß dem Zeugnis der Apostelgeschichte, stundenlang im großen Theater erschallen ließ, war nicht nur ein massenpsychologisches Phänomen, sondern entsprach tatsächlich dem Grundemp-

62 Anthol. Pal. IX, 58, zitiert nach W. Ekschmitt, *Die Sieben Weltwunder*, Mainz 1984, S. 9.

73

Abb. 23 linke Seite: Blick auf Ephesos.

Abb. 24 rechte Seite: Ephesos, die Hafenstraße Arkadiane vom Theater aus gesehen.

finden der Zeit. Die Stadt gehörte zu einem göttlichen Wesen, zu Artemis, und die Bürger waren wie einzelne Glieder dieses Wesens. Nun war aber Ephesos «die erste und größte Hauptstadt Asiens», so ihr offizieller Titel, mit dem viele Urkunden signiert wurden, sodass man von der Größe der Stadt auch auf die Bedeutung der hinter ihr stehenden Götter schließen kann. Keine andere Gottheit einer ionischen Stadt konnte sich, in Bezug auf Bekanntheit und Ausstrahlungskraft, mit ihr vergleichen.

Das Heiligtum mitsamt dem herrlichen, in der Überlieferung immer wieder hervorgehobenen heiligen Hain sowie auch die spätere Großstadt liegen auf asiatischem Boden, aber sie sind nach Griechenland hin orientiert und über das Meer hin mit ihm verbunden. Sowohl das Heiligtum als auch die Stadt hatte einen Hafen, sodass der gesamte Handel und Verkehr mit Schiffen abgewickelt wurde. Die Straßen nach Kleinasien hinein waren kaum ausgebaut und wurden auch nur spärlich benutzt, ja selbst die benachbarten Städte erreichte man normalerweise nur mit dem Schiff. Ephesos liegt auf der Grenze: Hinter der Stadt beginnt die unabsehbar

weit gedehnte Landmasse Asiens, vor ihr befinden sich die ägäische Insel-
welt und das ganze Mittelmeer, das wie ein griechisches Binnenmeer an
allen Küsten von Griechen umwohnt wird.

Auch geschichtlich liegt Ephesos auf der Grenze: Ursprünglich scheint es
eine Stadt gewesen zu sein, die zum Alten Orient gehörte (deren Namen
«Apasa» schon in hethitischen Quellen erscheint); doch nach der Besiede-
lung durch die Ionier zu Beginn der griechischen Geschichte gehörte sie
von Anfang an zum Bund der ionischen Griechenstädte. In hellenistischer
und römischer Zeit blieb Ephesos nach Europa hin ausgerichtet, wenn
auch immer eine natürliche Beziehung zum Orient hin bestand. Dem
werdenden Christentum war die Stadt durch Paulus und Johannes aufs
Engste verbunden, und das änderte sich auch nicht, solange die Stadt bestand.

Die geschichtliche Grenzlage ist im Heiligtum selbst sehr schön zu sehen.
Einerseits ist es eines der bedeutenden Heiligtümer der griechischen Kultur, das sich hier, wie sonst in Griechenland auch, seit dem 8. Jahrhundert
v.Chr. kräftig entwickelte, doch andererseits scheint es die Stelle eines
vorgriechischen Heiligtums eingenommen zu haben, das dort schon vordem existierte und dessen Reminiszenzen noch lange nachwirkten. Die
neuesten Ausgrabungen unter dem Artemision haben gerade das gezeigt.[63]

Der Ruhm der Göttin verbreitete sich sehr schnell, sodass ihr Heiligtum
schon früh kostbar ausgestattet werden konnte. Nicht nur ihr Tempel
wurde bestaunt, auch der zugehörige heilige Hain samt den prächtigen
Prozessionen an den großen Festen der Artemis. Selbst die Bank und das
allen Verfolgten offenstehende Asyl wurden häufig in Anspruch genommen, und das nicht nur von den Griechen, sondern auch von den umwoh-
nenden Völkern. Die Lyder zum Beispiel haben im 6. Jahrhundert v.Chr.
das ganze umgebende Gebiet erobert, doch ohne das Heiligtum zu verletzen. Im Gegenteil, ihr König Kroisos fühlte sich der Artemis so verbunden, dass er ungeheure Summen für die Errichtung des Tempels spende-
te.

So blieb Ephesos tatsächlich der einzige Dipteros (Tempel mit doppelter
Säulenstellung) im ganzen griechischen Kulturgebiet, der vollendet werden konnte. Pläne ähnlicher Art gab es viele, aber sie blieben allesamt im
Anfangsstadium stecken, weil der Bauimpuls allmählich verebbte, sodass
man sich mit unfertigen Tempeln behelfen musste. Einzig der Tempel der
Artemis von Ephesos wurde in seinen riesigen Ausmaßen vollendet und
darüber hinaus auch noch kostbar ausgestattet. Denn Herodot erwähnt in
seinen Historien (I, 92) nicht nur die Stiftung der Tempelsäulen, die mit

Abb. 25 rechte Seite: Ephesos,
Blick auf das Theater von der
Hafenstraße Arkadiane aus.

63 Vgl. A. Bammer und U.
Muss, *Das Artemision von
Ephesos*, Mainz 1996, S. 26 ff.,
und A. Bammer, *Das
Heiligtum der Artemis von
Ephesos*, Graz 1984.

Abb. 26: Didyma.

Abb. 27 rechte Seite: Didyma.

dem Namen des Kroisos «signiert» worden waren, sondern er fügt auch noch hinzu:

«Es gibt noch viele andere Weihgeschenke von Kroisos in Griechenland außer den genannten, … in Ephesos sind die goldenen Rinder und die meisten Säulen von ihm.»

Vollendet werden konnte der Tempel erst in der Mitte des 5. Jahrhunderts v. Chr., aber lange vorher war er schon benutzbar. Dieser Tempel war es, oder auch sein Nachfolgebau, den man im Bewusstsein hatte, wenn man an das *Weltwunder* von Ephesos dachte. Was war nun das Besondere an diesem Bauwerk außer seiner Größe und Schönheit?

Zunächst war die überragende Anzahl der Säulen für die Griechen das alles übertreffende Phänomen. Nirgendwo sonst konnten sie derart viele Säulen an einem Bauwerk erleben. Nach Plinius sollen es 127 Säulen gewesen sein, die dort aufgestellt waren, aber selbst wenn man an eine Verschreibung für 117 Säulen denkt, was oftmals schon vorgeschlagen wurde, sind es immer noch so viele, dass man kaum einen Plan findet, in dem man

sie alle unterbringen könnte. Eines ist jedoch klar: Rundum standen je zwei Säulen hintereinander, sodass der ganze Tempel vollständig von zwei Säulenreihen umschlossen war. An seiner Frontseite waren es vielleicht sogar drei, die noch um acht Säulen für den eigentlichen Eingangsbereich zu ergänzen sind, wie heute noch in Didyma zu sehen (Abb. 26 – 27). Der Tempel war so groß, dass die Cella nicht mehr überdacht werden konnte, sondern oben offen bleiben musste. Das Kultbild fand dann in einem kleineren Extra-Tempel Schutz, der inmitten der Cella des großen stand. Ein solcher Tempelgrundriss ist an und für sich noch nichts Besonderes, denn ähnliche Bauten waren auch auf der Insel Samos und in Didyma (vor Milet) im Entstehen. Was aber Ephesos von diesen unterscheidet, ist die Energie, mit der der Tempelbau der Artemis vorangetrieben wurde, bis er vollendet werden konnte. Die anderen konnten dagegen niemals fertig gestellt werden. Dieser Einsatz hielt sogar nach der Zerstörung des ersten Tempels noch an, sodass auch der auf den Brand folgende Bau fertig gestellt und wieder als Wunder angestaunt werden konnte.

80

Abb. 28 linke Seite:
Säulentrommel
(British Museum).

Abb. 29: Rekonstruktion
des Tempels von Ephesos,
Kolorierter Kupferstich
nach Johann Bernhard
Fischer von Erlach,
um 1700.

Aber auch die jeweils vollendeten Bauten sind nicht die einzigen Besonderheiten des Tempels von Ephesos. Zu den auffälligsten Charakteristika
gehören die mit Reliefs versehenen Säulen an der Front- und vielleicht
auch an der Rückseite des Tempels. Diese von Plinius «columnae caela-
tae» genannten Säulen gibt es an keinem anderen Tempel in Griechenland, wohl aber sind sie von Ägypten her bekannt. Dort sind sogar alle
Säulen eines Tempels des Neuen Reiches normalerweise von oben bis
unten mit dem Namen des königlichen Bauherrn und mit den Bildern
der Götter, die der Pharao verehrte, «beschriftet» worden. In Ephesos hat
man zwar, das zeigen die verschiedenen Reste und Bruchstücke (Abb.
28), nur einzelne Säulentrommeln mit Reliefs geschmückt, aber sowohl
beim archaischen als auch beim spätklassischen Tempel haben bedeutende Bildhauer daran gearbeitet. Wo genau diese Reliefs angebracht
waren, ob unten an den Säulen oder oben unter den Kapitellen, ist bis
heute unter den Archäologen umstritten, aber gegeben hat es sie ohne
Zweifel. Die verschiedenen Rekonstruktionen (vgl. Abb. 29) ermöglichen

81

eine Ahnung davon, wie besonders und wie bildanregend die Eindrücke gewesen sein müssen.

Dieser «Ägyptizismus» des ephesischen Tempels der Artemis ist nicht der einzige. Da ist weiter die schöne Entdeckung zu nennen, dass die Maßverhältnisse des archaischen Tempels mit der ägyptischen Elle eingemessen worden sind.[64] Bis auf die vierte Stelle hinter dem Komma stimmen die Maße des Ephesos-Tempels mit der ägyptischen Königselle (0,5236 m) überein, die in Ägypten allen heiligen Bauten zugrunde liegt, in Griechenland aber sonst nirgends auftritt. Warum dieser versteckte Hinweis auf Ägypten?

Im Weiteren ist auch auffällig, dass der Tempel der Artemis nicht nach Osten orientiert ist, wie sonst in Griechenland üblich, sondern nach Westen. Und zwar schaut nicht nur das Kultbild der Artemis nach Westen, sondern auch ihr Altar, der im Westen des Tempels und auf der Achse desselben nach Westen hin offen ist. Der Blick nach Westen, nach Griechenland hin, bestimmt also ganz Ephesos.

Wenn man jedoch genau misst, dann weist die Verlängerung der Tempelachse auf einen Azimut von 284° 35′ 17″, das heißt, die Achse zeigt nicht genau nach Westen, sondern ein wenig mehr nach Nordwesten zu. An diesem Punkt geht 29 Tage nach der Frühlings-Tagundnachtgleiche die Sonne unter, es ist das der spätest mögliche Termin, an dem der Frühlings-Vollmond nach der Tagundnachtgleiche eintreten kann. Da das Hauptfest der Artemis im Frühlingsmonat «Artemisios» stattfindet, ist das bewegliche Vollmonddatum nach der Tagundnachtgleiche wahrscheinlich das Datum des Festes. Da die Artemis nicht nur mit der Sonne (über ihren Bruder Apollon), sondern vor allem mit dem Mond verbunden ist, weist die Ausrichtung ihres Tempels auf den Gang dieser beiden Himmelskörper im Jahreskreislauf hin.[65] Normal wäre es jedoch, wenn die Achse des Tempels auf den Sonnenaufgang an diesem Tage ausgerichtet worden wäre, aber das hat man nicht gewollt zugunsten der Hervorhebung des Westens. Diese ungewöhnliche Ausrichtung muss einen Sinn haben, der mit dem Wesen der Göttin verbunden ist, denn die Ausrichtung des Tempels – die übrigens von Anfang an besteht, auch bei allen Vorläuferbauten des großen Tempels – wird von Artemis bestimmt, deren Kultbild nach Westen orientiert ist.

Um hier weiterzukommen, müssten wir uns zunächst mit dem Wesen der Artemis von Ephesos beschäftigen, um daraus vielleicht begründen zu können, warum ihr Blick nach Westen, zum Sonnenuntergang hin, gerichtet ist. Bevor das aber geschieht, sei hier schon vorweggenommen, dass sich in dieser Richtungsumkehr wieder eine Beziehung zu Ägypten

64 Vgl. W. Schaber, *Die archaischen Tempel der Artemis von Ephesos*, Waldsassen 1982, S. 50 ff. = *Schriften aus dem Athenaion der klassischen Archäologie*, Salzburg, Bd. 2.
65 Ebd., S. 112 f.

offenbaren wird. Artemis als Göttin der gestaltbildenden Werdekräfte der
Natur ist nämlich in derselben Funktion mit der spätägyptischen Isis ver-
bunden. Diese aber ist nach Westen orientiert, von dorther nimmt sie den
Samen des sterbenden Osiris in sich auf, um dann am Morgen den Son-
nengott als Horus im Osten von neuem zu gebären (vgl. Abb. 30 und 31).
Wo wir in Ephesos auch hinschauen, überall wirkt der Hintergrund des
Alten Orients mit herein und übergibt seine Weisheiten an die aufkei-
mende griechische Kultur.

Sogar das Bild der Artemis von Ephesos selbst weist auf den Alten Orient
und nach Ägypten zurück, denn mit griechischen Götterdarstellungen
lässt es sich nirgends vergleichen, geschweige denn von ihnen ableiten.
Dies wird besonders dann deutlich, wenn wir uns normale Darstellungen
der Artemis in Griechenland anschauen.

Die Artemis der Griechen

Artemis ist vor allem mit der unberührten Natur verbunden,[66] einer Natur, die wir uns in ihrer Reinheit, Schönheit und Wildheit heute kaum
mehr vorzustellen vermögen. Wie Walter F. Otto schreibt, verspürt der
moderne Mensch unserer Zivilisation «nichts mehr von der Scheu, mit

66 Vgl. z.B. Erika Simon,
Die Götter der Griechen,
München ³1985, S. 147 ff.

der frömmere Geschlechter die stillen Täler und Höhen betreten haben. Ein leises Gefühl von Fremdartigkeit, ein Anflug von Unheimlichkeit» hält ihn heute nicht mehr davon ab, die Natur zu nutzen, sie regulieren und bezwingen zu wollen. Ganz anders der Grieche: «Da ist ein Gewimmel der Elemente, Tiere und Pflanzen, ein zahlloses Leben, das sprießt, blüht, duftet, quillt, hüpft, springt, flattert, schwebt und singt; eine Unendlichkeit von Sympathie und Entzweiung, Paarung und Kampf, Ruhe und fiebernder Bewegung – und doch alles verwandt, verwoben und getragen durch einen einzigen Lebensgeist, dessen höhere Gegenwart der stille Besucher mit dem Schauer des Unbeschreiblichen empfindet. Hier fand die Menschheit, deren Religion wir ahnen, das Göttliche … Es schien zu atmen in dem umhüllenden Glanz der Bergwiese, in Flüssen und Seen und in der lächelnden Klarheit, die darüber schwebt. Und in hellsichtigen Augenblicken stand plötzlich die Gestalt da, ein Gott oder eine Göttin, bald menschenähnlich, bald, dem Ungeheuren näher, als Tier. Die Natureinsamkeiten haben verschiedengestaltige Genien, vom schauerlich wilden bis zum scheuen Geist süßer Mädchenhaftigkeit. Aber das Höchste ist es, dem Sublimen zu begegnen. Es wohnt im klaren Äther der Berggipfel, im Goldschimmer der Gebirgsmatten, im Blitzen und Flimmern der Eiskristalle und Schneeflächen, im schweigenden Erstaunen der Felder und Wälder, wenn das Mondlicht sie überglänzt und glitzernd von den Baumblättern tropft. Da ist alles durchsichtig und leicht. Die Erde selbst hat ihre Schwere verloren, und das Blut weiß nichts mehr von seinen dunklen Leidenschaften. Über den Boden hin schwebt es wie ein Tanzen weißer Füße; oder ein Jagen fliegt durch die Lüfte. Das ist der göttliche Geist der … Natur, die hohe schimmernde Herrin, die Reine, die zum Entzücken hinreißt und doch nicht lieben kann, die Tänzerin und Jägerin, die das Bärenjunge auf den Schoß nimmt und mit den Hirschen um die Wette läuft, todbringend, wenn sie den goldenen Bogen spannt, fremdartig und unnahbar, wie die wilde Natur, und doch, wie sie, ganz Zauber und frische Regung und blitzende Schönheit. *Das ist Artemis!*»

Diese verehrende Phänomenologie der Göttin, die Walter F. Otto hier gibt,[67] setzt sich in ihre Gestalt und in ihre Mythen um. Da ist es zum Beispiel der Artemis eigen, jährlich in die Ferne zu entschwinden, um dann bei ihrem Wiederkommen im Frühling ihr großes Fest zu feiern. «Ihr Reich ist die ewigferne Wildnis, über die sie als Jungfrau herrscht. Bei Homer erhält sie die ehrende Bezeichnung *agné*, ein Wort, in dem die Bedeutungen des Heiligen und des Reinen zusammenfließen und das vorzüglich Anwendung findet auf die unberührten Elemente der Natur. Außer Artemis wird bei Homer nur noch Persephoneia, die erhabene Köni-

67 Walter F. Otto, *Die Götter Griechenlands*, Frankfurt/M. 1961, S. 81 ff.

gin der Toten, mit diesem Titel ausgezeichnet. Überall in der freien wilden
Natur, auf Bergen, Auen und in Wäldern, sind ihre Tummelplätze, wo sie
mit ihren reizenden Gefährtinnen, den Nymphen, tanzt und jagt. ‹Am
Bogen hat sie Lust›, sagt der homerische Aphroditehymnus von ihr, ‹und
am Saitenspiel, an Reigentänzen und weithin schallendem Aufschrei.›
Unvergesslich ist das Homerische Bild, ‹wie Artemis, die Pfeilschützin,
über die Berge schreitet, über den gar langen Taygetos oder den Eryman-
thos, sich erfreuend an Ebern und schnellen Hirschen, und zusammen mit
ihr spielen Nymphen, die Töchter des Zeus, des Aigishalters, die Mädchen
der Feldflur, zum Entzücken des Mutterherzens der Leto; unter allen ragt
sie hoch empor mit Haupt und Stirne, unverkennbar, wiewohl alle in
Schönheit strahlen.›[68] Von den Bergeshöhen hat sie mehrere Beinamen,
‹die Herrin der rauen Gebirge›, wie Aischylos sie nennt. Auch die klaren
Wasser liebt sie; Heilkräfte sprudeln durch ihren Segen aus warmen Quellen. Ihr Glanz webt auf unbetretenen Blumenwiesen; da pflückt ihr der
Fromme einen Kranz, ‹auf der unversehrten Au, wo der Hirte sich scheut,

68 *Odyssee*, VI, 102 ff.

85

die Herde zu weiden, wo nie des Eisens Schärfe hingekommen und nur die
Biene im Frühling schwärmend ihren Durchzug hält; die Keuschheit waltet hier und der Tau des reinen Elements.›[69] … Zu ihren Ehren werden in
vielen Kulten Tänze aufgeführt … Ohnegleichen ist die Schönheit ihres
hohen Wuchses … Man nennt sie ‹die Schöne›, ‹die Schönste› und ehrt sie
mit diesem Anruf. Wie ihr Tanz und ihre Schönheit dem Zauber und
Glanz der freien Natur angehören, so ist sie auch mit allem, was in ihr
lebt, mit Tieren und Bäumen, auf das innigste verbunden. Sie ist die ‹Herrin der wilden Tiere› (Abb. 33) … Der Hirsch ist ihr ständiges Attribut in
der bildenden Kunst …

Das seltsam Wilde ihres Wesens und seine unheimliche Faszination offenbarte sich ganz besonders in der Nacht, wenn geheimnisvolle Lichter auf-

69 Euripides,
Hippolytos, 75 ff.

blitzen und schwärmen oder der Mondschein Wiesen und Wälder verzaubert. Dann ist Artemis auf der Jagd und schwingt ‹den Feuerglanz, mit dem sie Lykiens Berge durchstürmt›. sie heißt geradezu die ‹nachtschwärmende Göttin› … Auf Vasen des 5. Jahrhunderts ist ihre Darstellung mit Fackeln in beiden Händen ganz gewöhnlich. Daher die häufige Bezeichnung ‹Lichtträgerin›. Aus derselben Sphäre stammt ihre frühzeitige Beziehung auf das nächtliche Gestirn, in dem sich der Liebreiz, die Romantik und die Fremdheit ihres Wesens widerspiegeln. Wenn Aischylos von dem ‹Blick ihres Gestirnauges› spricht, so meint er das Licht des Mondes, als dessen Göttin sie in späterer Zeit so oft erscheint. Man versteht, dass sie Führerin auf fernen Wegen sein kann, wo sie mit ihrer Geisterschar schweifend gedacht wird …

Auch ins menschliche Leben tritt die Königin der Wildnis herein und bringt ihre Seltsamkeiten und Schrecknisse mit, aber auch ihre Güte.»[70] Dort untersteht ihr alles, was mit der leiblichen Geburt des Menschen zu tun hat und mit der Aufzucht der Kinder. Die Frauen rufen sie an in der Not, und «Artemis-Eleithyia» verhilft ihnen zu einer glücklichen Geburt. Dafür werden der Göttin dann Gewänder und Schmuck geopfert. Artemis freut sich über alle gestaltbildenden Kräfte in der Natur, freut sich über ihr Werden und begleitet dann auch ihr Vergehen. Die Namen der sie umringenden Anmutswesen, der *Chariten*, sind deshalb allesamt abgeleitet vom «Sprossen», «Wachsen», «Gedeihen» und «Reifen» der Pflanzen. Ihr großes Fest wird dementsprechend im Frühling gefeiert, wenn die Erde wieder grünt und sich mit neuen Blumen überdeckt, wenn die Zugvögel wiederkommen und in Scharen die vereinsamten Lande wieder beleben. Wenn dann die Frühlingsregen alles hervorlocken, was im Winter unter der Erde verborgen überlebt hat und es zu neuen Wachstum ermuntern, dann ist auch Artemis wieder da, kleidet sich neu mit herrlichen Gewändern und veranlasst die Menschen zur Feier ihres großen Festes. Dann ziehen sie aus in Prozessionen, vom Tempel der Artemis weit hinaus zu einem abgelegenen Heiligtum, ganz in der Natur verborgen. Kein Haus, kein Tempel und keine von Menschen gemachten Umgestaltungen störten dort das reine Erlebnis der noch ursprünglichen Wachstumskräfte. «Ortygia», Wachtelstätte, hieß dieser heilige Ort bei Ephesos (an dem sich diese Zugvögel im Frühling wieder sammelten). Anmutige Hügel bestimmten das Landschaftsbild, mit einem Bächlein inmitten und rings umgeben von schützenden Bäumen und Bergen. Dort auch war es, wo Artemis geboren sein sollte, wie es die ephesische Lokaltradition überliefert, zusammen mit ihrem göttlichen Bruder Apollon.

Als Zwillingsschwester des Apollon ist sie nie allein zu finden. Wenn auch

70 Vgl. Anm. 67, S. 83 ff.

nicht oft genannt, ist doch ein geheimnisvoller Hintergrund zu ahnen, aus
dem heraus Apollon wirkt. Das offenbart sich am schönsten an jenen Stellen, an denen nicht nur das Werden im Vordergrund steht, sondern auch
das Sterben und Vergehen. Beide Geschwister senden ja nicht nur den
Tod, weshalb die Krieger im Felde der Artemis opfern, auch das Schicksal
wird von ihnen gesandt. Ihre diesbezüglichen Tätigkeiten sind derart miteinander verschränkt, dass der eine ohne den anderen nicht denkbar wäre.
Im Bilde zeigt sich das dadurch, dass Artemis mit einem goldenen Bogen
silberne Pfeile verschießt, Apollon dagegen mit seinem silbernen Bogen
goldene Pfeile.

Was jemals geschieht und das Leben bestimmt, wird in irgendeiner Form
dem Wirken dieser beiden Götter verdankt. Artemis begleitet zum Beispiel gern die ausziehenden Kolonisten, um die neuen Städtegründungen
in ein gedeihliches Leben zu führen. Und die Führer dieser Gruppen er-
richteten ihrer Göttin dann oft schönere und größere Heiligtümer, als sie
es im Mutterland gewohnt waren. Korinth zum Beispiel gründete zusammen mit Kerkyra (heute Korfu) die Tochterstadt Syrakus, und seitdem
zieren die herrlichen Frauenbildnisse von Artemis-Arethusa die Münzen
dieser Stadt (Abb. 34).

Auf dem Hintergrund dieser Tätigkeiten kann man die normalen Bilder,
die sich der Grieche von Artemis machte, verstehen. Immer in Bewegung
(Abb. 35), als Herrin der Tiere, bei Tag und bei Nacht, als Göttin der Wege,
lichttragend und mit Fackeln versehen, oder im Mondschein über die Hügel huschend, mit Pfeil und Bogen bewehrt, den Tieren sowohl wie den

Abb. 36: Artemis von Ephesos
(Basel Antikenmuseum).

Abb. 38 und 39, Seite 92,
und Abb. 40, Seite 93:
Artemis (Ephesos-Museum).

Menschen den Tod sendend. Aber auch ihnen beistehend, das Schicksal fördernd, hilfreich bei der Geburt und der Pflege der Kinder. Umso erstaunlicher ist es dann, wenn man ihr Bild in Ephesos sieht: in strenger Aufrichte, alles in Ruhe: ihre Haltung, ihr Stand, die Fülle der symbolischen Bilder, ihr hoher Kopfputz – kurz alles, was diese Statue charakterisiert. Als ob ein Bild aus vergangenen Zeiten Ägyptens herübergetragen worden wäre an fremden Ort und in spätere Zeiten, so stellt sich uns die Artemis-Ephesia zunächst dar (vgl. Abb. 38 und 39).

Artemis-Ephesia und die Kleinen Mysterien von Ephesos

Schauen wir uns zunächst das Bild der ephesischen Artemis, wie es uns in vielfältiger Art und Weise aus hellenistischer und römischer Zeit überkommen ist, einmal näher an,[71] ohne gleich darüber zu spekulieren, ob auch das ursprüngliche Artemisbild ebenso oder so ähnlich ausgesehen hat. Ausgehen wollen wir dazu von den Darstellungen aus Ephesos selbst, denn dort dürfen wir die größte Authentizität dieses Bildes erwarten (Abb. 38 – 40 nächste zwei Seiten).

Was als Erstes auffällt, ist die majestätisch aufrechte Haltung der Gestalt, streng frontal ausgerichtet, mit geschlossenen Füßen und mit einer Fülle verschiedener Figuren versehen. Von den vorgestreckten Armen fielen einst gedrehte Wollbinden auf zwei korbähnliche *Omphaloi* (Näbel) herab, rechts und links wird die Göttin von zwei Hirschkühen begleitet. So jedenfalls wird sie auf zahllosen Münzen abgebildet, die auch in Ephesos geprägt worden sind (vgl. Abb. 37). Gehen wir näher heran und vielleicht auch um die Statue herum, so fällt uns der große Unterschied zwischen der Vorder- und der Rückseite der Statue auf: Vorn ist alles voller plastischer Bilder, hinten ist nur der von einem leichten Schleier bedeckte Körper der Artemis zu sehen. Sie steht als Wesen hinter der Fülle von Figuren, die sich alle nur von vorn zeigen und alle nur nach vorn erscheinen.

Vergegenwärtigen wir uns diesen Figurenreichtum und ordnen ihn, dann müssen wir auf der Brust mit dem Tierkreis beginnen, dessen Sommerbilder bei den verschiedenen Statuen vorherrschen (Abb. 41). Direkt am Hals befinden sich oft mehrere Reliefgestalten, die mindestens zwei «Niken» zeigen, aber auch manchmal vier davon abbilden, Gestalten, die wohl ursprünglich aus dem reichen Gefolge der Göttin stammen, die als Chariten überall da zu sehen sind, wo Artemis erscheint. Den unteren Teil der Artemis bedeckt ein bis zu den Füßen reichender Schurz, der

Abb. 37: Münze aus Ephesos, Artemis mit Hirschkühen.

71 Vgl. H. Thiersch, *Artemis Ephesia*, Berlin 1935.

Abb. 41: Artemis
mit Tierkreis
(Ephesos-Museum).

Abb. 42: Detail
des Ependytes
der Artemis
(Ephesos-Museum).

«Ependytes», auf dem Platten aus Metall, mit getriebenen Tierfiguren, angebracht sind. Diese tierähnlichen Halbgestalten, die gruppenweise nach vorn «entspringen», sind nicht Abbilder von wirklichen Tieren, sondern «Protome» von Fabelwesen, die meist auch noch geflügelt sind. Sonst kennt man solche Wesen von archaischen Münzbildern, wo sie als Flussgötter oder sonstige Elementarwesen auftreten (Abb. 44). Es ist eine Schöpfung, welche die ganze Artemis umgibt, sie erscheinen auch an dem zwischen den Schultern und dem Haupt befindlichen «Nimbus» und auf dem «Polos» über dem Kopf. Schließlich ist auch das Reich der Pflanzen mit ihren Blüten und Früchten nicht zu übersehen, welches, in Ketten und Gürteln geordnet, einen wesentlichen Anteil am «Schmuck» des Kultbildes hat. Zum Pflanzenreich gehören auch die aus den Blüten entspringenden «Rankenfrauen», die seitlich am Ependytes mit Blüten und Bienendarstellungen abwechseln (Abb. 42). Am auffälligsten und seltsamsten ist wohl die breite Mittelzone der Artemis, deren Gehänge man gewöhnlich – und das schon seit der Spätantike – als Brüste gedeutet hat. Obwohl diese Deutung an den erhaltenen antiken Bildern keinen Rückhalt findet, denn weder entsprechen die Form noch der Ort ihrer Anbringung einem solchen Symbol, so blieb sie doch bis zu Goethes Zeiten an Artemis «hängen». Wissenschaftlich redliche Darstellungen

Abb. 44: Acheloos, Flussgott.

72 Vgl. z.B. Robert Fleischer,
*Artemis von Ephesos und
verwandte Kultstatuen aus
Anatolien und Syrien,* Leiden
1973, S. 74 ff.
73 Vgl. *Antike Welt* 10, Heft
3, Mainz 1979, S. 3 ff., und
Robert Fleischer, «Neues zu
kleinasiatischen Kultstatuen»,
in: *Archöologischer Anzeiger,*
Berlin 1983, S. 81 ff.

Abb. 47: Artemis von Ephesos nach Seiterle.

haben das zwar immer bemerkt,[72] aber die richtige Lösung nicht finden können. Erst G. Seiterle hat im Rahmen des 11. Internationalen Kongresses für Klassische Archäologie in London im September 1978 seine aufregende Deutung der «Brüste» vorgelegt und diese als Stierhoden bezeichnet. Auf einem selbst angefertigten Modell der Artemis von Ephesos brachte er die aus einem Schlachthaus erworbenen Samenbeutel geschlachteter Stiere so an, wie es die Bilder der Göttin zeigten (Abb. 47). Mit überzeugendem Ergebnis! Diese überraschende Lösung der jahrhundertealten Frage[73] brachte allerdings eine Fülle von neuen Fragen mit sich, die bis heute noch immer diskutiert werden. Inzwischen ist man sich soweit einig, dass diese Stierbeutel von den Tieren stammen könnten, die bei einem Fest zu Ehren der Artemis geschlachtet wurden (was durch Überlieferungen und archäologische Befunde gestützt wird). Das würde bedeuten, in dem bekannten Bild der Artemis von Ephesos ein Festbild dieser Göttin vor sich zu haben, das nicht dem normalen Kultbild entsprechen würde. Dieses könnte viel einfacher gestaltet gewesen sein und vielleicht auch den gewöhnlichen Artemis-Darstellungen eher entsprochen haben. Die Überlieferung, wonach das ursprüngliche Kultbild von dem Bildhauer Endoios stamme, einem Schüler des Daidalos, unterstützt diese These. Für ein Festbild der Artemis sprechen auch

97

die beiden Wollbinden an den Armen, die man sonst nur von geschmückten Opferstieren kennt (vgl. Abb. 45 – 47).

Endlich ist noch der Kopfputz zu beachten, der sich insofern von den übrigen Darstellungen an dem Bild der Artemis von Ephesos unterscheidet, dass er sich nicht auf das Werden der Natur bezieht, sondern auf die Kulturtaten des Menschen. Dieser Polos besteht nämlich aus einem turmartigen Aufbau, der mit einem Tempel als oberstem Abschluss gekrönt wird. Von diesen Aufbauten sind allerdings nur sehr wenige erhalten geblieben, sodass unsere Vorstellungen davon nur mangelhaft sind.

Im Übrigen gilt es zu bedenken, dass die einzelnen Statuen so verschieden voneinander sind, dass sie nicht alle auf ein und dasselbe feste Vorbild zurückgehen können. Ein jeweils neu geschmücktes Festbild, welches jedes Jahr wieder und oft auch anders dekoriert wird, in Abhängigkeit von den jeweils vorhandenen Blüten und Früchten, könnte die Ursache für diese Verschiedenheit sein. Diese zeigt sich auch sonst in vielen Einzelheiten. Eine Lunula, eine mondförmige Halskette, kann zum Beispiel sowohl auf der Vorderseite des Halses als auch auf der Rückenseite der Artemis erscheinen. Der Tierkreis kann in einigen Fällen zu einem einzigen Zeichen, zum Beispiel zum Zeichen des Krebses, zusammenschrumpfen und so weiter.

Dergleichen Variabilität ist nur möglich, wenn wir nicht an ein dauerndes Kultbild denken, das seit alters immer die gleiche Form in beständigem Material zeigte, sondern an ein Bild, welches bei ganz bestimmten und sicher festlichen Gelegenheiten erst hergestellt wurde.

Eine solch außergewöhnliche Tatsache verlangt natürlich auch einen ungewöhnlichen Umgang mit solch einem Festbild. Die Art des Schmucks der Göttin fordert förmlich zu einer symbolischen Auslegung der Einzelheiten heraus, um zu einem Verständnis des Wesens dieser Artemis zu kommen. Etwas Vergleichbares gibt es sonst in Griechenland nicht, denn da zeigen selbst die großartigsten Götterbilder, wie zum Beispiel der Zeus von Olympia oder die Athena im Parthenon, nur wieder die Szenen, die man schon aus ihrem mythologischen Zusammenhang kennt. Bei der Artemis von Ephesos ist das anders. Da taucht nirgendwo im Bewusstseinshorizont eine Erinnerung auf, selbst wenn man weiß, dass es Opferstierbeutel sind, welche an einer Statue befestigt werden. Wer die Artemis von Ephesos verstehen wollte, der bedurfte der Deutung ihrer «Symbole»; aber wer könnte sie geben?

Natürlich kann man sich, wegen der zahlreichen Tier- und Pflanzengestalten, leicht damit zufrieden geben, die Göttin als «Herrin der Natur» anzusprechen, doch damit ist nur eine Richtung angedeutet, die zwar nicht falsch, aber äußerst ungenügend ist. Schon die Hervorhebung der Stierbeutel möchte auf etwas aufmerksam machen, was mehr im Hintergrund lebt und sich nicht gleich einer nur oberflächlichen Betrachtung erschließt. Dieser geheimnisvolle Charakter der Artemis von Ephesos weist das Bild einem Geistesleben zu, das einem Mysterienuntergrund entstammt und wie in allen Mysterien zunächst einmal der Belehrung bedarf, um ernsthaft angenommen zu werden.

In allen Mysterien gibt es zunächst eine Stufe, die den Grund für alles weitere Vordringen legt, und das ist das *Studium*, das dem Erfahren desjenigen Wissens entstammt, das man braucht, um irgendwelche späteren Schau-Erlebnisse deuten zu können: In Eleusis nannte man diese erste Stufe die *Kleinen Mysterien.* Und so ist es nicht überraschend, in dem Moment, wo man auf den Mysteriencharakter einer Sache stößt, auch die zugehörige Belehrung erwarten zu können. Das Mysterienbild der Artemis von Ephesos ist der erste Hinweis auf eine Mysterienstätte an diesem Ort, weil es eine Belehrung erfordert, die nicht aus dem allgemeinen Umgebungswissen der damaligen Zeit geschöpft werden konnte. Wer nach Ephesos kam, musste zunächst «studieren», er musste erfahren können, was es eigentlich mit diesem Bilde auf sich hat.

Die Belehrung kann natürlich nur dann sinnvoll sein, wenn sie schon an das gewöhnliche Wissen, das ein Grieche von Artemis hatte, anschließen und dieses dadurch vertiefen konnte. Das heißt in unserem Falle, dass die Göttin hinter allen Werde- und Lebensprozessen, aber auch in allen Sterbevorgängen als wirkend erlebt wird, in all den Kräften, die durch die Geburt zur Gestaltbildung drängen, und auch in all den Kräften, die zur Auflösung dieser Gestalten, zum Tode, führen. Ein wirkliches Wissen auf diesem Felde ist aber nur zu erlangen, wenn es nicht «bloßes Wissen» bleibt, sondern in das Erleben des Erkennenden übergeht. Wie ist das zu erreichen und was wird dabei anders?

Hier stehen wir an der Schwelle allen alten Mysterienwissens, welches bezeugtermaßen zur Umwandlung des ganzen Seelengefüges des Einzuweihenden beitragen sollte. Auch die Belehrung und das Studium in den kleinen Mysterien hatte schon die Aufgabe, diese Verwandlung einzuleiten und den Menschen von subjektiven Vorurteilen zu reinigen. Das geht natürlich nicht, und ging auch damals nicht, von heute auf morgen, denn es handelte sich bei diesen «Belehrungen» nicht um Informationen, die man dem Schüler zukommen ließ, sondern um eine Verwandlung seines ganzen Daseins. Ein so erzogener Mensch stand nach seiner Einführung in die Welt der Mysterien anders im Leben als vorher, ihm wurden andere Fragen wichtig und nun hatte er andere Interessen als die, welche er

Abb. 48: Greif,
Tempel von Didyma.

Abb. 49 rechte Seite innen:
Gebirgsgott Helikon
(Athen Nationalmuseum).

Abb. 50 rechte Seite außen:
Hermes und Pan,
Nymphengrotte.

vorher verfolgte. Das Reich des Werdens und der gestaltbildenden Kräfte des Daseins trat allmählich in seinen Erlebnishorizont ein. Überall, wo er hinkam, am Tage und in der Nacht, wurde er von ihrem Wirken berührt und fing an, sie zu entdecken. Dabei kam ihm sein noch ursprünglicherer Bewusstseinszustand zu Hilfe, der noch von Resten des alten Hellsehens durchdrungen war.

Wie wir schon hörten, war für die frühen Griechen die Geisteswelt noch nicht in ein fernes Jenseits verlegt, sondern sie machte sich bemerkbar in allem, was sinnlich erschien und ein äußeres Dasein hatte. Auch des Nachts war der Schlaf noch nicht von völliger Bewusstlosigkeit erfüllt, im Traum zum Beispiel konnten noch die Götter erscheinen und ihre Direktiven geben, wie es Sokrates geschah,[74] da konnten ihm liebe Verstorbene erscheinen,[75] es konnte sich ihm aber auch die eigene Zukunft enthüllen, kurz, das ganze nächtliche Leben war voller Impulse höherer Wesen.

Wer damals die Griechen nach ihren Erfahrungen befragt hätte, der wäre auf viele Erlebnisse, auch im ganz normalen Tagesbewusstsein, gestoßen, die heute in den Bereich des mythischen Bewusstseins abgedrängt werden. Von den Helden der Ilias wissen wir das schon, bei den übrigen Menschen bleibt noch lange das Wahrnehmungsvermögen für die niederen Naturwesen erhalten. Ihnen konnte zum Beispiel in der Hirteneinsamkeit

74 Vgl. Platons *Apologie des Sokrates*.
75 Vgl. Homer, *Ilias*.

Abb. 51 und 52: Münzen mit Elementarwesen und halber Hirschkuh.

ein Naturwesen wie Pan erscheinen und sie erschrecken, oder sie sahen Dryaden in den Bäumen und Oreaden in den Felsen, das Meer war erfüllt von Nereiden und Tritonen, die Lüfte von Sirenen, ja alle sichtbaren Naturerscheinungen wurden von elementaren Wesen getragen (Abb. 48 – 50). Wenn auch im Athen des 5. Jahrhunderts schon bei vielen die Fähigkeiten für die Wahrnehmung solcher Wesen im Verlöschen waren, die Zeiten, wo sie noch geschaut wurden, waren noch nicht allzu lange vorbei und eine lebendige Tradition sprach noch von ihnen und bezeugte sie.

Den vielfältigen Wahrnehmungen entsprechend wurden solche «Elementarwesen» häufig abgebildet. Sie erschienen in jenen Zusammenhängen, in denen sie auch erschaut wurden, zum Beispiel an Orten, wo sich ein Flussgott offenbarte oder ein Meereswesen u.Ä. Sie sind charakteristisch für ihren Ort und wurden daher gern auch auf Münzen geprägt (vgl. Abb. 51). Da sie im Werden sind, sind sie nur halb zu sehen, nur der vordere Teil offenbart sich schon dem schauenden Auge, das unsichtbare «Rückteil» steckt noch ganz in der geistigen Welt. So wird etwa in Gela der Flussgott als halber Stier gezeigt, in Ephesos ist es ein halber Hirsch (Abb. 44 und Abb. 52), in Makedonien ein halber Löwe usw. Wie auf dem Ependytes der Artemis, wo auch nur «halbe» Gestalten dargestellt sind, sind es Elementarwesen, die niemals ganz zur Erscheinung kommen, aber überall im Werden sind.

Abb. 53: Hadrianstempel, Ephesos.

Aus einer ähnlichen Welt kommt auch die Rankenfrau. Auch sie entstammt dem Zusammenhang der Lebenskräfte, wie es ihre zahlreichen Darstellungen offenbaren. Eine davon ist im Tympanon des Hadrian-Tempels an der Kuretenstraße in Ephesos zu sehen, das im Geflecht des «Lebensbaum-Motivs» den Ausgangsort für viele weitere Darstellungen bildete. Was es mit diesem Bilde auf sich hat, das offenbart sich – in einem zwar sehr viel späteren – literarischen Werk, das sich aber auf Griechenland bezieht. In dem mittelalterlichen (12. Jahrhundert) «Alexanderlied des Pfaffen Lamprecht» kommt Alexander mit seinen Leuten auf seinem Zug in den Orient in einen herrlichen Wald,[76] aus dem ein wunderbarer Gesang ertönt, der die Krieger unwiderstehlich anlockt. Da fanden sie im grünen Klee viele schöne Mädchen, hunderttausend und mehr, die sangen, spielten und tanzten. Da vergaßen die Helden ihre Arbeit und all das Ungemach, das sie erlitten hatten, alles Unglück und alle Übel. Der überwältigende Eindruck veranlasste sie da zu bleiben und dort ihre Zelte aufzuschlagen. Diese Waldmädchen waren ja auch von wunderbarer Art.

76 Vgl. Das *Alexanderlied des Pfaffen Lamprecht*, Darmstadt 1974, S. 142 ff.

«Kaum war der Winter vergangen, da begann es zu grünen und wunderschön gestaltete Blumen blühten auf. Ein strahlender Glanz ging von ihrer roten und weißen Farbe aus, sie waren seltsam groß und festgeschlossen und rund wie ein Ball. Wenn sich die Blüten öffneten, so entstiegen ihnen Mädchen vollkommener Art. Sie besaßen den Verstand der Menschen, sie bewegten sich, redeten und schmeichelten und waren von unvergleichlicher Schönheit. Dabei gaben sie sich sittsam, wohlerzogen und zugleich heiter, doch waren sie bei allem von seltsam naturhafter Art. Allein dem Schatten der Bäume (im Gegenlicht) verdankten sie ihr Leben. Wurde eine von der Sonne beschienen, musste sie vergehen. Auch war ihre Kleidung mit der Haut und dem Haar verwachsen, ihre Farben – rot und weiß wie der Schnee – glichen denen der Blumen, und ihre Stimmen wetteiferten mit dem Gesang der Vögel. Das Heer Alexanders genoss einige Wochen die größte Glückseligkeit und Freude. Doch sie währte kaum drei Monate und zwölf Tage, da verwelkten die Blumen und mit ihnen starben die Mädchen. Alle litten entsetzlich, während sie das Welken und das Sterben der Frauen mit ansehen mussten. Da schied Alexander traurig von dannen, mit allen seinen Mannen.»

Die Geschichte von den Blumenmädchen gehört zu Artemis von Ephesos, denn auch hier sind sie seitlich am Ependytes abgebildet wie die Blüten und Bienen. auch hinter ihnen steht Artemis, genauso wie hinter allen Erscheinungen der Natur. Wenn der frühe Grieche dort das Bild der «Rankenfrau» sah, hatte er nicht nur einen nüchternen Begriff für ein interessantes Naturphänomen, sondern er wusste auch, auf welches Erlebnis es sich bezog. Und dieses Erlebnis war eines, das ihn, wenn er es kannte, bis ins Tiefste seines Seelenlebens ergriff. Die Artemis von Ephesos hatte die Aufgabe, solche Seelenerlebnisse wieder hervorzurufen und zu erinnern. Sie war kein bloßes «Bild» einer Göttin, sondern ein Bild, in das man sich vertiefen konnte, wenn man *echte* «Naturerlebnisse» wieder aufrufen wollte.

Das Mysterienbild der Artemis von Ephesos konnte bei denjenigen, die sich ihm auslieferten, der Einstieg sein zu wahren Naturerkenntnissen. Rudolf Steiner hob diese Tatsache einmal hervor, als er in Bildern aus alten Zeiten darstellte, was der frühe Grieche anstellte, um auf seine Art die «Naturwissenschaft» zu pflegen.[77] Er denkt dabei an die Zeiten von Homer bis Heraklit, in denen die Mysterien von Ephesos auf ihrem Höhepunkt waren. Er sagte da:

«Es wurden schon große Geheimnisse des Daseins, tief spirituelle Geheimnisse in die menschlichen Worte hineingezogen, wenn die Gespräche geführt wurden, etwa unmittelbar nachdem die an den Mysterien Teil-

77 Vgl. den Vortrag vom 14. August 1924 in GA 243.

nehmenden ihre mächtigen Impulse empfangen hatten bei den Kulten und bei den Einzelheiten der Kulte im Tempel von Ephesos. Und es waren tiefe Gespräche, die das dann fortsetzten, wenn die am Kultus Teilnehmenden herausgetreten sind aus diesem Tempel und dann, etwa gerade dann, wenn die äußere Welt am fruchtbarsten ist für solche Dinge, in der Abenddämmerung jenen Weg angetreten haben, der von der Tempelpforte hineinführte in eine Waldung, mit schwärzlich-grünen Bäumen bewachsen, wo sich die Wege in schöner Perspektive nach den verschiedenen Seiten von Ephesos verloren. Gespräche von solcher Art möchte ich in ein unvollkommenes Bild bringen.

Da war es so, dass derjenige, der von der einen Seite initiiert war in die Geheimnisse von dazumal, dann wohl ins Gespräch kam mit einem Schüler oder einer Schülerin. Denn bemerkt werden muss, dass in jenen alten Zeiten die Gleichberechtigung des männlichen und weiblichen Geschlechts, gerade in denjenigen Zeiten, nach denen sie sogleich abgenommen hat, viel lebendiger war, als sie etwa in unserer Zeit ist. Sodass wir ebenso gut von Schülerinnen in Ephesos sprechen können wie von Schülern … Und gerade der Persephoneia-Mythos in seiner spirituellen Gestalt war in jenen Gesprächen ganz lebendig.

Aber wie wurde solch ein Gespräch über den Persephoneia-Mythos geführt? Da war zunächst, sagen wir etwa der Lehrer, der eingeweihte Priester, der da aus dem, was er an Impulsen empfangen hatte, reden konnte über die Geschehnisse in der *Formenwelt*, reden konnte über die Geschehnisse, die sich abspielen zwischen Wesenheiten, und etwa aus dieser Einweihung heraus das Folgende zu seinem Zögling sagen konnte:

Sieh' einmal, wir gehen durch die Dämmerung. Der Schlaf, der die göttliche Welt schaubar, sichtbar macht, er wird bald beginnen. Schaue dich an in deiner ganzen menschlichen Gestalt. Da drunten sind die Pflanzen; um uns herum ist der in der Dämmerung schattende, in seinem grünen Dämmerdunkel wunderbare Wald. Schon beginnen oben die ersten funkelnden Sterne sich zu zeigen. Schaue einmal das alles an. Schaue die Majestät, die Größe, aber auch das Sprießende, Sprossende des Lebens oben und unten. Und dann schaue dich selbst an. Bedenke, wie in dir lebt und webt ein ganzes Weltenall, wie in alledem, was in dir zirkuliert, in alledem, was in dir sein Dasein in Geschehnissen hat, eine Fülle von Tatsachen, eine Fülle von Wesensverwandlungen in jedem Augenblicke vorhanden ist. Fühle, wie du selber eine ganze Welt bist, die geheimnisvoller, großartiger, wenn auch dem Raume nach kleiner ist als das Universum, das du von der Erde bis zu den Sternen überschaust. Fühle das. Fühle dich als Mensch als eine Welt, als eine Welt, die eine größere Fülle hat als die Welt, die du mit deinen Augen schaust, mit deinen Gedanken umfängst. Fühle die Welt in dir innerhalb deiner Haut.

Und dann empfinde, wie du jetzt aus deiner Welt herausschaust in die Welt, die von der Erde bis zu den Sternen reicht. Du wirst dann vom Schlaf umfangen sein. Dann wirst du nicht in deinem Leib, nicht in deiner Welt sein, dann wirst du in der Weltsein, die du jetzt überschaust von der Erde bis zu den Sternen. Dann wirst du aus dir herausgetragen sein mit deinem seelisch-geistigen Teil. Dann wirst du in der Sternenstrahlung, in der Erdenausdünstung leben. Dann wirst du mit dem Winde gehen. Dann wirst du mit dem Sternenstrahl denken. Dann wirst du in deiner Außenwelt leben und wirst zurückschauen auf dasjenige, was du als eine Welt in dir bist.

Und es konnte in jenen alten Zeiten noch so gesprochen werden von dem Lehrer zu dem Zögling, denn es war eben noch das äußere Anschauen während des Tagwachens nicht so konturiert … Und es war das Schlafen noch nicht von völliger Finsternis durchdrungen. Es war das Schlafen noch von Erlebnissen über Erlebnissen durchdrungen, und man wies hin auf Erlebnisse, wenn man auf den schlafumfangenen Zustand hinwies: Um dich ist jetzt … Persephoneia, Kore. Kore lebt in den Sternen. Kore lebt in den Sonnenstrahlen und Mondenstrahlen. Kore lebt in den aufwachsenden Pflanzen. Überall ist es Persephoneias Wirksamkeit, die da lebt, denn sie hat das Kleid gewoben, aus dem alles das ist … Natura würde man nicht gesagt haben, Persephoneia oder Kore hat man gesagt …

Die Oberwelt, man ist in ihr im Wachen; die Unterwelt, man ist in ihr im Schlafen. Persephoneia ist durch das Auge in den schlafenden physischen – und Ätherleib eingezogen. Perseophoneia ist bei Hades, dem Herrscher über den Schlafzustand im physischen und ätherischen Leibe. Die Wirksamkeit des Hades im Vereine mit Persephoneia, die untergetaucht ist in den physischen – und Ätherleib während des Schlafes, die Tätigkeit des Hades mit Persephoneia erlebte der schlafende Zögling, der durch diese Direktion, die er bekommen hatte dadurch, dass ihm der Einzug der Kore durch die Tore der Augen klargemacht worden war, der das ins Lebendige umgesetzt hat und im Schlafe nun die Taten des Hades und der Persephoneia erlebte. Der Zögling erlebte dies, während sein Lehrer anders Entsprechendes erlebte, das mehr zusammenhing mit den Formdingen. Dann, wenn sie wieder zusammenkamen, dann hatten sie beide ihre Geheimnisse erlebt. Dann konnten sie sprechen über eine Pflanze, über einen Baum. Dann schilderte wohl der Lehrer, wie sich die Formen bilden, denn das hatte sich ihm gerade dargestellt während des Schlafes. Dann drang er ein in die Formen der Blätter, des Stammes, in die Figuration der Welt, in jene Figurationen, die sich sozusagen von oben nach unten senken. Und vielleicht hatte der Zögling das andere erlebt: er konnte vielleicht dasjenige erlangen, wovon der Lehrer sprach, wenn er von den Geheimnissen des Chlorophylls, von den Geheimnissen der Pflanzensäfte, die von unten nach oben in der Pflanze sich ausbreiten, erzählte. So ergänzten sich wunderbar die Gespräche, indem im lebendigen Umfassen der Göttin Persephoneia, die die andere Seite den Menschen zeigte, während des Schlafens in der Unterwelt, diese Geheimnisse in die menschliche Seele herein sich offenbarten.

Und so lernte in jenen alten Zeiten der Schüler von dem Lehrer, der Lehrer von dem Schüler. Denn auf der einen Seite waren die Offenbarungen geistig-seelisch, auf der anderen Seite seelisch-geistig. Und ein Gespräch, das in dieser Weise unter Menschen sich abspielte, gab in Menschengemeinschaft, in gemeinschaftlichem menschlichen Erleben die höchsten Erkenntnisse.

Und man war, indem man diese höchsten Erkenntnisse erlebte, indem man des Morgens wiederum die Morgendämmerung herankommen sah, von Osten herüber erglänzend das Tagesgestirn erlebte, hineinerglänzend in den dunklen grünen Wald – mit seiner wunderbaren Perspektive verlaufend –, man war ein Stündchen über das andere aufgelebt in dem Reiche, das wir heute das Reich der Natur nennen; alles das floß im Gespräche zusammen. Und man war sich klar darüber, dass das alles der Umgang mit Persephoneia war. Man war sich klar darüber, … dass das das Geheimnis der menschlichen Naturerkenntnis ist.

Und es waltete ein Zauber, den ich Ihnen nur unvollkommen andeuten konnte, über den Gesprächen, die geführt wurden in Anlehnung an die Mysterien von Ephesos.»

In diese zauberhafte Atmosphäre müssen wir einzudringen suchen, wenn wir uns vorstellen wollen, was das Mysterienwesen zu Beginn der griechischen Kulturentwicklung auszeichnete. Unabhängig von dem, was gewusst wurde, gründete es – und das erstmals in der Mysteriengeschichte – auf einer Zusammenarbeit von Menschen. Hier ging es nicht mehr darum, durch lange Vorbereitungszeiten hindurch, in denen der Schüler lernen musste, dem Lehrer willenlos zu folgen, sich für die eigentliche Einweihung zu befähigen, die dann in dem bewussten Durchschreiten der Todesschwelle bestand, sondern hier galt es, mit den letzten Resten alter Fähigkeiten so zu arbeiten, dass sie durch ein gemeinsames Bemühen – immer an der Grenze des Schlafes entlang, zwar jenseits des Leibes, aber nicht mehr jenseits des Todes – zu wahren Erkenntnissen führen konnten. Das war kein bloßes Wissen. Denn wahre Erkenntnisse werden durch

Übung erworben, sie leben auch nicht nur «im Kopf», sondern durchdringen den ganzen Menschen. Wahre Erkenntnisse werden selbst gefunden und lösen Begeisterung aus bei demjenigen, der sie entdeckt hat, sie machen Freude, und sie haben die Tendenz, selber weiter zu wachsen. Niemals kann der Entdecker solcher Wahrheiten mit dem zufrieden sein, was er gefunden hat, im Gegenteil: Jeder neue Gedanke ist ihm ein Ansporn zu weiteren Fragen. Ephesos ist der Ort, an dem sich solche Erkenntnisgemeinschaften erstmals bildeten. Es ist nicht mehr die Stimmung der bloß begnadeten Übermacht geistigen Wissens, welches den Eingeweihten in der Menschheitsfrühe offenbart worden ist, es ist vielmehr eine Stimmung des freudigen Arbeitens auf diesem Felde, das zu Ergebnissen führen wird, wenn man sich anstrengt.

Angeregt worden sind solche Gespräche jedoch durch das, was in den Kulten und Belehrungen im Tempel von Ephesos stattgefunden hat, das heißt auch in Anwesenheit der Artemis. Dass sie mit der Natur zu tun hat, ist auch jedem Ungeweihten schon klar gewesen, doch was es auf sich hat, sich kundig über sie zu machen, erfuhren nur diejenigen, die sich der Einweihung unterziehen wollten.

Aus dem Gesprächsverlauf, den Rudolf Steiner erschaut hat, wird ja zunächst nur deutlich, dass es um die Fragen von Form und Stoff ging. Die Frage nach der Bedeutung des Chlorophylls ist eine Frage nach der Substanz, und die Frage nach der Gestalt der Blätter ist eine Frage nach der Form und den formenden Wesen. Eingebunden in diesen Fragenkomplex ist der Mensch, denn ohne seine Fähigkeiten, den Makrokosmos im Schlaf mitzuerleben, hätte er keine Erkenntnisse erwerben können. Der Mikrokosmos Mensch – und das ist nicht die geringste Entdeckung, die zum Ganzen dazugehört – ist eingewoben in den Makrokosmos. Jede Nacht verlässt die Seele den Leib, um im Weltall aufzugehen, und jeden Morgen kehrt sie wieder dahin zurück. Das überlieferte Wort Heraklits bestätigt diese Erfahrung, indem er sagt: «Die Schlafenden sind Tätige und Mitwirkende beim Werden Welt.»[78]

Im Gegensatz zum älteren Mysterienwesen, etwa dem Ägyptens, wird die nächtliche Ausatmung der Seele zu diesen Forschungen benutzt, nicht mehr die nachtodliche. Und weil das so ist, wird auch mehr die Natur beobachtet und weniger der eigene Leib, der ja eigentlich auch zur Natur gehört und damit auch der Artemis untersteht. Deshalb werden in Ephesos vor allem die Grundgesetze der Gestaltbildung des Pflanzen- und Tierreiches erforscht und zunächst weniger die Gesetze der Leibbildung des Menschen. Dass aber auch diese erforscht worden sind, zeigt sich am Bild der Artemis von Ephesos. Sie ist zwar auf den ersten Blick vor allem

78 Heraklit, Fragment 75.

mit all jenen Gestalten «geschmückt», die dem Werden der Tier- und Pflanzenwelt entnommen sind, mit Einschluss des ganzen Kosmos. Die Menschengestalt als solche scheint nicht hervorgehoben zu sein, wenn man von der eigenen Gestalt der Artemis absieht. Da aber die Gestalt des Menschen, ihre Geburt, ihre Aufzucht, ihr Wachsen und Vergehen und schließlich ihr Tod, den Kräften der Artemis genauso zugeordnet ist wie die gestaltbildenden Kräfte der übrigen Natur, so bleibt nur eine Möglichkeit, das Werden der Menschengestalt zu entdecken, indem man das Besondere der Gestalt der Artemis von Ephesos in den Blick nimmt. Und dazu gehört ihre Haltung mit den feierlich vorgestreckten Armen, mit den Löwen in der Armbeuge, ihre seltsamen Stierbeutelbrüste und die Binden, die von den Handgelenken auf die beiden Omphaloi niedersinken. All diese Besonderheiten sind nicht an anderen Götterbildern zu finden, sie müssen in ihrer Gesamtheit auf das hinweisen, was spezifisch die Menschengestalt betrifft.

Um hier weiterzukommen, muss man sich von denjenigen Eingeweihten belehren lassen, die schon die Sache verstehen und aus ihrem Wissen heraus die bisher noch unverstandenen Zeichen deuten können. Da ist es nun interessant zu sehen, dass alle bisher genannten Bilder sich allesamt lösen lassen, wenn man von den ägyptischen Mysterien herkommt. Zwar sind sie nicht in ägyptischem Stil verfertigt, aber die Gedankenwelt, die dahinter steht, ist dieselbe. Das beginnt schon bei der Grundhaltung der Artemis, die mit ihren vorgestreckten, angewinkelten Armen schon seit je mit einer altorientalischen Götterfigur verglichen worden ist. Selbst wenn man von einer ursprünglichen Kore-ähnlichen Gestalt ausginge, welche als Kultbild der frühen Tempel in Ephesos gedient haben könnte, so wären doch angelegte Arme zu erwarten und nicht die vorgestreckten. Was haben sie zu bedeuten?

Wenn man die ägyptische Kultur und die ägyptischen Bilder kennt, dann lässt sich in der Geste der vorgestreckten Arme und Hände (vgl. Abb. 47) unschwer die Geste des *Ka* erkennen, desjenigen Wesensgliedes des Menschen, das seine gestaltbildenden Kräfte umfasst,[79] das die Menschengestalt wie von außen plaziert und die Fülle der Stoffe in Form bringt (vgl. Abb. 19). Diese erste Verbindung zum Geistesleben des Alten Ägypten wird nun weiter gestützt, wenn wir die weiteren Beziehungen der Artemis von Ephesos zum Alten Orient anschauen.

Der offensichtlichste Bezug, der auch schon vielmals erkannt worden ist, ist die Verwandtschaft der Artemis mit der orientalischen Muttergöttin,[80] der «Großen Mutter», die nur wenige hundert Meter von ihrem Tempel entfernt ihr «Bergheiligtum» hatte. Dort an der Ostseite des Koressos, in

79 Vgl. Frank Teichmann, *Die ägyptischen Mysterien*, Stuttgart 1999, S. 100 ff.
80 Vgl. W. Elliger, *Ephesos*, Stuttgart 1985, S. 93 ff. und S. 121 ff.; Th. Jenny-Kappers, *Muttergöttin und Gottesmutter in Ephesos*, Zürich 1986.

Abb. 54: Bergheiligtum der Kybele an der Ostseite des Koressos.

Abb. 55: Fels am Kybele-Heiligtum mit den Eintiefungen für die Reliefplatten.

Abb. 56: Im Fels verbliebenes unfertiges Relief.

Abb. 57: Reliefplatten der Kybele (Museum Ephesos).

einer felsigen Gegend, fanden sich Dutzende von Reliefplatten, die als Votivgaben einst in die Felsen selbst eingelassen waren (Abb. 56). Auf diesen Platten ist als Hauptgestalt die *Kybele* selbst abgebildet, mit Opferschale und Tamburin, neben ihr hocken zwei Löwen, und im Hintergrund erscheinen im Profil ein jugendlicher und frontal ein alter bärtiger Gott (Abb. 57). Wenn auch diese Tafeln alle erst aus hellenistischer Zeit stammen, so geht ihre Ikonographie doch auf weit ältere, vor allem phrygische Vorbilder zurück. Dort repräsentierte der junge Gott den Sohn, der ältere den Vater. In Ephesos wurde dieser von den Griechen mit Zeus identifiziert, den die Inschriften auch als Mitbesitzer des Heiligtums erwähnen. Diese Götter-Triade, aus Vater, Mutter und Sohn bestehend, ist im Orient weit herum und schon seit alten Zeiten verehrt worden. Wir finden solche Gruppierungen sowohl bei den Hethitern als auch in den Kulturen Mesopotamiens und Kleinasiens. In der hellenistischen Zeit hatte die Verehrung dieser Muttergöttin in Verbindung mit Attis, dessen Tod und Auferstehung in jedem Frühjahr feierlich dargestellt worden ist, die Form eines Mysterienkultes angenommen, wobei neben den üblichen Veranstaltungen, wie Reinigungen, Tänzen, Gesängen, Speisezeremonien etc., Stiere geopfert wurden, von denen die Zeugungsorgane geborgen wurden.[81] Diese wurden dann in Prozessionen in das Innere der Heiligtümer getragen, wo sie besonders geweiht wurden und im weiteren Kultgebrauch zunächst unserem Blick entschwinden.

Wer sich nun in der ägyptischen Religionsgeschichte auskennt, wird darüber hinaus unschwer erkennen, dass die mythischen Vorstellungen, die sich um die Göttermutter Kybele ranken, auch mit den Bildern verwandt sind, die sich in der Götterkonstellation von Isis, Osiris und Horus offenbaren. Zudem hat die ägyptische Wissenswelt den großen Vorteil, dass da Texte zu finden sind, die bis in die Einzelheiten hinein erklären, was in den mythischen Bildern gedacht worden ist[82]. Da wir bisher schon mehrmals auf innere Beziehungen zum ägyptischen Kulturstrom gestoßen sind, sei hier der Versuch unternommen, das ägyptische Geistesleben zur Lösung der noch ausstehenden Bildbezüge der Artemis von Ephesos heranzuziehen.

Kleiner Exkurs nach Ägypten

Was uns in Ägypten begegnet, sind Bilder: Bilder auf den Wänden der Tempel und Gräber, Bilder als Schrift, Bilder auf Särgen und Gegenständen. Viele dieser Bilder sind rätselvoll, denn sie sind nicht der äußeren

81 Vgl. Hugo Hepding, *Attis, seine Mythen und sein Kult*, Gießen 1903, S. 177 ff. u. besonders S. 191 ff.

82 Auch Bengt Hemberg führt in seinem Buch *Die Kabiren*, Uppsala 1950, S. 247 die Kybeledarstellungen auf ähnliche Triaden des Alten Orients zurück: «Es kann keinem Zweifel unterliegen, dass die ephesische Göttertrias von Vater, Mutter und Sohn, die sehr ungriechisch anmutet, sich mit ähnlichen nunmehr wohlbekannten Göttertriaden der kleinasiatischen Panthea berührt».

Welt entnommen, sondern nur aus den Elementen dieser Welt zusammengestellt oder überhaupt ganz frei erfunden. Um sie verstehen zu können, nützt es nichts, ihre bloße Form zu erkennen, man muss sie erklärt bekommen, um zu wissen, was sie bedeuten. Diese Belehrung geschah in den «Kleinen Mysterien» Ägyptens, dem Anfang und dem Grundunterricht einer jeden Mysterienstätte. Hatte man diesen Unterricht durchlaufen, dann konnte man die Bedeutung der Bilder verstehen, man konnte sie lesen wie die ägyptische Schrift, die ja auch aus Bildern besteht, die etwas anderes bedeuten, als was ihre Zeichen zeigen.

Nach diesen Vorbemerkungen sei nun nochmals das Urbild der ägyptischen Kultur betrachtet, welches von einfacher äußerer Form ist, doch zu den tiefsten Zusammenhängen führen kann: der tägliche Wandel des Sonnengottes. In seiner reinen Phänomenologie schließt es an den Gang des Sonnengottes an, der, am Morgen wie neu geboren, sich über den Horizont im Osten erhebt, der dann, Kraft gewinnend, zum höchsten Punkt aufsteigt, um dann, langsam herabsinkend und schwächer werdend, zu altern und schließlich im Westen, aus der Sichtbarkeit entschwindend, stirbt. Dieser Tod ist allerdings kein Ende, sondern der Anfang einer Nachtfahrt, in der der Gott durch die Unterwelt zieht, sich dabei verjüngt, um am Morgen einen neuen Kreislauf zu beginnen.[83]

Zum Urbild des ägyptischen Weltverständnisses konnte der Lauf der Sonne deshalb werden, weil er in seinem Auf und Ab zwei Phasen miteinander vereint, die des Tages und die der Nacht. Durch das sich dabei ständig wandelnde Sonnenwesen werden die einander polaren Bereiche abwechselnd erzeugt und rhythmisch zur Einheit verbunden (s. Grafik S. 59 und 61).

Natürlich ist in Ägypten das Bild des Sonnenlaufes kein solch abstraktes wie das hier gezeichnete, denn es handelt sich nicht nur um die Bahn des Sonnengottes selbst, sondern um die Welten, durch die er zieht. So fliegt er etwa tagsüber als Falke über den Himmel, und nachts durchfährt er das Innere eines Wesens. Das kann verschieden gestaltet sein. Einmal kann es als Löwe, ein andermal als Kuh oder gar menschengestaltig dargestellt werden, je nach dem weiteren Zusammenhang, der mit aufgerufen werden soll. Am häufigsten erscheint das Bild in der Form, in der es als Vignette ins 17. Kapitel des Totenbuches eingegangen ist:

Im späteren Ägypten werden dann auch Vorstellungen darüber gebildet, wie der sich täglich erneuernde Sonnengott eigentlich gedacht werden kann. Denn wenn dieses Thema erfragt wird, muss erklärt werden, wer denn den Sonnengott verjüngt und am Morgen neu gebiert, wer denn der Zeugende ist, der diese Neugeburt einleitet usw. Das Sonnenlaufbild erhält dadurch eine etwas andere Gestalt, denn jetzt ist es die Weltgöttin

83 Vgl. die ausführliche Darstellung in: Frank Teichmann, *Die ägyptischen Mysterien*, Stuttgart 1999, S. 64 ff.

Abb. 58: Das Bild des Sonnenlaufes zwischen «gestern»
und «morgen» aus dem 17.
Kap. des Totenbuches. Pap.
Ani (British Museum).

Abb. 59: Das Bild des
Sonnenlaufes im Grab des
Neferabu (Theben, Nr. 5,
ramessidisch).

(Isis), die den Sonnengott am Morgen gebiert, dieser wächst dann als ihr
Sohn Horus heran, wird erwachsen, altert zum «Horus, der Ältere» und
stirbt schließlich. Im Tode wird er zu Osiris, der wieder die Isis befruchtet
und dessen Keim sich dann in ihr während der Nacht zu einem neuen
Leibe ausbildet. Die Triade Isis, Horus und Osiris ist also eigentlich ein
Bild für die Verjüngung des Sonnenwesens im Weltall.

«Ich bin Isis, die strahlender und erhabener ist als jeder Gott. Der Gott, der
in meinem Leibe ist, der Same des Osiris ist er, … der Erbe des Osiris ist
er, … komm, komm heraus auf die Erde, … mein Sohn Horus!»[84]

Nochmals: Die jungfräuliche Mutter gebiert den Sohn, der wächst heran,
altert während seiner Tagesfahrt und stirbt schließlich als greisenhafter
Abendsonnengott. Im Tode wird er zu Osiris, Isis empfängt von ihm den
Samen, und ein neuer Zyklus beginnt. In diesem Kreislauf ist der Sonnen-
gott zugleich Sohn (als Horus) und Gatte (als Osiris) der Isis – Sohn und
Vater sind eins!

Das Leben der Welt wird also durch ein stetes Hin- und Herbewegen zwischen zwei Gegensätzen aufrechterhalten, zwischen dem Erscheinen in
der Außenwelt und dem Verschwinden in das Wesenhafte der Geisteswelt, des Weltinnern, wobei beide Bereiche vom Sonnengott, wenn auch
in modifizierter Form, bestimmt werden. Der Gott sowohl wie der Mensch
müssen sich immer wieder diesem Rhythmus hingeben: Keine Seite kann
ohne die andere existieren, der Tag wäre kein Tag, wenn ihn nicht die
Nacht ablöste und umgekehrt. Aber auch kein körperliches Dasein würde
als solches existieren können, wenn ihm nicht ein geistiges entspräche,
und kein Gott könnte sich weiter entwickeln, wenn er nicht die irdischen
Erfahrungen empfinge. Auf dieses Grundgesetz sind wir schon in dem
Gespräch gestoßen, das zwischen Lehrer und Schüler im heiligen Hain

84 Sargtexte 148, 216 a.

114

Abb. 60: Sethos I. als Horus-knabe auf dem Schoß seiner Mutter Isis. Aus dem Tempel Sethos I. in Abydos.

von Ephesos geführt worden ist und dessen Realitätserleben sich an die Erfahrungen von Tag und Nacht anschloss.

Die Isis als Weltgöttin ist mit der Artemis von Ephesos verwandt[85], nur ist sie in die ägyptische Bilderwelt eingebunden. Wer diese deuten kann, der findet zuletzt dieselben Wahrheiten. Wenn Kybele zum Beispiel mit zwei Löwen dargestellt wird, zusammen mit einem Jüngling und einem Greis im Hintergrund, dann zeigt sich sofort der Sonnenlauf als Urbild für diese Art von Darstellung. Und weiter: In Ägypten kann der Zusammenhang zwischen Mutter, Sohn und Vater im Rahmen des Tag- und Nachtlaufes auch durch ein einziges Wort ausgedrückt werden, das sofort den ganzen Bedeutungskomplex hervorruft. Dieses Wort heißt im Ägyptischen *Kamutef*, was «Stier-seiner-Mutter» heißt. Im «Lexikon der Ägyptologie» wird hierzu ergänzt: «Der Kamutef ist ‹ein Gott, der eine Göttin … im gleichen Akt zu seiner Gattin wie zu seiner Mutter macht, indem sie den Zeugenden selbst wiedergebiert als ‹Sohn›.» Wer diese Definition im Zusammenhang mit dem Urbild des Sonnenlaufes denkt, der stutzt allerdings bei dem Wort *Ka*. Was hat der Stier hier für eine Bedeutung? Die normale Erklärung ist, dass der Stier ein Bild für die Zeugungskraft des Stieres sei, wo es um diese geht. Und wirklich, wenn dieser Gesichtspunkt gemeint ist, dann wird die Weltgöttin zur Kuh. Dazu aber gibt es viele Darstellungen. Auch wenn die Isis menschengestaltig abgebildet wird, so behält sie doch, als letzten Rest ihrer Funktion, noch eine Krone aus Kuhgehörn und Sonnenscheibe auf dem Haupt (Abb. 60).

Auch der Sonnengott als Sohn kann Stiergestalt annehmen (Abb. 61). Zu diesem Sonnenkalb gehört dann die Inschrift: «Re ist das, der untergeht als Osiris; Osiris ist das, der untergeht als Re», womit wir wieder bei dem bekannten Sonnenlaufbild angekommen wären. Denn zu Re gehört die Tagessonne (wie zu Horus), Osiris aber regiert die nächtliche Unterwelt. Unzweifelhaft kann die gesamte Triade Isis, Osiris und Horus einen Aspekt annehmen, der sich vom Ka, dem Stier, ableitet. Was aber hat dieses Bild dann zu bedeuten?

Den Schlüssel zur Lösung dieses Problems liegt in dem vorher schon genannten Gleichklang von Ka, als Kraft, die für die Gestaltbildung der lebenden Körper verantwortlich ist, mit Ka, dem Namen für den Stier. Was haben sie miteinander zu tun, wenn sie denselben Namen tragen?

Um hier weiterzukommen, ist daran zu erinnern, dass in Ägypten der Ka in allen gestaltbildenden Kräften als wirkend erlebt wird. Er ruft die Stoffe in eine *Form* herein, die so während ihres ganzen Lebens erhalten bleibt, obwohl die *Stoffe* einem ständigen Wechsel unterliegen. Die Ge-

85 Zur Beziehung von Isis und Artemis von Ephesos siehe: Elisabeth Staehelin, Alma Mater Isis, S.103-141 in: E.Staehelin u. B.Jaeger (Hrsg.), *Ägypten-Bilder*, Göttingen 1997.

stalt einer jeden Pflanze, eines jeden Tieres und eines jeden Menschen
wird durch den Ka gebildet und durch ständigen Stoffwechsel erhalten.
Die Form jedoch, nach der er sich richtet, stammt nicht von ihm selbst,
sondern vom Schöpfergott. Es ist ein im Mittelalter oftmals dargestelltes
Leiden der Natura, dass sie zwar, so gut es eben geht, die Schöpfungs-
formen im Leben erhalten kann, dass sie aber keinerlei Macht hat, die
Formen selbst zu bestimmen und zu verbessern. Das kann nur der Schöpfergott selbst.

Zur Weltgestaltung sind zwei Kräfte nötig: die der *Form*, die im stofflosen
Bereich der Nacht urständet, und die der *Substanz*, die zur Erscheinungs-
seite des Tages gehört. Im Gespräch des Lehrers mit dem Schüler in Ephesos war gerade diese Doppelheit der Prozesse entdeckt worden. Jede lebende Gestalt ist ein Ergebnis dieser beiden Kräfte: einer befruchtenden, zeugenden Kraft (die über den Samen vermittelt wird) und einer aufnehmenden, mütterlichen Kraft, die dann durch die Kräfte der Welt weiter
zur Entwicklung gebracht wird. Dieser Doppelprozess ist es, der durch die

Artemis von Ephesos dargestellt wird: Die umgehängten Stierbeutel, die
von den Opferstieren stammen – was in den Kybelekulten bezeugt wird[86]
–, repräsentieren die zeugende Seite des Prozesses, die Geste der Artemis,
die vorgestreckten Arme, durch die sie sich als plastizierendes Wesen zu
erkennen gibt, das hinter den zu bildenden Gestalten wirkt, vertritt die
aufnehmende Seite. Die Binden, die von den Armen auf die beiden Omphaloi herunterfallen, bestätigen diesen Zusammenhang, denn auch sie
waren dem Griechen von den Opferstieren bekannt (Abb. 62), die damit
«geschmückt» waren.

Artemis war also nicht nur eine Göttin der «Natur», sondern eine Göttin,
die in allen lebenden, gestaltbildenden Vorgängen der Welt tätig war. Und
das ist weit schwieriger zu denken als das Bild der Göttin allein. Die Schüler ihrer Mysterien hatten sich deshalb zunächst einen «Begriff» davon zu
bilden, welche Kräfte im Kosmos wirksam waren und wie sie bis in die
einzelnen Gestalten hinein im Tageslauf, im Jahreslauf und im Lebenslauf
zusammenwirken. «Natur» war eben ein großer Organismus von schöp-

ferischen Kräften und Wesen, der durch die Artemis von Ephesos nur repräsentiert wurde. Eigentlich war sie ein Doppelwesen, das sich in den Erscheinungen der Welt in ihrer offenbaren Seite als griechische Artemis zeigte und das in ihrem geheimnisvollen, geistigen Untergrund als Persephone erlebt wurde. Wenn die Mysterienschüler sich in den Kleinen Mysterien mit der Statue der ephesischen Artemis identifizierten, so genügte es nicht, sich eine Artemis vorzustellen, die sich inmitten ihres Gefolges in einer nächtlichen Landschaft bewegt und von Tieren umgeben ist, sondern dazu gehörte auch, neben der vorangehenden «Begriffsbildung», das nächtliche Einleben in die lichthaften Bildekräfte, welche das ganze Universum durchwirkten und jede Gestalt im Werden hielten. Diese zu erkennen war viel schwieriger und bedurfte großer Anstrengung und langer Übungserfahrung von seiten der Neophyten. Wer dies unternahm, hatte, wie in Ägypten, sein Erkenntnisvermögen bis in die Weiten des Kosmos hinein auszudehnen, solange, bis er die konkreten Wirkungen der einzelnen Planeten im Zusammenhang mit dem Sonnengang wirklich erfahren konnte. Erst dann wusste man, was die gestaltbildenden Kräfte im Kosmos eigentlich sind. In Ägypten schließen sich diese Erfahrungen an das Erleben der Weltordnung (*Ma'at*) an, die das Weltall in Harmonie mit der irdischen Welt durchklingt. Dort heißt es in einem Hymnus:[87]

> «Re erscheint, der Stier (= Ka) der Ma'at,
> Herr der Erscheinungen …
> Lenker der *beiden* Länder!
> Geh auf, Re,
> Erscheine, Re,
> Erhebe dich in Lebenskraft (= Ka) !»

Die Abhängigkeit der Lebenskraft vom Sonnenwesen und ihr Zusammenhang mit der gesamten Weltordnung (Ma'at) war nicht nur im ägyptischen Mysterienwesen erforscht worden. Auch in Griechenland sollte dieses Beobachtungsfeld zunächst noch in den Mysterien von Ephesos erfahren werden und die Grundlage alles höheren Weisheitsstrebens bilden. Die Artemis von Ephesos war dafür das angemessene Bild.

Nach allem, was wir bisher aufgezeigt haben, wird es immer deutlicher, dass Ephesos tatsächlich an der Grenze zum Alten Orient liegt: räumlich und zeitlich. Es liegt auf asiatischem Boden, ist aber nach Griechenland hin orientiert; es wirkt zu Beginn der griechischen Geschichte, ist aber noch mit dem Weisheitsstreben der alten ägyptischen Kultur verbunden. Dass sich diese Tatsache dann auch wirklich in den griechisch geprägten Bauwerken zeigt, indem der Tempel mit der ägyptischen Elle aufgemessen

87 Aus: Jan Assmann, *Ägyptische Hymnen und Gebete,* Zürich/München 1975, S. 106 f.

118

wurde, indem er nach Westen hin, der Orientierung der Isis gemäß, ausgerichtet ist, indem er einen Wald von Säulen in einer *doppelten* Säulenreihe erhält, die mit Reliefs versehen sind, all das hebt den Ägyptenbezug hervor, der ja auch innerlich besteht. Ja selbst die Darstellung der Artemis von Ephesos mit ihrer vielfältigen Symbolik und den reichen Deutungsmöglichkeiten weist eher nach Ägypten zurück als schon nach Griechenland voraus. Immerhin zeigt diese Tatsache, dass das alte Mysterienwesen noch einen Zusammenhang in sich hatte und die griechischen Mysterien anknüpfen konnten an das ältere Weisheitsstreben.

Die Großen Mysterien von Ephesos

Das Kultbild der Artemis von Ephesos zeigt zunächst all das im Bild, was mit ihrem Wesen verbunden ist: die Pflanzenwelt in ihrem Werden, ihrem Gedeihen, Blühen und Fruchten, aber auch mit den Elementarwesen, die mit ihr verbunden sind; die Tierwelt, für deren Geburt, deren Aufzucht und für deren Tod die Göttin verantwortlich ist; bis hin zu den Sternbildern des Kosmos – hinter all dem steht die verschleierte Göttin und «freut» sich an der lebendigen Gestaltenfülle. Wer sich einlebt in diese Fülle, wer Einzelnes davon genau betrachtet, immer wieder sich der «Natur» selbst zuwendet und durch Tag und Nacht seine Beobachtungen macht, der erwirbt sich nicht nur eine genaue Kenntnis bestimmter Pflanzen oder bestimmter Tiere, sondern er dringt ein in die Bildekräftewelt des Kosmos, er dringt ein in die Kräfte, welche die Tiere gestalten und ihr Entstehen bewirken, er dringt ein in die nicht darstellbare Seite der erscheinenden Wesen, die eigentlich alle nur halb zu sehen sind, wie es die entspringenden Tiere auf dem Ependytes der Artemis zeigen.

Das Bild der Artemis dient eigentlich nur dem Einstieg in diese Arbeitsaufgabe, und wer durch längere Zeiten hindurch, etwa ein Jahr lang, sich solchen Übungen hingegeben hat, für den wird die Natur nicht nur lebendig, sie fängt auch an mit ihm zu sprechen, ihr verfestigender Schleier wird lockerer und schließlich durchsichtig, bis hin zur Offenbarung der Artemis selbst. Auf dieser Stufe kann der Übende sich völlig mit Artemis identifizieren, weil alles, was sich an ihr äußerlich zeigt, auch im Menschen selbst auftritt. Der Mensch ist dann nicht mehr ein vom Kosmos abgetrenntes Wesen, sondern er findet sich mit dem ganzen Universum verbunden, mit allen Tieren verwandt und dankbar zugewandt allem, was ihm erscheint. Die Identifikation mit Artemis hat sich von ihrer Statue abgelöst und sich in ein leuchtendes, vielsagendes Erkennen des Kosmos aufgeschwungen.

Gewiss, ein solches Erleben ist nicht ohne eine begleitende Übungspraxis zu erreichen und die Lehrer von Ephesos haben sie sicher vermittelt, aber wer Ausdauer genug entwickelt hatte, konnte noch einmal wie einen Nachklang des alten Mysterienwesens erleben. Die Natur stand im Mittelpunkt der Erkenntnisbemühungen, und das Ergebnis bestand in einer intensiven Zuwendung zu den Wesen der Natur.

Neu ist allerdings – und das unterscheidet Ephesos von allen früheren Einweihungspraktiken –, dass die Erkenntnisse durch eigenes Beobachten erworben werden müssen. Die Einweihung geschah nicht mehr von außen und wurde nicht mehr als Geschenk der Götter empfangen, sondern die neuen Fähigkeiten entwickeln sich langsam, währenddessen aber immer wieder tiefer eindringende Einblicke in die geistigen Welten möglich wurden. Der Schüler bildete so auch seine eigentliche Persönlichkeit aus, er entwickelte eigene Interessen, ein eigenes Streben, und erlangte selbst erworbene Erkenntnisse. Er wird dabei unabhängig vom Kosmos, denn er kann seine Übungen jederzeit vollführen. Dieser Umschwung im Mysterienwesen hängt mit dem sich entwickelnden Denken zusammen, das der Grieche jetzt von Natur aus hat und das auch in den Mysterien weitergebildet wird.

Trotz dieser Neuerungen im griechischen Mysterienwesen schließt sich dieses, wie wir gesehen haben, so gut es geht, an vergangene Praktiken an. Vor allem das Ziel ist dasselbe, man möchte dem Verschwinden geistigen Wissens und geistiger Fähigkeiten etwas entgegensetzen, was auf zeitgemäßer Stufe und in zeitgemäßer Art die verloren gegangenen Fähigkeiten ersetzen kann und zu gleichen Erkenntnissen führt. Und doch hat eine jede Mysterienstätte auch eigene Praktiken entwickelt, die in der Regel einen bestimmten Bereich der geistigen Welten öffneten. Ephesos hat sich diesen Bereich durch einen völlig neuartigen Schulungsweg der Sprache eröffnet. Mit Ausnahme einiger zarter Hinweise wüssten wir davon nichts, wenn ihn nicht Rudolf Steiner im Erdgedächtnis entdeckt und am Ende seines Lebens auch dargestellt hätte.[88]

Von verschiedenen Seiten aus wurde das Wesen der Sprache angeschaut und erübt, ein Weg, der ohne aktive Teilnahme des Schülers nicht möglich wäre. Verfolgen wir zunächst diesen Weg durch seine sieben Stufen hindurch, so wie ihn Rudolf Steiner zunächst beschrieben hat:[89]

Der Weg begann ganz äußerlich, indem darauf hingewiesen wurde, was in den Sprachwerkzeugen geschieht. Was da eigentlich vorgeht, wenn man spricht, das sollte man fühlen.

88 In Vorträgen am 2.12.1923 in GA 232, am 27. bis 29.12.1923 in GA 233 und am 22.4.1924 in GA 233 a.
89 Vortrag vom 2.12.1923 in GA 232, S. 88 ff.

«Dann wurde der Schüler aufmerksam gemacht, wie das Wort aus dem Munde erklingt. Es wurde ihm immer wieder und wiederum gesagt: Merke auf, was du empfindest, wenn das Wort aus dem Munde erklingt.»

«Und der Schüler sollte zunächst merken, wie gewissermaßen vom Worte etwas nach oben sich wendet, um den Gedanken des Hauptes in sich aufzunehmen; und wie dann wiederum von demselben Worte etwas nach unten im Menschen sich wendet, um den Empfindungsgehalt des Wortes innerlich zu erleben.»

«Immer wieder und wieder wurde der Schüler darauf verwiesen, die äußersten Extreme des Sprechens sich durch die Kehle zu drängen und dabei das Auf- und Abwogende, das im Worte, das aus der Kehle dringt, wahrzunehmen ist, zu beobachten. Ich bin, ich bin nicht: eine positive, eine negative Behauptung sollte in einer möglichst artikulierten Weise der Schüler sich durch die Kehle dringen lassen und dann beobachten, wie gefühlt wird im: Ich bin – mehr das Aufsteigen, im: Ich bin nicht – das Abwärtsdringende.»

«Aber nun wurde der Schüler mehr noch auf die intimen inneren Empfindungen und Erlebnisse des Wortes verwiesen, wie er wahrnehmen konnte: Vom Worte steigt etwas auf wie Wärme nach dem Kopfe hin, und diese Wärme, dieses Feuer, fängt den Gedanken ab. Und nach unten fließt etwas wie wässriges Element; das ergießt sich nach unten, wie sich eine Drüsenabsonderung in den Menschen ergießt. Und so bedient sich der Mensch … der Luft, um das Wort erklingen zu lassen; aber die Luft verwandelt sich im Sprechen in das nächste Element, in das Feuer, in die Wärme und holt den Gedanken von den Höhen des Hauptes herunter, verleibt sich ihm ein. Und wiederum, indem ein Wechselzustand eintritt: Hinaufsenden des Feuers, Hinuntersenden desjenigen, was im Worte liegt, träufelt gewissermaßen die Luft wie eine Drüsenabsonderung nach unten als Wasser, als Flüssiges. Dadurch wird das Wort dem Menschen innerlich fühlbar. Das Wort träufelt als Flüssiges nach unten … So wurde der Schüler zu Ephesos darauf aufmerksam gemacht: indem er spricht, dringt ein Wellenzug aus seinem Munde – Feuer, Wasser – Feuer, Wasser. Das aber ist nichts anderes als das Hinauflangen des Wortes nach dem Gedanken, das Hinunterträufeln des Wassers nach dem Gefühle. Und so webt im Sprechen Gedanke und Gefühl, indem die lebendige Wellenbewegung als Luft zu Feuer sich verdünnt, zu Wasser sich verdichtet und so fort.»

«Und das sollte der Schüler fühlen, wenn ihm im Mysterium zu Ephesos die große Wahrheit aus seinem eigenen Sprechen heraus vor die Seele geführt wurde:

> Mensch, rede, und du
> offenbarest durch dich
> das Weltenwerden.»

Diese Ermahnung erhielt der Schüler, wenn er den Tempel betrat, «und wenn er wieder herausging, wurde ihm der Spruch in der anderen Form gesagt:

> Das Weltenwerden offenbart sich
> durch dich, o Mensch,
> wenn du redest.

Und der Schüler fühlte allmählich, wie wenn er mit seinem eigenen Leibe als einer Hülle das Weltengeheimnis, das aus seiner Brust tönt und im Sprechen lebt, umschließen würde. Es wurde dies als Vorbereitung für das eigentliche tiefere Geheimnis an den Schüler herangebracht. Denn dadurch kam der Schüler in die Lage, das eigene menschliche Wesen als innerlich mit dem Weltengeheimnis verbunden zu wissen. Das ‹Erkenne dich selbst› bekam einen heiligen Sinn dadurch … Und dann konnte der Schüler … weiter eingeführt werden, was das Weltengeheimnis gewissermaßen hinaus ausbreitet über die Weiten des Kosmos.»

An dieser Stelle schließt Rudolf Steiner eine umfangreiche Betrachtung über das Weltenwerden an, in dem die Gesteine gebildet werden, die Pflanzen und Tiere, das dann aber im Menschen, «wie eine in ihm befindliche Erinnerung» auftaucht. Es sind Vorgänge in ihm selbst, die er da wahrnimmt, nur ist er in diesem Wahrnehmen wie über sich hinaus gerückt. Dieses innerliche Weltengeheimnis wird nicht bloß geschaut, sondern auch gehört. «Es offenbart sich als das Wort der Welt, als der Logos.» Jetzt versteht man das Wesen der Dinge, indem man in die Schöpfungsgeschichte eintaucht. Was da erhört wurde, geschah ein Niveau tiefer als das der heutigen Sprache; denn wenn wir sprechen, tönen wir Formen in Luft, damals sprach der Logos die Tier- und Pflanzenformen in das Wasser hinein, aus dem sie sich herausverfestigten. Dadurch ist es möglich, dass noch heute der Mensch das Weltgeheimnis im Kleinen umschließt und dieselben Formen hervorbringen kann, die einst der Schöpfer aussprach.

Im letzten Schritt des sprachlichen Schulungsweges in Ephesos erhob sich der Mensch zum Erleben des «Logos» selbst. Er erahnte die ungeheure Gedankenkraft, die in ihm lebte, und «dachte» die Formen der Pflanzen und Tiere, die dann durch die Erdenkräfte aufgenommen und verfestigt wurden und die «Natur» ins Werden brachten. Indem der Mensch den Mikrologos in sich erforscht, wird ihm bewusst, dass er dem Geheimnis des Makrologos nahe kommt. Diese großartige Erfahrung hob den Mysterienschüler von Ephesos weit über sein gewöhnliches Menschsein hinaus und gab ihm die Fähigkeit, die Welt als eine werdende zu schauen.

So weit Rudolf Steiner. Wenn wir aus diesen heiligen Höhen wieder zurück zum Anfang des ephesischen Schulungsweges kommen, so wird uns schnell deutlich, dass hier dieselben Phänomene auftreten, die uns schon in den Kleinen Mysterien von Ephesos als Charakteristika der Artemis begegneten. Gehen wir den Weg nochmals durch, von Anfang an:

Schon bei der *Beobachtung der Sprachwerkzeuge*[90] wird deutlich, dass jeder Laut durch zwei Elemente hervorgebracht wird: durch die Stellung, die Form der Lippen, der Zunge, der Zähne und durch die Stimme, die durch jene Form hindurch den Laut erst bildet. Dieser Doppelprozess entspricht denselben Vorgängen, die wir schon als Form und Substanz in dem Gespräch des Lehrers mit dem Schüler belauschten, und auch den gleichen Prozessen, welche bei der Artemis als die zeugenden und aufnehmenden Bildekräfte beschrieben wurden.

Auch das zweite Beobachtungsfeld, wo man auf das Erklingen der Sprache aufmerken sollte, besteht wieder aus zwei Vorgängen, dem eigentlichen Sprechen und dem Hören des selbst Gesprochenen, durch welches die Lautstärke und auch die Lautbildung erst in Harmonie gebracht wird. Wieder sind es zwei Prozesse: ein aktiver und ein passiver; erst wenn sie zusammenwirken, entsteht Sprache.

In der dritten Übung wird die Aufmerksamkeit nach innen verlegt. Und wieder sind es zwei Elemente, die zusammenwirken: Einerseits wird einem jeden Wort ein ganz bestimmter Sinn eingeformt, durch den es erst Bedeutung erhält, und andererseits wird auch jedes Wort vom Gefühl begleitet, wodurch es Leben erhält. Der zweite Vorgang verläuft wieder mehr passiv, ich kann ihn nur beeinflussen, wenn ich den aktiv zu bildenden Gedanken verändere.

Mit Stufe vier lerne ich ein erstes Urteil zu bilden. Es sind nicht nur einzelne Worte, die ich auf ihren Bedeutungs- und Gefühlsinhalt hin untersuche, sondern erste Sätze. Das erste Urteil aber wird über meine Existenz gefällt: «Ich bin – ich bin nicht» sollte man ja in möglichst artikulierter Weise aussprechen. Das aber enthält die beiden Möglichkeiten der Bejahung und der Verneinung als Sonderfall im Bereich des Ich, denn im «Ich bin» spüre ich wieder die aktive Seite, im «Ich bin nicht» die passive.

Im nächsten Abschnitt, der fünften Aufgabe, geht es wieder subtiler zu. Habe ich im vierten Punkt gelernt, mich im Sprechen als der immer Mitbeteiligte zu erkennen, so kann ich jetzt entdecken, dass mir der gedachte Gedanke nicht gleichgültig ist: Ein Feuerprozess greift ein. Ich erwärme mich zum Beispiel für eine Idee, solange, bis ich Feuer und Flamme bin,

90 Vgl. Th. Schwenk, *Das sensible Chaos,* Stuttgart, 10. Auflage 2003.

123

das heißt identisch bin mit dem Gedanken. Gleichzeitig entdecke ich, wie stark ein solcher Gedanke auch mein Gefühlsleben affiziert. Nur ein gleichgültiger Gedanke, der mich eigentlich nichts angeht, lässt mich kalt.

Die sechste Übung schließlich, welche eine Aufmerksamkeit verlangt, die weit über mich hinausgeht, führt in die eigentlichen Gestaltungskräfte des Logos ein, der «gehört» wird. Dadurch entdeckt man den Zusammenhang des «kleinen Logos», der in der eigenen Tätigkeit erlebt wird, mit dem «großen Logos», dem Makro-Logos, der die Welt geschaffen hat; wobei der erste vom zweiten abhängt.

Erst in der siebten Übung taste ich mich ahnend an den Logos heran, dem ich mich als Mensch dadurch verstehend nähern kann, weil ich selbst der Anlage nach ein Träger des Logos bin. Der kleine Logos in mir kann wachsen, je mehr ich mich dem großen Logos hingebe. Auch das ist wieder ein doppelter Prozess, wenn auch auf höchster Stufe.

Dieser siebenfältige Übungsweg der Sprache setzt die Mitarbeit bzw. den Impuls zur Mitarbeit voraus. Denn wenn nicht gesprochen wird, gibt es nichts zu beobachten. Zudem wird die Aufmerksamkeit geschult und später auch das Denken, weil ohne Denken das Sprechen nicht vollständig ist. Der griechische Begriff für Sprechen, *legein*, enthält auch das Denken, für das es in der Frühzeit gar kein eigenes Wort gibt. Sprechen und Denken sind noch so miteinander verbunden, dass das eine ohne das andere eigentlich gar nicht möglich ist. Philosophieren heißt sprechen! Stumm vor sich hinzudenken ist noch nicht möglich. Wer denkt, der spricht auch, in der Regel mit einem anderen Menschen, denn Sprache lebt zwischen Menschen. Und so entsteht die Philosophie zunächst auch in Dialogform, sei es in systematisch aufgebauten Gedankenreden oder nur im mündlichen Diskurs. Erst Aristoteles ist so weit, dass er auch ohne zu sprechen denken kann. Von seinen erstaunten Mitschülern wird er deswegen der «Leser» genannt.

Das Überraschende des sprachlichen Schulungsweges in Ephesos ist die siebenstufige Entfaltung dieses Weges. Bei einer Tätigkeit, die nur beim Menschen auftritt, ist er mit allen seinen Wesensgliedern beteiligt. Im Groben: mit seinem Leib, mit seiner Seele und mit seinem Geist; im Feinen: im Äußeren des Leibes, in der Gestaltungskraft, im Seelischen, im Ich, im Geiste selbst, im geistigen Gestalten und im höheren Menschengeiste. Da die geistigen Glieder aus einer Umwandlung der niederen Natur des Menschen durch seine Ich-Tätigkeit entstehen, so zeigt sich auch im Aufbau dieses Weges die innere Symmetrie dieses Vorgangs.[91] Die äußere Tätigkeit des Sprechens ist mit der äußeren Welt verbunden (Mi-

91 Vgl. Frank Teichmann, *Auferstehung im Denken*, Stuttgart 1996.

124

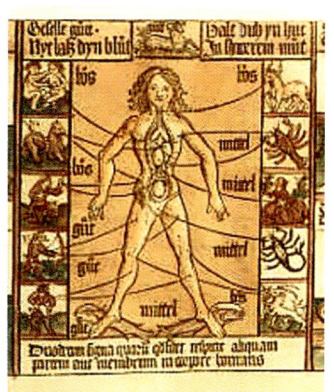

Abb. 63: Aderlassmännchen.

kro- und Makro-Logos); das Erklingen und Hören der Sprache ist mit dem Aussprechen und Hören des Logos in der Welt verwandt; das Einformen des Denkens und Absinken ins Gefühl hängt mit dem subtilen Hinaufreichen und Abfangen des Denkens durch die Wärme zusammen und mit dem Hinunterträufeln des «Wassers» ins Gefühl. Nur der Ich-Prozess steht in der Mitte als doppelter für sich.

Endlich ist noch zu fragen, wie denn die Mysterien überhaupt auf die Idee gekommen sind, gerade die Sprache als Untersuchungsobjekt zu wählen, denn wie sich hinterher herausstellt, gibt es ja für die Gestaltungsvorgänge im Geistigen kaum ein geeigneteres Objekt. Zunächst könnten wir jetzt antworten: weil da dieselben Kräfte wirken, die auch zur leiblichen Geburt führen. Und nun das Überraschende: für die alte Welt gehören die Sprachorgane auch zum Stier und den Kräften, die von ihm ausgehen. Noch bis zum späten Mittelalter ist dieses Wissen in den unzähligen Abbildungen des «Aderlassmännchens» dargestellt (Abb. 63), das immer das Zeichen des Stiers über dem Kehlkopf zeigt! Es sind auch Stierkräfte, Kräfte des Ka, die da genauso wirksam sind wie bei der Entstehung der leiblichen Gestalt. Nur mit dem Unterschied, dass diese Kräfte dem Menschen durch Üben bewusst werden können. Auch sie führen zu einer Geburt, doch jetzt zu einer im Geiste, wie es der zweite Omphalos am Artemisbild zeigt. Beide Omphaloi sind durch die Binden, die man von den geschmückten Opferstieren kennt, und durch die Ka-Geste der Arme der Artemis miteinander verbunden und zeigen so an, dass sowohl die Bildekräfte, die zum leiblichen Dasein führen, als auch die Bildekräfte, die den Geist des Menschen entwickeln, von gleicher Art sind.

Heraklit von Ephesos

Die Großen Mysterien von Ephesos und der zu ihnen gehörende Schulungsweg wären fast ganz im Dunkel der Zeiten verborgen geblieben, wenn es nicht wenigstens einen Zeugen gäbe, der ohne sie nicht zu denken ist und der, wenn auch indirekt, von ihnen kündet: Heraklit. Dieser Große der griechischen Philosophen der Frühzeit bewegt mit den von ihm überlieferten kürzeren oder längeren Sentenzen aus seinem Werk jeden nachkommenden Denker von neuem. Es sind vielfach tiefsinnige Welt- und Selbstbetrachtungen, sie sind so anregend, dass jeder, der ein eigenes Geistesleben hat, ihnen gerne nachsinnt, bis hin zur Zeit Goethes und des deutschen Idealismus. Dem Altertum galten sie als dunkel, aber je mehr man sich in sie hineindenkt, desto mehr hellen sie sich auf. Diogenes Laertius überliefert ein Epigramm auf ihn,[92] das diesen Tatbestand ziemlich genau beschreibt, denn dort heißt es:

«Dunkel und lichtlose Finsternis herrscht da;
doch wenn ein Eingeweihter dich führt,
so strahlt es heller als Sonnenschein dir.»

Je mehr man sich mit Heraklit beschäftigt, desto deutlicher ahnt man die Aura des Eingeweihten, die zu ihm gehört. Wer sie nicht beachtet und forsch die Rätsel lösen will, welche sein Werk in großer Zahl enthält, der kommt über Vermutungen und Spekulationen nicht hinaus.[93] Wer hingegen die Überlieferungen ernst nimmt, die von einem Leben Heraklits im Umkreis des Tempels der Artemis berichten, wo er auch sein Werk niedergelegt haben soll, der entdeckt bald, dass es niemand hat lesen können, ohne von den Mysterien von Ephesos berührt worden zu sein. Heraklit ist kein «Philosoph», den man, ohne diesen Ort zu kennen, ersprießlich «lesen» könnte, sondern immer wieder stößt man auf Worte, Sätze oder Anspielungen, die typisch sind für die Mysterien von Ephesos.

Schon der erste Blick zeigt einen persönlichen Stil, der ihn von jedem anderen «Vorsokratiker» unterscheidet und seine Selbstständigkeit hervorhebt, eine Selbstständigkeit, die erworben ist und nicht dem üblichen Zeitstil entspricht. Auch seine «heimliche, heilige Sprache»[94] verbindet ihn mit einer Institution, die höhere Ziele hat, als nur Erkenntnisse für den Tag zu liefern. Wissenschaftliches Forschen und mystisches Schauen ergänzen sich bei ihm in harmonischer Weise.

Heraklit stammt aus der Familie, die Ephesos begründete und seither das Amt des Priesterkönigs verwaltete. Er hat auf dieses Amt zugunsten seines Bruders verzichtet, auch darum, weil ihm die demokratischen Streitereien zuwider waren. Er zog sich in das Heiligtum der Artemis zurück und führte dort ein Leben, das mit dem der Eingeweihten verwandt war; allerdings blieb sein Interesse für das weltliche Geschehen erhalten. Sein cholerischer Charakter hat ihn immer wieder dazu verführt, seine Landsleute mit bissigen Wahrheiten zu charakterisieren.

Sein Buch «Über das Werden» ließ er nicht abschreiben und in der Welt verbreiten, sondern er hat es im Heiligtum der Artemis niedergelegt, sodass diejenigen, die es lesen wollten, zuerst den Zugang dazu erbitten mussten. Was davon überliefert ist, stammt also, wenigstens im 5. Jahrhundert, von den Besuchern, die es dort gelesen haben. Auch deswegen der fragmentarische Charakter des Werkes. Es handelt nicht nur, wie man erwarten würde und wie es dem Interesse der Zeitgenossen entsprechen

92 Diog. IX, 16.
93 Ein schönes Beispiel für diese Vorgehensweise jetzt bei: J.-E. Pleiner, *Heraklit*, Hildesheim 2002.
94 Hermann Diels, *Herakleitos von Ephesos*, Berlin 1909, S. VII.

würde, von dem Werden der Natur, sondern handelt auch und vor allem von dem Zusammenhang des Menschen mit der Welt. Heraklit befolgte die delphische Aufforderung des «Erkenne dich selbst» und bekennt, sich selbst nachgeforscht zu haben.[95] Schon dieses Bekenntnis allein würde ausreichen, um einen Menschen zu charakterisieren, der nicht bloß der gewöhnlichen Bewusstseinsentwicklung folgt, sondern der Zugang fand zu einem höheren Streben. So ist es auch nicht besonders verwunderlich, wenn aufmerksame Wissenschaftler schon seit jeher einen Zusammenhang zwischen Heraklit und den Mysterien angenommen haben. Wie man darauf kommen kann und warum diese Erkenntnis aus der Betrachtung seines Lebens in Ephesos unmittelbar einsichtig ist, hat jüngst wieder Christina Schefer in dem Aufsatz «‹Nur für Eingeweihte!› Heraklit und die Mysterien» dargestellt.[96]

Auch der überlieferte Aufbau seines Buches, das aus drei Teilen bestand, spricht für eine Einführung in die Mysterienkunde. Der erste Teil behandelte unter dem Titel «Über das All» die gesamte Natur, einschließlich des Wesens des Menschen, insofern es ein geschaffenes ist. Der Begriff «ta pánta» enthält zwar «alles», hat aber nicht denselben Bedeutungsumfang wie im Deutschen. Martin Heidegger und Eugen Fink haben sich mehrere Vorlesungen lang darüber unterhalten, was denn mit dem griechischen Begriff bei Heraklit eigentlich gemeint sei.[97] Die gleichen Fragestellungen tauchen auch bei den beiden anderen großen Themen von Heraklits Buch auf: «Über die Ordnung unter den Menschen» und «Über das Göttliche».

In den drei «Büchern» von Heraklits Werk sind unschwer die drei Glieder zu erkennen, die sich in der Goethezeit allmählich herausarbeiteten, in der Betrachtung der *Natur*, der des *geistigen Lebens* und in dem dazwischen liegenden und beide Welten verbindenden *menschlichen Bereich*. Über dem ganzen Bemühen, Heraklit und seinen Mysterienzusammenhang zu verstehen, darf man jedoch nie vergessen, dass seit der Zeit, in der Heraklit seinen Höhepunkt hatte (500 v.Chr.) und sein berühmtes Buch schrieb (500–490 v.Chr.) und unserer Gegenwart 2500 Jahre verflossen sind, Jahre, in der sich Welt und Mensch ziemlich verändert haben. Heideggers diesbezügliche Warnung ist daher ernst zu nehmen:[98]

«Die 2500 Jahre, die uns von Heraklit trennen, sind eine gefährliche Sache. Bei unserer Auslegung der Herakliteischen Fragmente bedarf es der stärksten Selbstkritik, um hier etwas zu sehen. Andererseits bedarf es auch eines Wagnisses. Man muss etwas riskieren, weil man sonst nichts in der Hand hat. So ist gegen eine spekulative Interpretation nichts einzuwenden. Wir müssen dabei voraussetzen, dass wir Heraklit nur ahnen

95 Fragment 101.
96 Christina Schefer, *Antike und Abendland*, Bd. XLVI, Berlin 2000, S. 46–75.
97 In: M. Heidegger, E. Fink, *Heraklit*, Frankfurt 1970, die ersten Kapitel.
98 Ebd., S. 62.

können, wenn wir selber denken. Wohl ist es eine Frage, ob wir dem noch gewachsen sind.»

Andererseits war Hermann Diels davon überzeugt, dass die Bekanntschaft mit Heraklit ungeheuer wichtig ist für uns, weil er «von den Hellenen neben Plato wohl am wichtigsten für die philosophische Entwicklung der Menschheit geworden ist».[99] Diese Bedeutung liegt vor allem darin begründet, dass er als Denker genau an der Stelle steht, in der sich auch das Mysterienwesen befindet, nämlich den Übergang zu einem modernen, denkerischen Bewusstsein einzuleiten, aber ohne das alte Schauen total zu verlieren. Das war die Aufgabe von Ephesos, und das war auch die Aufgabe von Heraklit. Werfen wir von diesem Gesichtspunkt aus einen Blick auf seine Lehre, doch nur auf jenen Teil, der den Zusammenhang mit den Mysterien von Ephesos besonders schön offenbart. Denn es wird sich zeigen, dass ein Verständnis für Heraklit herauswächst aus dem Wissen von den Praktiken, die in Ephesos gepflegt worden sind. Am deutlichsten offenbart sich dieses Wissen wohl am Begriff des Logos selbst, der zwar nicht von Heraklit erfunden, aber genau in dem Sinne verstanden wurde, wie er in Ephesos durch den Schulungsweg der Sprache zum Erlebnis geworden ist.[100]

Schauen wir uns zunächst diejenigen Fragmente an, in denen vom Logos geredet wird, doch ohne zugleich all die Probleme zu entwickeln, die sonst vonnöten wären, wenn man den Inhalt des Begriffs «Logos» verstehen wollte.[101] Hier soll nicht der Inhalt der Mysterien aus den Fragmenten erschlossen, sondern umgekehrt, Heraklit soll als Zeuge des Mysterienwesens von Ephesos erkannt werden, der jedoch die lebendigen Erfahrungen des Schauens in lebendige Begriffe des Denkens umgesetzt hat. Beginnen wir mit dem berühmten Anfang des Buches «peri physeos», in dem der Logos eingeführt wird:

«Diesen Logos, der immer ist, verstehen die Menschen nicht, sowohl bevor sie ihn gehört haben als auch nachdem sie ihn gehört haben.

Denn obwohl alle Dinge gemäß diesem Logos geschehen, gleichen sie Unerprobten, wenn sie sich erproben an solchen Worten und Werken, wie ich sie auseinander setze, indem ich der Natur gemäß jedes Einzelne auseinander nehme und zeige, wie es sich damit verhält.

Den anderen Menschen aber bleibt unbewusst alles, was sie im Wachen tun, ebenso wie sie das Bewusstsein verlieren für alles, was sie im Schlafe tun» (Fragment 1).

Im Schulungsweg von Ephesos ist der Logos nicht der Ausgangspunkt, sondern das Ende des Weges. Erst wenn man gelernt hat zu beobachten, was im Sprechen und Denken geschieht, taucht der Logos aus dem vorher

99 Hermann Diels, *Herakleitos von Ephesos*, Berlin 1909, S. XV.
100 Über die Entwicklung der Bedeutung von «Logos» vgl. B. Jendorff, *Der Logosbegriff*, Frankfurt / Bern 1976, S. 43 ff.
101 Ich folge hierbei der schönen Darstellung von Karl-Martin Dietz, *Metamorphosen des Geistes*, Bd. 3, Stuttgart 1990, S. 22 ff.

unbewussten Geistesleben des Menschen auf. Normalerweise bleiben die Vorgänge, die während des Sprechens ablaufen, im Verborgenen, weil der Sprechende mit dem Inhalt des Ausgesagten verbunden ist und nicht mit dem Sprechen. Das heißt aber nicht, dass das, was wir nicht bemerken, deswegen auch nicht vorhanden ist, im Gegenteil, der Logos ist immer, sowohl bevor man sich dessen bewusst ist als auch nachdem man es weiß. Denn er ist einfach der unbeobachtet Wirkende unseres gewöhnlichen Geisteslebens. Erst wenn man in einem bewussten Willensakt, den man willkürlich herbeiführen muss, auf dessen Tätigsein aufmerksam geworden ist, was nur in einer Art Ausnahmezustand geschehen kann, kann man für ihn aufwachen. Wie man aus dem Schlaf erwacht und dann alles das erkennt, was um einen herum ist, so kann man auch aus dem wachen Tagesbewusstsein heraus erwachen, um dann das höhere Geistesleben wahrzunehmen.

Damit wird schon von Heraklit im ersten Satz deutlich gemacht, dass es gewöhnliche Menschen gibt, die vom Wirken des Logos nichts bemerken, und solche, die eingeweiht sind, wie Heraklit selbst, die zeigen können, wie es sich damit verhält. Das aber kann und will er auch mit seinem Buch erreichen. Es gehört demnach zu einer Art Mysterienliteratur der Kleinen Mysterien, die zum Studium der nach den verborgenen Seiten der Welt Strebenden geeignet ist. Denn «das Wesen (der Dinge) liebt es, sich zu verbergen» (Fragment 123). Und die Enthüllung dieses Wesens (physis) ist das Thema des Buches (*Peri Physeos*).

Wem es gelingt, der entdeckt, dass der wirkende Logos, durch den alles entsteht, allen Menschen gemeinsam ist. Es ist dasjenige Element, welches zwischen uns und der Welt die Brücke bildet. Wer ihm folgt, bleibt mit der Welt verbunden. «Deshalb muss man dem Gemeinsamen folgen. Obschon doch der Logos allen gemeinsam ist, leben die Vielen, als ob sie einen eigenen Verstand hätten» (Fragment 2). Aber «die meisten haben davon kein Bewusstsein, … und auch wenn man sie belehrt, verstehen sie es nicht, aber sie bilden es sich ein» (Fragment 17). Eine solche Täuschung ist jedoch gefährlich, weil man zwar etwas zu wissen vermeint, aber den Sachverhalt nicht wirklich durchschaut. Das kindliche Denken, auf das der Grieche so stolz war, konnte das aber gerade nicht leisten, was hier vonnöten gewesen wäre, nämlich sich von seinen vorgefassten Meinungen zu distanzieren. Was man gedacht hatte, davon war man ja überzeugt, auch wenn es zu den absurdesten Ergebnissen führte.

Um hier weiterzukommen, muss man sich selbst infrage stellen können, muss sich selbst nachforschen können, denn erst dann wird man entdecken, dass Wahrheiten, welche ja Zusammenhänge sind, von verschiedenen Seiten aus zugänglich werden. Wer da nicht weiß, wo er steht und was er schon geleistet hat, wird den Zusammenhang nicht sehen. Dagegen ist «verständiges Denken die größte Vollkommenheit. Aber Weisheit ist, Wahres zu sagen und gemäß der Natur zu tun, auf sie hinhörend» (Fragment 112).

Weil aber «das Denken allen gemeinsam ist» (Fragment 113), haben auch «alle Menschen teil daran, sich selbst zu erkennen und verständig zu denken» (Fragment 116). Dieses Vertrauen in das «Erkenne dich selbst» ist die Grundlage von Heraklits Weg und Ergebnis seiner Einweihung in die Mysterien von Ephesos. Alles Weitere, was er in seinem Buch noch aufgezeichnet hat, sind Folgebeobachtungen dieses fortschrittlichen Prinzips.

Eine dieser schönen Beobachtungen ist zum Beispiel die, dass man alle Reiche der Schöpfung kennen lernen kann, die alle gemäß dem Logos entstanden sind, und doch wird man nie an ein Ende kommen. «Der Seele Grenzen wirst du nie ausfindig machen, selbst wenn du jeden Weg abschrittest. So tiefen Logos hat sie» (Fragment 45). Je mehr man übt, die Zusammenhänge zu erfassen, desto umfangreicher werden diese, aber desto größer wird auch die Fähigkeit, sie überschauen zu können. «Der Seele ist Logos eigen, der sich selbst mehrt» (Fragment 115).

Wenn am Ende des Schulungsweges von Ephesos das Erlebnis des «Logos» auftrat, als schöpferisches Wesen, das sowohl in der Welt als auch im Menschen tätig ist, dann zeigt sich diese Erfahrung wohl nirgends deutlicher als in den Fragmenten, die von «peri physeos» überliefert worden sind. Aber nicht nur die Erfahrung des Logos tritt in Heraklits Werk auf, auch all die vielfältigen Beobachtungen, die ein Neophyt auf dem Wege dahin machen konnte, werden von ihm bezeugt. Zum Beispiel «sagt er, das Feuer sei vernunftbegabt und Ursache der ganzen Weltregierung» (Fragment 64). In Bezug auf den Sonnenlauf ist es bezeichnend, auch von ihm zu vernehmen, dass «die Sonne jung wird, Tag für Tag» (Fragment 6), so wie es uns aus Ägypten bekannt ist.

Wo wir das Buch «Über das Werden der Welt» auch aufschlagen, stoßen wir auf ein Geistesleben, das sich in den Mysterien von Ephesos geschult hat und dort herangebildet worden ist. Neu ist allerdings, dass das Denken als Logostätigkeit begriffen wird und als solche schon überaus geschätzt wird. Immerhin stellt es auch noch in dieser Form die Verbindung des Menschen zum Kosmos her, sodass er sich noch in ihm tätig weiß. Er steht noch nicht vereinzelt in der schönen Welt und sucht sich noch nicht mit abstrakten Gedanken über seine Vereinzelung hinwegzuhelfen. Er ist noch Mitschaffender am Werden der Welt und ist sich dessen auch bewusst. Das hat er als echter Schüler von Ephesos im Schlaf erfahren. Denn «die Schlafenden sind Tätige und Mitwirkende beim Werden der Welt» (Fragment 75).

Auch bei Heraklit tritt somit dasselbe Grenzphänomen auf, wie es von allen Einrichtungen in Ephesos zu sehen ist: einerseits noch im Alten Orient wurzelnd, mit all den Erfahrungen der Götterwelt, doch schon hinschauend auf eine Welt, die erst zukünftig herankommt und die ohne die gewaltigen Schauungen von vormals auskommen muss. Stattdessen wird ein Denken erobert, das die Individualität stärkt, den Menschen in seiner eigenen Lebensführung fördert und nur noch aus vergangenen Zeiten von höheren Zielen weiß. Inmitten dieses Prozesses versucht Heraklit, von der Mysterienstätte von Ephesos dazu veranlasst, das alte Streben auf neue Weise zu retten und es so der zukünftigen Menschheit zu übermitteln. Er ist dadurch einer der wirksamsten «Philosophen» geworden, die das Geistesleben der nächsten zweitausendfünfhundert Jahre bestimmt haben.

Maria und Johannes in Ephesos

Als Clemens von Alexandria am Ende des 2. Jahrhunderts n.Chr. seine *Stromata* schreibt, in denen er die von ihm gegründete «platonische Schule» vorstellt, geht er davon aus, dass die gesamte griechische Geistesentwicklung nur eine Vorbereitung gewesen ist, um die Geheimnisse des Christentums verstehen zu können. Denn «die Hellenen trachten nach Weisheit»,[102] und dazu haben sie die Philosophie und ein Interesse an Denkschulung entwickelt, dazu gab es die griechischen Mysterien mit ihren Methoden zur Geistesschulung und einen Unterricht, an dem die Interessierten teilnehmen konnten. Diese gesamte Strömung sieht Klemens nun so an, dass ebenso, wie eine leibliche Vorbereitung bei den Hebräern nötig gewesen ist, damit Jesus *geboren* werden kann, es bei den Griechen auch eine geistige Vorbereitung gegeben haben muß, damit der Christus *verstanden* werden kann. «Es war also vor der Ankunft des Herrn die Philosophie für die Griechen notwendig zur Gerechtigkeit, jetzt aber wird sie nützlich zur Gottseligkeit, indem sie gewissermaßen eine Vorbereitung ist für solche, welche den Glauben durch Demonstration gewinnen.»[103] Die Philosophie ist aber aus den Mysterien hervorgegangen. Das hat Klemens selbst erfahren, denn er war einerseits selbst eingeweiht in die Mysterien von Eleusis und andererseits Schüler der platonischen Akademie von Athen. Als er nach Alexandria übersiedelte, konnte er an den

102 *Stromata*, 1. Buch, Ende 2. Kap., Paragraph 21,3.
103 Ebd., 1. Buch, 5. Kap., Paragraph 28,1.

Ableger der Mysterien von Eleusis anknüpfen, der dort seit Ptolemäus I. bestand, und für die «Akademie» hat er selber gesorgt. Damit hatte er der Philosophie ein hohes Ziel gegeben, das erst nach der Herabkunft des Christus auf die Erde erfüllt werden konnte. Deshalb sagte er von ihr: «Sie war eine Erzieherin des Hellenenvolks, wie das Gesetz den Hebräern, *auf Christus*. Es bereitet also die Philosophie vor, indem sie dem, der von Christus vollendet wird, den Weg bahnt.»[104] Dieser Weg führt zu Wahrheit und Weisheit und ist nicht von dem Wirken der vorhergehenden Mysterien zu trennen.

Diese Behauptung des Clemens lässt sich wohl nirgends schöner verifizieren als bei der Mysterienstätte von Ephesos. Denn wenn irgendwo, so lässt sich gerade hier auch geschichtlich nachweisen, dass Ephesos eine bedeutende Rolle im Werden des frühen Christentums gespielt hat. Paulus hat dort für Jahre gelebt, später auch Johannes der Evangelist und Maria, die Mutter des Herrn, für deren Wohlergehen sich Johannes ja unter dem Kreuz verpflichtet hatte. Aber noch manche andere bedeutende Persönlichkeit wird in der «Apostelgeschichte» und in anderen Schriften des Neuen Testaments erwähnt, die hier gelebt und im Sinne des Christentums gewirkt hat. Das alles ist bekannt oder heute wohl auch umstritten, es soll uns hier aber zunächst nicht weiter beschäftigen. Immerhin gibt es genügend Zeugnisse, die von der christlichen Bedeutung von Ephesos im 1. Jahrhundert n.Chr. Kunde geben.

Vor dem Hintergrund der Mysterien von Ephesos sind für uns jedoch die Überlieferungen interessant, die an die Mysterieninhalte selbst anschließen. Und das ist zunächst und vor allem das Johannes-Evangelium mit seinem berühmten Prolog. Er wurde seit jeher mit Ephesos in Beziehung gebracht, weil man im Altertum auf den verschiedensten Wegen davon erfahren hat, dass Johannes[105] sein Evangelium in Ephesos geschrieben habe. Doch auch sein Begriff des Logos, von dem der Prolog spricht, ist mit dem Logos-Begriff Heraklits verwandt. Das ist schon vielfach gesehen und untersucht worden.[106]

Woran man die Beziehung zu den Mysterien von Ephesos aber unzweifelhaft erkennt, das ist nicht der Begriff des Logos allein, sondern der ganze Zusammenhang, in dem er erscheint. In Ephesos erbildete sich der Begriff und schließlich auch das Erlebnis des Logos auf einem Weg, der durch sieben Schulungsstufen zu diesem Erleben hinführte. Und genau denselben Gang zeigt auch der Prolog des Johannes-Evangeliums:

104 Ebd., 1. Buch, 5. Kap., Paragraph 28,3.
105 Die Streitfrage, um welchen Johannes es sich hier handelt, kann für unsere Zwecke beiseite gelassen werden.
106 Vgl. z.B. B. Jendorff, *Der Logosbegriff*, Frankfurt / Bern 1976, S. 69 ff.

1. «Im Anfang war der Logos, und der Logos war bei Gott. Und Gott war der Logos, dieser war im Anfang bei Gott.
2. Alles ist durch ihn geworden, und ohne ihn ist nichts geworden, was geworden ist. In ihm ist Leben, und das Leben war das Licht der Menschen.
3. Und das Licht scheint in der Finsternis, und die Finsternis hat es nicht begriffen.
4. Es ward ein Mensch, gesandt von Gott, der hieß Johannes. Dieser kam zum Zeugnis, damit er zeuge von dem Licht, damit alle durch ihn glaubten. Er war nicht das Licht, sondern er wollte zeugen von dem Licht. Das war das wahrhaftige Licht, welches alle Menschen erleuchtet, die in diese Welt kommen.
5. Es war schon in der Welt, doch die Welt erkannte es nicht. Er (der Logos) kam in sein Eigenes (*eis ta idia*), aber die Seinen nahmen ihn nicht auf.
6. Die, die ihn aber aufnahmen, denen gab er das Vermögen, Gottes Kinder zu werden: die an seinen Namen glauben, die nicht aus Blut, noch aus dem Willen des Fleisches, noch aus dem Willen eines Mannes, sondern aus Gott geboren sind.
7. Und der Logos ward Fleisch und wohnte unter uns, und wir schauten seine Herrlichkeit, eine Herrlichkeit wie des eingeborenen Sohnes vom Vater, voller Gnade und Wahrheit.»

Vergleichen wir diese sieben Stufen des Prologs mit den sieben Stufen des Schulungsweges in Ephesos, so kann, wenn wir auf die Abfolge der Schritte achten und sie uns dabei bewusst zu machen versuchen, der Zusammenhang aufleuchten. Aufwachen sollen wir, sagte Heraklit, in dem Gebiet, das wir normalerweise verschlafen bzw. unbeobachtet lassen.

Allerdings ist dabei zu bedenken, dass für Johannes der Logos ein göttliches Wesen ist, das inzwischen Mensch geworden ist, eine Tatsache, die sich leicht hinschreibt, aber unendlich schwer zu verstehen ist. Ein Gott, der Mensch wurde, ist für die Antike, und nicht nur für sie, schlechterdings nicht zu verstehen, denn die beiden Begriffe schließen sich aus. Ein Gott ist unsterblich, sonst wäre er kein Gott – und nun wird von seinem Tod berichtet. Zudem ist der Logos für Johannes ein Wesen, dem er auf Erden begegnet ist und das er schon kennen gelernt hatte, als er den Prolog verfasste; er kann also ganz anders von ihm berichten, als es etwa Heraklit möglich gewesen war. Doch auch für ihn hatte die Begegnung dazu geführt, dass er jetzt, nach der Auferstehung, den Logos in sich verspürte, weil ihm dessen Kraft zu seinem geistigen Menschentum verhalf. Schauen wir uns den Prolog daraufhin nun genauer an, so lenken die ersten Zeilen zunächst die Aufmerksamkeit auf dieses Logoswesen, ohne das Thema schon irgendwie zu begründen. Es bleibt zunächst eine Behauptung, die wie von außen an uns herantönt, aber den Anfang aus sich heraus entstehen lässt. Diese Beobachtung führt uns weiter zur zweiten Stufe:

Das Entstehen wird jetzt in den Blick genommen und das, was daraus geworden ist: Ein schöpferisches und ein betrachtendes Element wirken so zusammen. Das «Wort» spricht aus und hört zurück, was es gesprochen hat. Dabei wird der Lebensprozess entdeckt, er wird das Licht der Menschen. Das führt uns weiter zur dritten Stufe:

Da wird jetzt das Verstehen in den Blick genommen. Denn das Verstehen schwankt zwischen Licht, wenn etwas begriffen wird, und Finsternis, wenn das nicht geschieht. Normalerweise bleibt uns der Logos dunkel, denn wir denken zwar, aber wir wissen nicht, wie wir das machen. Unser Bewusstsein ist inhaltsbezogen, und deswegen ist es vom eigentlichen Hervorbringen des Denkens abgelenkt. Erst wenn wir diese Tatsache bemerken, entdecken wir, dass wir selbst dabei sein müssen, und das führt uns zur vierten Stufe.

Da wird jetzt der Mensch genannt, der dabei war, der bemerkt hat, dass etwas Lichthaftes geschieht, wenn der Logos im Menschen wirkt. Im Schulungsweg von Ephesos war an dieser Stelle zu üben: Ich bin – ich bin nicht. Oder: Der Mensch ist – der Mensch ist nicht. Eine erste, existenzielle Urteilsbildung. Wenn der Schüler das aber von sich sagt, so erkennt er gleichzeitig das Wirken des Logos in sich. Der ist immer dabei, wenn gesprochen oder gedacht wird. Und der Mensch, der das erkennt, wird zum Zeugen dieses Vorgangs.

Daraufhin entdeckt er jetzt, in der fünften Stufe, dass der Logos und das Eigene zusammengehören. Wer den Logos aufgenommen, ihn sich zu eigen gemacht hat, dem eröffnet sich der Weg, der in der sechsten Stufe verheißen wird:

Nämlich dass sich der Mensch aus dem Geiste heraus neu gebären, dass er Gottes Kind werden kann. Der Logos ermöglicht ihm diese zweite Geburt, die niemals von Natur aus geschieht, aber die der Möglichkeit nach in ihm veranlagt ist, wenn er ein übender Mensch wird. Und wie die Artemis über die Wollbinden mit den beiden Omphaloi verbunden ist, so wird auch hier von den beiden Geburten gesprochen, die den Menschen erst zu einem vollendeten Menschen machen. Der Logos als schöpferische Potenz im Menschen ist gewissermaßen das Abbild des Schöpfergottes selbst.

Und das führt uns zur siebten Stufe, in der das Einwohnen des Logos in den Menschen beschrieben wird. Diesem *Wesen* ist Johannes auf Erden begegnet, sodass auch er jetzt ein Zeuge dieses Vorgangs sein kann. Und weil er das erkannt hat, kann er jetzt auch bezeugen, dass der innere Vorgang, den jeder Mensch nach dem Mysterium von Golgatha erfahren kann, sich auf dieses Wesen und seine Menschwerdung bezieht.

Aus einer solchen Komposition wie dem Prolog des Johannes-Evangeliums wird nun auch unmittelbar ersichtlich, dass dieser «Hymnus» eigentlich nirgendwo anders als in Ephesos geschrieben werden konnte. Im Angesicht des Artemis-Tempels und in seiner Aura ist aufgezeichnet worden, was dort durch Jahrhunderte hindurch prophetisch vorweggenommen wurde. Der Johannes-Prolog ist also nicht irgendein Hymnus aus dem Leben irgendeiner christlichen Gemeinde, sondern die Darstellung eines Weges, der jahrhundertelang in Ephesos geübt und nun durch Christus erfüllt worden ist. So wurde er der Ausgangspunkt eines öffentlichen Schulungsweges, der wieder jahrhundertelang als christlicher Weg beschritten und geübt werden konnte. Noch immer gibt es Menschen, die auch heute noch mit dem Johannes-Prolog leben und von ihm ihr meditatives Leben bestimmen lassen.

Die Bedeutung der Mysterienstätte von Ephesos wäre allerdings noch unvollständig, wenn wir nicht auf den Inhalt des Johannes-Prologs eingingen. Denn darin wird nun nicht nur, im Gegensatz zum alten Mysterienweg, das Sprechen geübt, sondern das Denken. Der Begriff des Logos hatte sich im griechischen Geistesleben in den letzten Jahrhunderten vor Christi Geburt so weiterentwickelt, dass sich seine Erkenntnis immer weniger auf das Sprechen bezog, dagegen immer deutlicher auf das Denken. Schon Platon versteht unter den *Logoi*, die er philosophisch entwickelt, nur noch Gedanken, allerdings, wie sich zeigen wird, noch lebendige Gedanken, die den Menschen zur Wahrheit führen. Hat er sie sich *zu eigen* gemacht, sodass er sie auch selbstständig lehren kann, dann sind sie aufgenommen in sein eigenes Geistesleben, das fortan zu einem weisheitsvollen zusammenwächst. Diese höchste Tugend denkerischen Bemühens ist das eigentliche Ziel, auf das die griechischen Mysterien hinarbeiten.

Im Verfolg dieser Gedanken ist nun auffällig, dass der Prolog des Johannes-Evangeliums das *Sich-zu-eigen-Machen* (eis ta idia) des Logos betont, das denjenigen auferlegt ist, welche die Geistgeburt anstreben und Gottes Kind werden wollen. Nach außen hin zeigt sich ein solches Geistesstreben in dem Erwerb von Weisheit.

In der Komposition des Johannes-Evangeliums steht nun dieser Stelle des Prologs eine gleichlautende am Ende des Evangeliums gegenüber, wo Johannes mit Maria unter dem Kreuz steht. «Da nun Jesus seine Mutter sah und den Jünger dabeistehen, den er liebhatte, spricht er zu seiner Mutter:

‹Frau, siehe, dein Sohn!› Darauf sagt er dem Jünger: ‹Siehe, deine Mutter!›
Und von jener Stunde an nahm der Jünger sie zu dem Eigenen.»[107] Dieser
letzte Vers wird normalerweise so übersetzt: «Und von der Stunde an
nahm sie der Jünger zu sich.» Denn was sollte es denn sonst heißen, wenn
da steht, sich die Mutter Jesu zu eigen zu machen (eis ta idia)? Wer das
Evangelium kennt, der hört im Hintergrund dieser Stelle jedoch den
gleichlautenden Aufruf aus dem Prolog mit, der die Aufnahme des Logos
beschreibt. Hier aber unter dem Kreuz geht es um die Aufnahme von Jesu
Mutter!

Das Rätsel löst sich ein wenig, wenn man weiß, dass in der Ostkirche Jesu
Mutter als Sophia angesprochen wird, womit die Aufforderung, sich die
Mutter zu eigen zu machen, einen Sinn bekäme. Denn sobald man hörte,
der Jünger soll sich die Weisheit zu eigen machen, wäre deutlich, dass diese Aufforderung eine alte Mysterienkunde ist, die in ähnlicher Art oftmals erklungen ist. Doch eine solche Ansprache wäre nur demjenigen
verständlich, der schon gewohnt war, die Welt als Bild zu betrachten und
den tieferen Sinn in der scheinbaren äußeren «Realität» zu erkennen.
Trotz der Kenntnis dieser Bedeutung hat die ganze Szene natürlich auch
einen äußeren, historischen Sinn, und der entspricht der gewöhnlichen
Auffassung, die in der gewöhnlichen Übersetzung zum Ausdruck kommt.
Johannes nimmt Jesu Mutter zu sich und geht mit ihr nach Ephesos! Von
dort aus missioniert der Apostel die kleinasiatischen Gemeinden, so wie
sie in seiner Apokalypse auftreten, von dort aus unternimmt er seine Reisen, und dorthin kommt er nach seiner Gefangenschaft in Patmos zurück.
Dort lässt er sich im Angesicht des Artemis-Tempels sein Grab ausheben,
in dem er dann bewusst seinen Geist aufgibt und stirbt.[108] Über diesem
Grab ist dann im 4. Jahrhundert eine große Gedächtnis- und Wallfahrts-
kirche errichtet worden, die in der Zeit Justinians zu einer der größten
und bedeutendsten Kirchen des werdenden byzantinischen Reiches neu
aufgebaut wurde.[109]

Überraschenderweise sind nun die Spuren Marias nicht in der römischen
Stadt erhalten geblieben, sondern in einer Gegend weit außerhalb der
Stadt in freier Natur, hoch oben mit herrlicher Aussicht nach Westen, hin
zum Meer und der in der Ferne erscheinenden griechischen Insel Samos.
Auf diese Situation ist man erst durch die Veröffentlichung des Marien-
lebens von Clemens Brentano aufmerksam geworden, der die Schauungen
der Anna Katharina Emmerich aufgezeichnet und in eine systematische
Reihenfolge gebracht hat. Ein Teil der geschauten Bilder betrifft nun Maria in Ephesos bzw. in der kleinen Siedlung, die nahe bei der Stadt, aber in
freier Natur angelegt worden war. Dort, in ihrem Haus, ist Maria dann

Abb. 64 rechte Seite:
Blick von dem Haus
der Maria nach Westen
zur Insel Samos.

107 Joh. 19, 25–27.
108 Vgl. die apokryphen
Johannesakten.
109 Vgl. Andreas Thiel: *Die
Johannesbasilika in Ephesos*,
Wiesbaden 2004.

136

137

auch gestorben. Die Beschreibungen der Landschaft, der Lage der Häuser, der Wege dazwischen, der genauen Aussicht und der Quelle an diesem schönen Platz waren nun so exakt, dass man am Ende des 19. Jahrhunderts die Ruinen auffinden und den Beschreibungen zuordnen konnte. Heute ist dieser Ort ein weithin berühmter Wallfahrtsort, der jeden Tag von Hunderten von Menschen besucht wird, die dort von dem heilkräftigen Wasser trinken und das «Haus der Maria» anschauen.

Inzwischen gibt es auch die verschiedensten Abhandlungen,[110] welche die historischen Überlieferungen zusammengetragen haben, die von einem Aufenthalt der Maria in Ephesos wissen. Doch all diese Überlieferungen führen nirgends zur Gewissheit, da sie allesamt erst aus späteren Zeiten stammen. Wenn wir keine geistige Begründung finden, warum der Auf-

Abb. 65 und Abb. 66: Haus der Maria.

110 Z.B. Clemens M. Henze, *Meryem Ana*, Würzburg 1960.

enthalt der Mutter Jesu in Ephesos sinnvoll ist, bleiben alle Zeugnisse nur vage Vermutungen. Die aber gibt es. Oberflächlich ist es einleuchtend, dass die Göttin, die in vorchristlicher Zeit vorzüglich zur Geistgeburt hingeführt hat, jetzt durch Maria abgelöst wird. Denn diese «Rolle» hat sie in späteren christlichen Zeiten übernommen. Aber dazu hätte es genügt, wenn sie nach Ephesos gekommen wäre und wie Johannes in der Stadt gewohnt hätte. Wozu kam sie nach Ephesos, um sich dann dort im «Wald» zu verstecken? Das hätte sie leichter in weniger schwierig zu erreichenden Orten tun können.

Was wir auch an Begründungen finden können, es muss eine tiefere Ursache dafür geben, dass Maria gerade dorthin gezogen ist. Und die ist nicht schwer zu entdecken. Dazu braucht man sich nur die Lage des Ortes im 1.

Abb. 67 linke Seite:
Waldtal vom Haus der Maria
zum Ortygia-Heiligtum.

Abb. 68: Ortygia-Heiligtum.

Jahrhundert n.Chr. zu vergegenwärtigen, denn da ging Maria nicht nur an irgendeinen schönen Ort in freier Natur, sondern an jene Stätte, an welcher die Quelle entspringt, deren Bächlein nur wenig unterhalb durch das berühmte zweite Heiligtum der Artemis von Ephesos fließt. Zu diesem *Ortygia*-Heiligtum zog die große Prozession im Frühjahr, wenn die Erde sich wieder in ein neues Gewand hüllte und die Vögel wieder kamen, wenn Artemis – wie Persephone – wieder an die Oberwelt heraufstieg und alle Welt neue Kraft empfing und Freude die Menschen durchzog. Zu Artemis gehören, wie wir schon hörten, zwei Heiligtümer, eines, in dem ihr berühmter Tempel stand, wo die Schulungen stattfanden und die Weisen wohnten, und eines, das die Unberührtheit der Natur repräsentierte und das von allen Baulichkeiten frei gehalten wurde. Dorthin zog es Ma-

Abb. 69: Grab des Johannes, Johannes-Basilika, Ephesos.

Abb. 70 rechte Seite: Johannes-Basilika mit Blick zum Wohnort der Maria am Horizont.

ria. Und wie Johannes seinen Platz in der Stadt fand, in der Nähe des Tempels, so schloss sich die Mutter Jesu an jenes Heiligtum an, das fern von der Stadt, aber im Zusammenhang mit ihr, in den milden Hügeln zu finden war, die Artemis so liebte. Dort, wo die Quelle entsprang, deren Wasser durch jene Gebiete floss, dort ist der eigentliche Wohnplatz Marias.

Bisher haben die Archäologen gerade erst angefangen, dort zu graben, und die ersten Ergebnisse zeigen schon, dass man endlich jenes heilige Gefilde gefunden hat. Auch wir selbst haben einst dort nach Scherben gesucht, die ein altes Wohngebiet anzeigen – und auch gefunden. Der Platz, der heute Arvalia heißt, liegt inmitten des alten Artemis-Heiligtums und entspricht ganz den landschaftlichen Gegebenheiten, die man für eine solche Göttin erwarten würde. Man könnte sich keine sinnvollere Stätte denken, die Maria aufsuchen müsste, um die alte Göttin abzulösen. Denn wie sich derjenige, der in vorchristlichen Zeiten nach geistigen Erfahrungen suchte, der Artemis hingeben musste, so musste sich der christliche Pilger der

143

Sophia hingeben, wenn er den Logos in sich erfahren und den geistigen Quell zum Fließen bringen wollte.

Die Verchristlichung der Mysterienstätte von Ephesos wird durch Maria und Johannes vollzogen. Der Umschwung geschieht zwar in aller Stille, aber die Folgen davon sind unübersehbar. Dass Johannes in Ephesos gestorben ist, wird durch die mächtigen Kirchen bezeugt, die in konstantinischer und justinianischer Zeit über seinem Grab errichtet worden sind und viele Wallfahrer anzogen. Maria ist mit Ephesos anders verbunden. Zwar hatte man ihr Grab und ihren Wohnplatz vergessen, aber nicht ihre geistige Bedeutung. Denn Ephesos war der Ort, in dem das Dritte Konzil stattgefunden hat, in dem die Fragen nach dem Wesen der Maria gestellt wurden. Ist Maria eine Gottesgebärerin, wie es die alexandrinische Schule vertrat, oder hat sie nur einen Menschen geboren, in den dann der Gott bei der Taufe einzog, wie es die antiochenische Schule propagierte? Beide Schulen mit ihren Bischöfen an der Spitze haben den Streit mit aller Emotion geführt und schließlich zugunsten der Maria als Gottesgebärerin entschieden. Wer die Auseinandersetzungen heute verfolgt, wird kaum noch nachvollziehen können, wie es zu einem solchen Konzilsbeschluss hat kommen können, zumal wenn man die unwürdigen Methoden bedenkt, die von dem Kontrahenten Cyrill ausgingen. Und doch, haben nicht beide Recht?

Nestorius als der Vertreter der Schule von Antiochia hat die physische Geburt des Jesusknaben im Bewusstsein, und die ist nicht anders zu denken als eine Geburt aus dem Fleisch. Dieser Anschauung gemäß hat Maria den Menschen geboren, der erst später, bei der Taufe, den Gottessohn aufgenommen hat. Cyrill dagegen vertrat vehement (ohne dass er dies richtig durchschaute) die geistige Geburt, die ihm im Bilde der jungfräulichen Zeugung aus dem Geiste erschien. Die Entfaltung und Kontroverse dieser Gedanken gehört zu Ephesos, und das Konzil von 431 n.Chr. vollendet nur im öffentlichen Bewusstsein, was dort jahrhundertelang im Mysterienumkreis gepflegt worden ist.[111]

«Die Hellenen trachten nach Weisheit», so schrieb Clemens von Alexandrien, und wer diesem Ruf folgte, zog nach Ephesos, um sich im Artemis-Tempel einweihen zu lassen. Dabei entdeckte er den Logos als Schöpfergott im Kosmos und sein wirkendes «Abbild» im Menschen. In christlicher Zeit ist dieser Logos, weil inzwischen zur Erde herabgestiegen, hier auf der Erde zu finden. Und wer jetzt nach Weisheit strebt, der wird Sophia als Mutter des Christus in sich erfahren können und damit den Quell künftigen Heiles.

Abb. 71 rechte Seite:
Blick vom Berg der Maria auf Ephesos.

111 Vgl. P.Th. Camelot, *Ephesus und Chalcedon*, Mainz 1963, S. 29 ff.

144

Die Blüte:
Die Mysterien von Eleusis

Abb. 72 Seite 146 / 147:
Eleusis, Telesterion,
Blick nach Westen.

Abb. 73 rechte Seite:
Eleusis, Eingang zur
Mysterienhalle.

Eleusis ist Griechenlands bekannteste und vornehmste Mysterienstätte. Durch ihre Zugehörigkeit zu Athen ist sie mit dem Aufstieg und dem Höhepunkt der griechischen Kultur im 5. und 4. Jahrhundert v.Chr. aufs Engste verwoben, das heißt mit der Geschichte Athens, mit der Entwicklung der dramatischen Kunst, ja sogar mit der Entfaltung der Philosophie unter Platon. Nicht einmal der Rückgang der politischen Macht in hellenistischer Zeit und die Verlagerung der kulturellen Zentren konnte ihrem inneren Leuchten etwas anhaben. Bis zum Ende der «heidnischen» Ära im 4. Jahrhundert n.Chr. blieb die Wirksamkeit dieses Ausstrahlungsortes griechischer Kultur ungebrochen, ja zum Schluss sind selbst noch manche Christen dort geweiht worden, zum Segen des werdenden Christentums. Wie stark die Pflege der eleusinischen Mysterien zur Kultur und zum Lebensgefühl der Griechen gehörte, geht aus dem Einspruch hervor, den der römische Prokonsul von Griechenland erhob, als der «christliche» Kaiser Valentinianus im Jahre 364 n.Chr. in der Nachfolge, aber im Gegensatz zu Kaiser Julian alle heidnischen Mysterien verbieten lassen wollte. Praetextatus, so hieß der Mann, meldete zurück, dass diese Verordnung «das Leben der Griechen unlebbar machen würde, wenn die das ganze Menschengeschlecht zusammenhaltenden heiligsten Mysterien» nicht nach den Satzungen ausgeführt werden könnten. Er selbst widersetzte sich dem Gebot und erlaubte, die eleusinischen Mysterien in der von den Vätern ererbten Weise weiter zu begehen.[112]

Es ist nun seltsam, dass gerade von dieser Mysterienstätte, deren herausragender Rang immer wieder hervorgehoben wurde, von deren Existenz jeder Grieche wusste, deren Feste mit den feierlichsten und mächtigsten Prozessionen gefeiert wurden, dass gerade von den Weihen und Einweihungen dieser Mysterien praktisch nichts nach außen gedrungen ist. Abgesehen von einigen Worten, die aber für die eigentlichen Geheimnisse nichts aussagen, gibt es kaum relevante Überlieferungen, weder über die

112 Zitiert nach K. Kerényi, *Die Mysterien von Eleusis*, Zürich 1962, S. 26 f.

Kleinen noch über die Großen Mysterien, die uns erlauben würden, deren Geheimnisse zu enthüllen und zu verstehen. Gewiss, es bestand ein Schweigegebot über das, was in den Weihen geschah, aber dass es auch von Tausenden von Menschen, die im Laufe der Zeit eingeweiht worden sind, konsequent eingehalten wurde, sodass niemand etwas von dem, was dort geschah, aufgeschrieben und überliefert hat, das ist schon höchst ungewöhnlich und merkwürdig. Selbst wer alles irgendwie schriftlich Erhaltene sammeln und auswerten wollte, kommt damit den eigentlichen Mysterien nicht näher. Er kann daraus nicht erfahren und kennen lernen, worin die einmalige Hochschätzung der Kulthandlungen begründet war und wodurch die Umwandlung des menschlichen Seelenlebens, die so oft erwähnt wurde, eingeleitet worden ist.

Der immer wieder vorgenommene Versuch, aus einem sorgfältigen Studium griechischer Quellen nun doch etwas Substanzielles über die Mysterien von Eleusis zu erfahren, scheitert regelmäßig, weil die Berichte, Notizen und Anmerkungen meistens so nichtssagend sind, dass man die uns interessierenden Gehalte darin nirgends findet.[113] Die Gründe für die hohe Bedeutung, welche die Alten diesen Mysterien zusprachen und welche mit der von ihnen ausgehenden Verwandlungskraft zusammenhingen, lassen sich in den schriftlichen Zeugnissen nicht finden. Und das, obwohl die Autoren zunächst mit dem erklärten Ziel angetreten sind, jetzt ein wirkliches, auf realen Urkunden beruhendes Verständnis erarbeiten zu wollen. Die vielen Nebenüberlieferungen, die es auch gibt und immer gab, lehnen sie ab. Zwar gesteht Burkert nach solchen gründlichen Studien zu, dass sich das Seelenleben und die Persönlichkeit des Initianden durch das Einwirken der Mysterien und durch die Erfahrungen, die sie ihm vermittelten, verwandelt haben könnte, aber die Erfahrungen selbst und die Methoden, wodurch das geschah, bleiben im Dunkeln.[114]

Wer also heute, trotz dieser Ausgangslage, dennoch versuchen möchte, eine Ahnung von den eleusinischen Mysterien zu erwecken, kann nur dann mit begründeter Hoffnung etwas erreichen, wenn die Grundlagen des alten Mysterienwesens, die den Griechen bekannt und lebendig gewesen sind, ernst genommen werden. Dazu gehört nicht nur das selbstverständliche Wissen von einer göttlichen Welt, sondern auch die Kenntnis von Wegen, die den Menschen zur Wahrnehmung dieser Welt führen. Beide Bedingungen sind in der Antike selbstverständliche Voraussetzungen für das Mysterienwesen, über die, eben weil sie selbstverständlich waren, nicht gesprochen werden musste. Für uns Heutige dagegen ist das ganz anders. Wir haben das Wissen davon verloren, ja zweifeln sogar daran, ob es überhaupt eine reale Gottes-Erfahrung ge-

113 Vgl. etwa: Otto Kern, *Die griechischen Mysterien der klassischen Zeit*, Berlin 1927. Oder auch auf höherem Niveau: W. Burkert, *Antike Mysterien*, München 1990.
114 Vgl. das Kapitel «Verwandelnde Erfahrung» von W. Burkert, in op. cit. S. 75 ff.

Abb. 74 : Eleusis,
Klagebrunnen der Demeter.

ben konnte, und wundern uns dann, warum wir die Überlieferungen nicht mehr verstehen.

Aus diesem Dilemma, in dem sich heute jeder Mensch befindet, dem als Quellen seiner Forschung nur die schriftlichen Überlieferungen und nicht mehr das «Erdgedächtnis» zur Verfügung stehen, kann man sich erst dann herauswinden, wenn die Einzelheiten verschiedenster Herkunft zu einem Ganzen zusammenwachsen. Auf diese Tatsache muss gerade bei Eleusis nochmals hingewiesen werden, weil hier einerseits die Überlieferung so spärlich ist, aber andererseits auch die Darstellungen Rudolf Steiners sehr unvollständig sind. Erst wenn sich aus den Andeutungen und Hinweisen beiderlei Herkunft im Zusammenhang mit den allgemeinen Grundkenntnissen aus der Antike ein einheitliches Bild ergibt, können die Einzelheiten zum Sprechen gebracht werden. Das soll hier versucht werden.

Die Grundlage dafür ist der umfangreiche «homerische Hymnus» an Demeter, in dem die Mythologie der betroffenen Gottheiten und der gesamte Umkreis von dem, was jeder Grieche von Eleusis wissen muss, erzählt

wird. Der Hymnus beginnt damit, dass Persephone, die Tochter Demeters, mitten aus ihrem fröhlichen Spiel auf blumengeschmückter Wiese von Hades geraubt wird (Abb. 75). Dieser dramatische, doch stille Raub – denn kaum einer der Götter hat ihn richtig wahrgenommen – bringt großes Leid über die Mutter, die sich sofort auf die Suche nach ihrer Tochter begibt. Helios verrät ihr schließlich, dass Zeus sie seinem Bruder Hades zur Frau versprochen hat. Leiderfüllt zieht Demeter nun durch die Lande und Städte der Menschen, bis sie nach Eleusis kommt. Niemand dort erkennt die Göttin, denn «schwer nur lassen sich Götter von Menschen erschauen».[115] Sie wird aufgenommen im Hause des Keleos, und seine Gemahlin Metaneira übergibt ihr ihren spätgeborenen Sohn Demophon zur Erziehung. Dieser gedeiht unter der Pflege der Göttin wie ein göttliches Wesen,

115 Alle Zitate aus: *Homerische Hymnen*, übers. v. A. Weiher, München 1970 (Tusculum-Ausgabe), S. 7 ff.

152

Abb. 75 : Raub der
Persephone durch Hades.

und wenn die neugierige Mutter nicht Verdacht geschöpft und nachge-
schaut hätte, hätte Demeter dem Knaben Unsterblichkeit verliehen. «Tö-
richte Menschen! ohne Verständnis, das Schicksal zu ahnen, mag es euch
nun zum Vorteil kommen oder als Unheil! … Wisse! Jung alle Tage, unsterblich hätt' ich den lieben Sohn dir gemacht, ihm unvergängliche Ehren gestiftet. Jetzt aber kann er nimmer entrinnen dem Tod und dem
Schicksal.» Nachdem sich Demeter zu erkennen gegeben und versprochen
hat, die Weihen von Eleusis zu stiften, erscheint sie nun in all ihrer Herrlichkeit: Sie «änderte Größe und Aussehn, warf ihr Alter ab und Schönheit wehte und wallte um sie herum, gar lieblich entströmt es den duf-
tenden Kleidern, weithin strahlt es von Licht aus ihrem unsterblichen
Körper. Blonde Haare fielen herab auf die Schultern, das feste Haus er-
füllte ein strahlendes Funkeln, als wären es Blitze.»
Diese Epiphanie der Göttin wird hier ganz so geschildert, wie man es aus
den Mysterien kennt, denn dort stand im Mittelpunkt der Feierlichkeiten
ein großes Lichtereignis, das überwältigend gewirkt haben muss.
Der zweite Teil des Hymnus ist der Rückkehr der Persephone an die
Oberwelt gewidmet und dem damit verbundenen Jahreszeitenwechsel.
Nur ein Drittteil des Jahres verbringt sie nun weiter bei Hades, danach
kommt wieder der Frühling und mit ihm verbunden ist die Aussaat des
Getreides, sodass die Menschen im Herbst die Früchte davon haben.
Dann lehrt sie den eleusinischen Familien den Weihedienst der Myste-
rien: «Erst dem Triptolemos, Diokles dann, dem Meister der Pferde,
Keleos auch, dem Führer der Männer, der Kraft des Eumolpos» und
zeigte allen den Opferdienst und die erhabenen Weihen. «Keiner darf
je sie verletzen, erforschen, verkünden; denn große Ehrfurcht vor den
Göttern lässt Menschenrede verstummen.» Nachdem Demeter also die
Mysterien von Eleusis gestiftet und eingerichtet hat, kommt noch das
berühmte Wort über den Inhalt dieser Mysterien, das vielmals neu ge-
formt und weitergegeben wurde. Es heißt in der Übersetzung Karl Ke-
rényis:[116]

«Glückselig ist der von den Menschen auf Erden, der das geschaut! Wer
nicht in die heiligen Zeremonien eingeweiht wurde, wer keinen Teil daran
gehabt: nie hat er Anteil an ähnlichen Dingen, ein Toter in dumpfer Finsternis!»

Dies ist die älteste Stelle, durch die eine wirklich substanzielle Angabe
über die Inhalte der Mysterien gemacht wird. Von nun an weiß jeder
Grieche, dass in Eleusis eine andere Perspektive, eine hoffnungsfreudige
Perspektive vom Leben nach dem Tod gegeben wird. Daran knüpfen dann

116 In: *Die Mysterien von
Eleusis,* S. 29.

153

die späteren Dichter an, da diese Aussicht offenbar nicht zu dem geheimzuhaltenden Wissen gehört. Bei Pindar hört sich das so an:

«Selig, wer jenes erschaut, eh er hinabging:
weiß er doch des Lebens Ende,
weiß auch den von Gott gegebenen Anfang.»[117]

Und die Variante des Sophokles lautet:

«Dreimal selig sind
die Sterblichen, die dieser Weihen Ziel geschaut
und gehn zum Hades; denn es gibt allein für sie
dort Leben, für die andern aber alles Leid.»[118]

Alle drei Zitate berichten übereinstimmend, dass diejenigen, welche in die großen Mysterien von Eleusis eingeweiht gewesen sind und dort die Epopteia, die «Schau», miterlebt haben, ein anderes Verhältnis zum nachtodlichen Dasein einnehmen als die übrigen Griechen. Schon allein diese Tatsache muss uns erstaunen, denn wir wissen aus vielen Zeugnissen, dass die frühen Griechen den Hades als ziemlichen Schreckensort betrachteten. Wie wir schon hörten, antwortete doch die Totenseele Achills dem in die Unterwelt hinabgestiegenen Odysseus:
«Suche mich nicht über den Tod zu trösten, strahlender Odysseus! Wollte ich doch lieber als Ackerknecht Lohndienste bei einem anderen, einem Manne ohne Landlos, leisten, der nicht viel Lebensgut besitzt, als über alle die dahingeschwundenen Toten Herr sein!»[119]
Gegenüber dieser Anschauung, in der auch die Freude der Griechen über die äußere Welt zum Ausdruck kommt, ist es zumindest überraschend, dass diese Freude durch Eleusis nun auch für das nachtodliche Dasein gelten soll. Jedenfalls ändert sich mit diesem «dreimal selig …» die ganze griechische Kultur von einer in der frühgriechischen Zeit mehr nach außen gerichteten Lebensweise hin zu einer mehr innerlichen, wobei Eleusis die Umwendung einleitet.
Der «Homerische Hymnus» an Demeter wendet sich zunächst an die nicht eingeweihten Griechen. Er erzählt den Mythos, der zu Eleusis gehört, berichtet von der Stiftung der Mysterien durch Demeter und verheißt all jenen, die sich einweihen lassen wollen, ein freudigeres Dasein im Leben nach dem Tode. Das war allen Griechen bekannt. Lebte man aber in Athen, dann kannte man nicht nur den Inhalt des Hymnus, sondern da konnte man auch an dem großen Fest teilnehmen, das jedes Jahr zu Ehren der Göttin gefeiert wurde. An diesem Fest fanden auch die Einweihungen in die Mysterien statt, und auch das war allen Menschen bekannt. Man

117 Pindar, *Siegesgesänge und Fragmente*, hrsg. v. O. Werner, München 1967, Sammlung Tusculum, Fr. 115, S. 451.
118 Sophokles, *Tragödien und Fragmente*, hrsg. v. W. Willige, München 1966, Sammlung Tusculum, Fr. 19, S. 13.
119 Odyssee, 11. Gesang, 487 ff.

Abb. 76 : Die Akropolis von
Athen mit dem Parthenon
von Südwesten.

wusste davon, weil dabei eine große Prozession stattfand, die von einem Heiligtum am Fuße der Akropolis ausging und über viele Zwischenstationen nach dem 21 km entfernten Eleusis führte. Daran haben viele Menschen teilgenommen, Eingeweihte und Ungeweihte, solche, die schon die Vorbedingungen für die Initiation erfüllt hatten, und solche, die nur aus Frömmigkeit und Tradition an ihr teilnahmen. Auf jeden Fall war dieses Ereignis eines der wichtigsten im Kultkalender Athens und eines der bekanntesten im Bewusstsein seiner Bewohner.

Was dieses Fest für die Athener bedeutete, ist aus einer Geschichte, die Herodot überliefert, ersichtlich, die wohl auch jeder Grieche kannte. Denn er schiebt sie an der Stelle ein, wo die Auseinandersetzung zwischen den Persern und den Griechen auf den Höhepunkt zuläuft; die Athener hatten allesamt ihre Stadt verlassen, waren nach Salamis geflohen und erwarteten dort den Ausgang der großen Seeschlacht, die unmittelbar bevorstand. Xerxes hatte schon seinen Thron aufbauen lassen, um vom Ufer aus, wie er selbstverständlich annahm, dem Untergang der griechischen Flotte zusehen zu können. Mitten in diesen Vorbereitungen geschieht nun Folgendes:[120]

«Dikaios, … ein athenischer Verbannter, der bei den Persern zu jener Zeit, als Attika von dem Heere des Xerxes verwüstet und von den Athenern

120 Herodot, VIII,65.

155

aufgegeben worden war, in hohem Ansehen stand, hat erzählt, dass er damals – er befand sich gerade mit dem Lakedaimonier Demaratos in der thriasischen Ebene – von Eleusis her eine Staubwolke habe kommen sehen, als nahe eine Schar von dreißigtausend Menschen. Sie hätten sich gewundert, von was für Menschen diese Staubwolke herrühren möchte, da hätten sie auch Stimmen gehört, und es habe geklungen wie der feierliche Jubelgesang des mystischen Chores. Demaratos, der von den heiligen Festen in Eleusis nichts wusste, habe ihn gefragt, was diese Töne bedeuteten. Er habe erwidert:

‹Demaratos! Dem Heere des Königs droht ein furchtbares Unglück! Da Attika menschenleer ist, können die Töne nur von der Gottheit kommen, die von Eleusis her den Athenern und ihren Bundesgenossen zu Hilfe heranzieht. Wenn sie nach der Peloponnes zu zieht, so ist der König selber und das Landheer in Gefahr; wendet sie sich aber nach den Schiffen bei Salamis, so wird des Königs Flotte zugrunde gehen. Das eleusinische Fest feiern die Athener jedes Jahr, der Meter und Kore zu Ehren, und jeder Athener und Hellene kann, wenn er will, die Weihen nehmen. Die Töne, die du hörst, sind der Jubelgesang, der an dem Feste gesungen wird.›

Darauf habe Demaratos erwidert: ‹Sei still und verrate niemandem etwas davon! Wenn deine Worte zum König dringen, ist dein Kopf verloren, und kein Mensch auf der Welt, auch ich nicht, kann dich retten. Halten wir uns ruhig und überlassen das persische Heer den Göttern!›

Als Demaratos so gemahnt, habe sich der Staub und Lärm in eine Wolke verwandelt, die aufwärts stieg und in der Richtung nach Salamis zu der hellenischen Flotte davonflog. Daraus hätten sie ersehen, dass die Flotte des Xerxes dem Untergang geweiht war. So erzählte Dikaios … und berief sich auf Demaratos und andere Zeugen.»

Diese kleine Erzählung Herodots sagt viel darüber aus, wie wichtig den Menschen und wie bedeutsam ihnen die Mysterien von Eleusis waren. Die Verhinderung eines scheinbar äußerlichen Festes hat doch dazu geführt, dass sich die Götter regten, um in Zukunft die Begegnung mit ihren Menschen und deren Verehrung wieder haben zu können. Die Mysterien waren eben zu allen Zeiten eine Begegnungsstätte von Göttern und Menschen, den einen so nötig wie den anderen. Das äußere Fest ergab nur den Anlass für diese Begegnung, wer tiefer suchte, fand dort auch den Zugang.

Das öffentlich gefeierte Fest war nicht nur allen bekannt, sondern ein jeder kannte auch den Kontext, in den es eingebunden war. Dazu gehörte zunächst das Wissen, dass es Kleine und Große Mysterien gab. Beide wurden, für alle erlebbar, zu verschiedenen Zeiten gefeiert: die Kleinen im

156

Frühling, die Großen dagegen im Herbst. Und jeder, der sich den Mysterien nähern wollte, musste mit den Kleinen Mysterien beginnen. Erst wenn er daran teilgenommen hatte, konnte er sich um die eigentliche Initiation in die Großen Mysterien bewerben. Die aber wurde nur wenigen gewährt.

Wie in allen Mysterien des Altertums gibt es auch in Eleusis Vorbereitungen für die eigentliche Initiation, und das sind die «Kleinen Mysterien». Sie werden hier erstmals so genannt, und als solche sind sie bekannt. Was aber in ihnen und durch sie geschah, blieb verborgen. Mysterien waren ja keine bloßen Feste, auch wenn sie wie solche gefeiert wurden. Aber hinter dem Fest, sowohl bei den Folgen als auch bei den Hinführungen, geschah etwas, was nur den daran Teilnehmenden bekannt war. Doch darüber hat man geschwiegen. So weiß also alle Welt davon, dass es in Eleusis Kleine und Große Mysterien gegeben hat, denn sie traten mit öffentlichen Feiern in Erscheinung, aber was eigentlich sonst noch dort geschah, davon hat kein Außenstehender je etwas erfahren. Die Eingeweihten schwiegen konsequent. In der gleichen Lage wie die Griechen sind auch wir noch immer. Zwar kennen wir manche unbeabsichtigte Äußerung vor allem aus späteren und christlichen Zeiten, die uns im Ahnen weiterhelfen können, aber auch da erfahren wir nirgends etwas Genaues. Die einzige Hilfe kommt uns durch die frühen Kirchenväter zu, die sich auch einweihen ließen – aus welchen Gründen auch immer. Was sie dort erkannten, verstanden sie jetzt aus den «Mysterien des Christentums», Mysterien, die ja öffentlich bekannt, wenn auch noch nicht wirklich verstanden waren. Für sie gab es daher keine solch strenge Geheimhaltungsschranke mehr, vor allem dann nicht, wenn sich die Inhalte mit denen des Christentums deckten. Wir kommen darauf zurück.

Das Verschwinden der eleusinischen Mysterien am Ende des 4. Jahrhunderts n.Chr. ist nicht als bloßes Verlöschen zu denken, sondern eher als ein Aufgehen im Christentum. Die lebendige Spiritualität dieser Mysterien hat vielfach dazu beigetragen, dass die intensiven Anstrengungen mancher christlicher Schulen Anregungen bekamen, um das Christentum tiefer verstehen zu können. Dieses Einmünden ins Christentum ist als historisches Erbe noch lange Zeit weitergepflegt und immer wieder zu neuer Blüte gebracht worden. Auch davon werden wir noch hören.

Die Kleinen Mysterien von Eleusis

Jedermann in Griechenland war mit den eleusinischen Mysterien bekannt. Er kannte den Homerischen Hymnus an Demeter, kannte den Mythos vom Raub ihrer Tochter, wusste von der Stiftung der Mysterien durch die Göttin, nachdem sie ihre Tochter wiedergewonnen hatte, und wusste auch, dass diejenigen Menschen, welche die vollständige Weihe miterlebt hatten, eine freudige Ansicht vom Leben nach dem Tode hatten.

Wer in Athen lebte, dem waren die Mysterien von Eleusis noch genauer bekannt: Er wusste, dass die Mysterien zweigeteilt waren, wusste, dass es die Kleinen und die Großen Mysterien von Eleusis gab, wusste auch, dass diese an zwei verschiedenen Orten beheimatet waren und dass es zwei verschiedene Feste gegeben hat, die zu zwei verschiedenen Zeiten gefeiert wurden. Die Kleinen Mysterien hatten ihren Mittelpunkt gleich außerhalb Athens, jenseits des Ilissos im Angesicht der Akropolis. Dort, in der Vorstadt Agra, die nach dem Jagdgrund der Artemis so genannt worden war, stand ein kleiner Tempel am «mystischen Ufer». Das zugehörige Fest wurde im Frühling, im attischen Blumenmonat Anthesterion, gefeiert (= Ende Februar – Anfang März). Die Großen Mysterien dagegen hatten ihr Zentrum in Eleusis und das zugehörige mehrtägige Fest, das mit dem berühmten Festzug seinen äußeren Höhepunkt erreichte, fand im Herbst statt, vom 13. Boëdromion an, was heute etwa Mitte September sein würde.

Bei beiden Festen konnte man manches erleben, was sich auf die Inhalte der Mysterien bezog, wurden sie doch nach althergebrachter Weise mit Reinigungen, Hymnen, Anrufungen der Götter und auch in ritueller Weise vollzogen, was alles mit zahlreichen Anspielungen auf die Inhalte der Mysterien durchwoben war.

Das Ziel der Mysterien von Eleusis war zunächst, wie das Ziel aller Mysterien in vorchristlicher Zeit, ein wirkliches Erleben der Götter. Welchen Göttern man sich näherte, war jedoch an den verschiedenen Orten und auch zu den verschiedenen Zeiten verschieden. In Eleusis standen zunächst Demeter und ihre Tochter Persephone im Mittelpunkt der Betrachtung. Da aber beide nicht allein im Olymp und auf Erden agierten, sondern vielfältig in Familien- und Abstammungsverhältnisse eingebunden waren, ging es eigentlich um ein Erleben der gesamten «klassischen» Götterwelt, die sowohl an die Vorfahren der Vergangenheit angeschlossen waren als auch als die Vorbereiter der näheren Zukunft angesehen werden konnten. Die Götter waren ja tätige Wesen, denen man einerseits das Dasein der «Natur» verdankte und andererseits auch das eigene Dasein. Sie waren es, welche das Schicksal bestimmten, die Geburten regelten und den Tod verhängten, sie waren es aber auch, welche die Krankheiten schickten und die Menschen davon auch wieder befreien konnten. Doch trotz dieses umfassenden Wirkungskreises hatten die Griechen schon damals das deutliche Empfinden, dass auch sie selbst ihr Dasein bestimmen oder wenigstens mitbestimmen konnten, um ein eigenes, selbst verantwortetes Leben führen zu können. Wenn Sokrates die Frage immer wieder aufwarf, ob Tugend überhaupt lehrbar sei, dann wendete er sich an dieses Zentrum im Menschen, das von sich erwartete, sich selbst leiten zu können. Diese Erwartung hing aber davon ab, und das war die neue, die griechische Erfahrung, dass das vernünftige Denken dem Menschen frei zur Verfügung steht. Die Tugenden bilden sich ja erst dadurch, dass das Denken sich ausbilden kann. Denn «vernünftige Einsicht allein ist die wahre Münze, für die man alles eintauschen soll. Und nur das alles, was mit ihr gekauft und verkauft wird, ist wirkliche Tapferkeit und Besonnenheit und Gerechtigkeit, mit einem Wort: wahre Tugend … Wird aber dies alles ohne die Einsicht gegeneinander eingetauscht, dann ist eine solche Tugend nur ein Trugbild und in Wirklichkeit etwas Knechtisches, das nichts Gesundes oder Wahres an sich hat.»[121]

Wer in Eleusis initiiert werden wollte, der suchte die Begegnung mit den Göttern. Von dieser Begegnung versprach er sich eine tiefere Einsicht in die Welt und in sein eigenes Leben. Als Grieche wollte er dies nicht mehr nur wie in alten Zeiten offenbart haben, sondern diese Offenbarung auch noch mit Denken durchdringen. Was Platon in Bezug auf die Tugenden sagte, dass sie mit Verstand erbildet werden müssten, weil sie sonst gar keine persönlichen Tugenden seien, das galt auch für höhere Erlebnisse. Auch diese wollte der Grieche mit Einsicht durchdringen, denn nur eine verstandene Erfahrung ist eine wirkliche Erfahrung. Die Götterwelt und das eigene Streben sollte ihn zur Erkenntnis des Wahren führen, und wenn das gelang, dann konnte er hoffen, mit der Welt in Harmonie zu leben. Es ging also nicht nur darum, freudigere Perspektiven für das Leben nach dem Tode zu erhalten, sondern auch solche, die hier im Leben galten und zu sinnvollen Handlungen führten.

Um nun aber Götter erkennen zu können, braucht der Mensch die entsprechenden Begriffe. Sonst hat er nur Erlebnisse, die zwar erhaben oder auch schrecklich sind, die er aber nicht verstehen kann. Eine Wahrnehmung wird ja erst dann zu einer Erkenntnis, wenn der Mensch die entsprechenden Begriffe hinzufügt. Eine Wahrnehmung ohne Begriff vergeht so schnell wie ein vorüberziehender Vogel, sie hinterlässt keine Spur

121 Platon, *Phaidon* 69 b-c.

im Bewusstsein der Menschen. Ein jeder, der sich einweihen lassen will, muss also, um von der Götterbegegnung etwas Bleibendes zu behalten, sich darauf vorbereiten. Er muss die entsprechenden Begriffe kennen, muss sie «gelernt» haben und wissen, was auf ihn zukommt. Um das zu leisten, gibt es die *Kleinen Mysterien*. Man könnte sie mit einer Schule vergleichen, wo man eine Art Götterkunde betreibt.

Das ist aber nicht so einfach, wie es sich anhört. Denn von Theologie ist der ganze Alte Orient durchdrungen. Jedermann kennt seine Götter, kennt ihre Mythen und weiß, was ihre Aufgabe ist. Nur weiß er das nicht abstrakt, sondern er kennt die entsprechenden Mythen und Bilder. «Die Wahrheit kam nicht nackt in die Welt, sondern sie kam in Sinnbildern und Abbildern», heißt es im gnostischen Philippus-Evangelium.[122] In Griechenland kannte jeder eine schier unglaubliche Fülle von solchen Bildern, die zunächst durch Homer und später durch weitere Dichter zum Kosmos der griechischen Götterwelt ausgestaltet worden sind. Schon der Mythos vom Trojanischen Krieg enthält viele Szenen, in denen die verschiedenen Götter auf je eigene Weise in die Geschicke der Menschen eingreifen, enthält viele Bilder, in denen die göttlichen Menschen erscheinen, und viele Geschichten, die den Zusammenhang zwischen den himmlischen Wesen und den Menschen darstellen. Gerade in den großen Epen wird deutlich, dass kein Bild für sich gelesen werden kann, sondern dass alle Gestalten erst aus dem großen Ganzen heraus ihr Leben verständlich machen.[123]

Zunächst lebt der griechische Mensch mit diesen Bilderwelten, er erfährt, wie Zeus als Göttervater die Welt bestimmt samt dem Schicksal, das er über die Menschen verhängt. So hat er der göttlichen Mutter Achills das Geschick ihres Sohnes zugenickt, und so wird es auch erfüllt, trotz der vielfältigen Anstrengungen anderer Götter, diesen Plan zu verändern.

Ein ähnliches Geschehen liegt auch der Odyssee zugrunde, obwohl hier schon den initiativen klugen Gedanken des Helden viel mehr Bedeutung zukommt. Doch immer noch wirken Götter und Menschen zusammen, und wenn ein Gott will, geschieht, was er will.

Aus der Fülle der epischen und der späteren dramatischen Dichtungen formt sich der Grieche zunächst sein Weltbild, ehe die bildenden Künstler anfangen, sich der bekannten Erzählungen zu bedienen, um einzelne Episoden daraus ihrem Schaffen zugrunde zu legen. Wo es möglich ist, greift man zu zusammenhängenden Bilderfolgen – etwa zu den zwölf Taten des Herakles auf den Metopen des Zeustempels in Olympia oder zu den Taten des Theseus am Schatzhaus der Athener in Delphi. Die Vasenmaler gehen als erste dazu über, schon wegen des eingeschränkten Platzes, auch einzel-

122 *Die Gnosis*, Bd. II, hrsg. v. M. Krause, Zürich und Stuttgart 1971, S. 108.
123 Vgl. dazu jetzt K. Junker, *Griechische Mythenbilder*, Stuttgart 2005.

Abb. 77 : Herakles
und der nemeische Löwe.

ne Szenen aus den nun schon allgemein bekannten Sagen- und Göttergeschichten herauszuheben und darzustellen. In den Zeiten der archaischen und klassischen Kunst, im 6. und 5. Jahrhundert v. Chr. entstehen so Tausende von Bildern, die allerorts in örtlichen Sagen, auf Vasen oder in Reliefs die mythische Welt anwesend sein lassen. Wo man sich auch befand, in den großen Heiligtümern, auf Friedhöfen oder zu Hause, allüberall begegnete einem die Welt der Götter und der Heroen in Bildern: der Trojanische Krieg, der Kampf gegen die Titanen, der Argonautenzug, die Taten des Herakles und Theseus usw., sodass man nirgends von den Inhalten der Götterwelt abgeschnitten war.

Das Wesentliche dieser Darstellungen, zu denen übrigens auch noch Tausende von Plastiken gehörten, die in Athen an allen öffentlichen und heiligen Plätzen zu finden waren, ist, dass jede dieser Gestalten und alle die Bilder geistig über sich hinauswiesen: zum einen in den Erzählzusammenhang hinein, der zu ihnen gehört, zum anderen aber auch in die geistige Welt, aus der die Bilder und Gestalten doch stammten. Und da wurde es schwierig für die Griechen. Denn wenn man die Zusammenhänge auch kannte, aus denen die Einzelbilder ausgewählt worden sind, so hat man sie noch lange nicht verstanden! Nehmen wir als einfachstes Beispiel etwa Herakles mit dem Löwenfell. Jedermann wusste damals, wie Herakles

162

Abb. 78 links : Herakles
im Löwenfell.

Abb. 79 rechts : Priester
im Löwenfell, Grab des
Sennedjem.

abgebildet wurde, nämlich mit Löwenfell und Keule, aber kaum jemand
wusste, was das zu bedeuten hatte. Selbst wenn einem die Besiegung des
nemeischen Löwen durch Herakles bekannt war, erklärte das nicht das
Bild. Mythen sind ja nicht nur Bilder, wie Fotografien, einer äußeren Welt,
sondern beziehen sich auf innere, unsichtbare Vorgänge. Diese Vorgänge
können sich im Naturzusammenhang abspielen, im Seelenleben des Menschen oder in den Beziehungen der Götter untereinander. Wenn sie ins
Bild gebracht werden, werden sie in eine andere Welt versetzt, in der sie
als Sinnbild erscheinen. Wer sie verstehen will, muss sie erst deuten!
Sämtliche Mythen stammen eigentlich aus höheren Welten. Sie sind in
äußerlich vorstellbare Bilder gekleidet worden, damit der Mensch sie darstellen und sich an sie erinnern kann. Erst dadurch werden sie für ihn
bedeutsam. Man müsste bei dem oben erwähnten Beispiel also zuerst
einmal fragen, was es denn heißt, wenn Herakles «den Löwen» besiegt
hat, sodass er sich mit dessen Fell bekleiden und aus seinem Rachen her-
ausschauen kann (Abb. 78). Wer diese Frage stellt, den führt sein Weg

163

nach Ägypten, denn dort treten einem bestimmte Priester entgegen, die mit dem Löwenfell angetan sind (Abb. 79). Aber da weiß man, was diese «Tracht» bedeutet, und man wusste, wie man damit umgehen musste. Noch der spätantike Philosoph Plotin (3. Jahrhundert n.Chr.) kennt die Methode, indem er schreibt:

«Die ägyptischen Weisen bedienen sich, sei es aufgrund strenger Forschung, sei es instinktiv bei der Mitteilung ihrer Weisheit, nicht der Schriftzeichen zum Ausdruck ihrer Lehren und Sätze, als der Nachahmung von Stimme und Rede, sondern sie zeichnen Bilder und legen in ihren Tempeln in den Umrissen der Bilder den Gedankengehalt jeder Sache nieder, sodass jedes Bild einen Wissens- und Weisheitsinhalt, ein Objekt und eine Totalität, obschon keine Auseinandersetzung und Diskussion ist. Man löst dann den Gehalt aus dem Bilde heraus und gibt ihm Worte und findet den Grund, warum es so und nicht anders ist.»[124]

Diese treffende Beschreibung Plotins gilt natürlich nicht nur für die ägyptische Kultur und die ägyptischen Mysterien, sondern auch für die griechische Bilderwelt. Und wie in Ägypten sind die Bilder nicht einfach in eine schriftliche Form zu übersetzen. Je nach dem Zusammenhang, in dem ein bestimmtes Bild erscheint, bedürfte es einer größeren oder kleineren Abhandlung, um zunächst einmal zu wissen, was die einzelnen Bildelemente bedeuten. Dazuhin sind Bilder immer mehrdeutig, weil ihr Gehalt nicht ein für alle Mal festgelegt ist. Je nach der Bildumgebung kann man verschiedene Deutungsansätze versuchen. Auch das war den Griechen bekannt. Schon Plutarch versuchte den ägyptischen Mythos von Isis und Osiris, nachdem er ihn zunächst nacherzählt hat, auf sieben verschiedene Arten auszulegen. Neben der historischen gibt er eine physikalische Deutung der Sage, dann eine dämonologische, eine gemäß der platonischen Philosophie, eine vom kosmischen Standpunkt aus usw. Für Plutarch sind die Bilder des Mythos von vornherein nicht einfach Tatsachen, die ungedeutet einen Sinn hätten, sondern dieser fängt erst an aufzuscheinen, wenn man sie nach ihrem Ursprung befragt:

«Immer, wenn man die mythischen Göttergeschichten der Ägypter hört, die von Umherirren, Zerstückelung und vielen Widerfahrnissen dieser Art handeln, muss man sich das oben Gesagte in Erinnerung rufen und darf nicht meinen, dass etwas wirklich so geschehen und vollbracht worden sei, wie es erzählt wird … Sie glauben [z.B.] nicht, dass der Sonnengott sich aus der Lotosblüte als neugeborener Säugling erhebt, sondern sie schreiben so den Begriff ‹Sonnenaufgang› mit einem verschlüsselten Hin-

124 Plotin, *Über die geistige Schönheit*, V 8,6.

164

weis auf die Entzündung der Sonne aus dem Feuchten … Wenn du also in dieser Art und Weise die Überlieferung über die Götter verstanden hast, sie von den frommen und philosophischen Auslegern des Mythos aufnimmst und die religiösen Bräuche stets ausführst und bewahrst, dabei aber überzeugt bist, dass du mit allen Opfern und Handlungen nichts Gottgefälligeres tun kannst als damit, dass du eine wahrheitsgemäße Auffassung von ihnen hegst»,[125] dann wirst du nie dem Aberglauben verfallen können. Denn der besteht gerade darin, die Texte ihrer Oberfläche nach wörtlich zu verstehen und die Bilder als das zu nehmen, als was sie äußerlich erscheinen.

Das «Herauslösen des Gehalts» aus den Mythen ist eine Aufgabe, die für Griechen nicht so einfach zu lösen war. Ihr Denken war normalerweise noch so stark mit ihrer Person verbunden, dass sie ganz selbstverständlich davon ausgingen, dass das, was sie dachten, wahr sei. Dieser kindliche Zustand hängt einfach damit zusammen, dass das Denken immer inhaltsbezogen ist und sich damals noch nicht davon lösen konnte. Zu solchen Inhalten gehören nun auch die Bilder. Auch davon konnten sich die Griechen nicht leicht lösen, um einen dahinter liegenden Sinn aufzudecken. Selbst wenn sie wussten, dass es eine solche Möglichkeit gibt, gelang ihnen das nicht, wenn sie nicht schon vorher Begriffe gebildet hatten, die sich auf Inhalte der Götterwelt bezogen. Sonst konnten sie das höchstens mit Vorgängen, die sich wieder in der Sinneswelt abspielen, vergleichen. So etwa fragt Phaidros den Sokrates, ob er nicht glaube, «dass hier irgendwo am Ilissos Boreas die Oreithyia geraubt habe? Oder war es beim Areopag?»[126] Auf die weitere Frage, ob er glaube, «dass diese Sage wahr ist?», antwortet Sokrates: «Wenn ich daran zweifelte, wie das die Sophisten tun, dann würde ich damit weiter nicht auffallen. Ich würde dann schlau erklären, es habe sie der Wind Boreas von den nahen Felsen herabgestoßen, während sie mit Pharmakeia spielte, und nachdem sie so den Tod gefunden, habe man behauptet, sie sei vom Gotte Boreas geraubt worden.» Für eine solche «grobschlächtige Weisheit» habe er aber keine Zeit, denn um den Mythos wirklich richtig deuten zu können, müsste er sich selbst erkennen können, so wie der Apollon von Delphi es von ihm verlangt.

Auch hier wieder hat Plutarch klar gesehen, wenn er denjenigen als vermessen empfindet, der als ungeschulter «Sterblicher etwas über das Handeln der Götter auszusagen» wagt. Da könnte man höchstens Meinungen und Vermutungen äußern, die keinerlei Wahrheitswert besäßen.[127] Wie aber kommt man zu zutreffenden Aussagen?

Dazu gibt es nur einen sinnvollen Weg, und den sind alle alten Mysterien gegangen: den Weg der Belehrung und des Studiums. Von unten her, vom

125 Plutarch, *Religionsphilosophische Schriften*, übers. v. H. Görgemanns, Düsseldorf / Zürich 2003, S. 153–155.
126 Platon, *Phaidros* 229 c.
127 Plutarch, a.a.O., S. 53, in: *Über die späte Strafe der Gottheit.*

Normalbewusstsein des jeweiligen Zeitalters aus, kann dieser Weg nicht eingeschlagen werden, aber von obenher, von der Kenntnis der Eingeweihten aus. In den eleusinischen Mysterien hatten die *Kleinen Mysterien* zunächst diese Vorbereitung zu übernehmen, indem sie durch lange Zeiten hindurch die aufgenommenen Schüler über die Götterwelten zu unterrichten hatten. Die Übung bestand darin, die in Mythenvorstellungen verhafteten Neophyten so zu belehren, dass sie allmählich lernten, sich von den Bildern zu befreien und dafür nichtsinnliche Vorstellungen zu bilden. Das gelang nicht in kurzer Zeit, sondern bedurfte der Übung. Musste man doch seinen eigenen vordergründigen Verstand zunächst zurückhalten zugunsten der wirklichen Zusammenhänge, welche von den schon eingeweihten Lehrern bezeugt wurden. So übte man sich allmählich ein in ein stimmendes Gedankengebäude und reinigte dabei sein eigenes, vorurteilsvolles Seelenleben. Man lernte sich einzulassen auf geistige Gehalte, die unabhängig von eigenem Gefallen und Missfallen ausgebildet werden mussten.

166

Abb. 81: Priester im
Löwenfell, Papyrus Honefer,
19. Dyn. (British Museum).

Wer über längere Zeit hinweg an einem solchen Unterricht teilgenommen hatte, der konnte nicht nur die überlieferten Mythen verstehen,
sondern der lernte dabei auch, wie man überhaupt mit Bildern umzuge-
hen hat. Er lernte, wie man geistige Inhalte in Bilder kleiden kann, und
lernte damit umfangreiche Zusammenhänge zu überblicken. Er lernte
auch, welche Bilder zu welchen Inhalten passten, weil treffende Bilder
nie aus willkürlichen Absichten gefunden worden sind, sondern weil sie
mit der Sache, die man darzustellen wünscht, etwas zu tun haben. So hat
man das Bild des Löwen etwa deswegen erwählt, weil er das stärkste der
Tiere ist und immer da auftreten kann, wo man auf Kraft und Willen
aufmerksam machen möchte. Da aber der Wille eine unbewusste und
quasi nächtliche Tätigkeit ist, so findet sich der Löwe da, wo es sich um
die Erkenntnis einer solchen Tätigkeit handelt. Wer in Ägypten mit dem
Löwenfell bekleidet ist, wer also im Löwen steckt, der hat Einsicht in die
normalerweise unbewusst verlaufende nächtliche Welt. Er kennt den
Ort, an dem die Toten hausen, und was der Sonnengott des Nachts, wenn

167

er die Unterwelt durchzieht, erlebt (Abb. 81). Wenn dann auch Herakles im Löwen abgebildet wird, so deutet das dasselbe Wissen an. Und in der Tat, auch Herakles ist in die Unterwelt hinabgestiegen, war dort im Löwen und hat daraus den Kerberos heraufgebracht. Sein «Löwenfell» zeigt das im Bild.

Die Kleinen Mysterien von Eleusis hatten also die Aufgabe, eine möglichst große Fülle von Bildern aufzuschließen, um sie dem Neophyten dienstbar zu machen, wenn er selbst an der wirklichen Einweihung, der Epopteia in den Großen Mysterien, teilnehmen durfte. Von hier aus versteht man jetzt auch, warum nur wenige zu diesen Großen Mysterien zugelassen wurden, denn wer nicht rein genug gewesen und nicht umfassend genug ausgebildet worden wäre, der hätte die Erlebnisse, die mit den Großen Mysterien verbunden waren, nicht bestehen können. Jeder, der in diese eingeweiht werden wollte, hatte die Todesschwelle zu überschreiten – davon wird noch zu sprechen sein –, und das war keine leicht zu bestehende Tat. An der Schwelle begegnete man einer Hütergestalt, die nur dann nicht schrecklich erschien, wenn man sein Seelenleben gereinigt hatte. Dafür aber hatten die Kleinen Mysterien zu sorgen. Positiv gesehen erwarb der Neophyt der Kleinen Mysterien eine umfangreiche Kenntnis von dem, was die «Natur» eigentlich war, und auch von dem, was den Menschen in seinem Seelen- und Geistesleben auszeichnete. Daraus ergibt sich, warum die Kleinen Mysterien auf dem Gelände der Artemis Agrotera, in Agrai, angesiedelt waren. Denn die Belehrung über die «Natur» bildete auch bei den eleusinischen Mysterien, wie bei denen von Ephesos, den Anfang des Unterrichts. Dieser Unterricht dehnte sich über lange Zeiten hin aus, denn es gab viel zu lernen.[128]

Diesen ausführlichen Studienzeiten scheinen zunächst diejenigen Sonderfälle zu widersprechen, die man im Einzelnen auch kennt, bei denen irgendwelche gerade siegreichen Heerführer oder später irgendwelche römischen Kaiser, die Athen besuchten, sich bei diesen Gelegenheiten haben einweihen lassen. Es sind dies keine regulären Einweihungen gewesen, sondern gänzlich irreguläre Notmaßnahmen, die für den Betreffenden wohl kaum zu ersprießlichen Ergebnissen führen konnten. Das Seelenleben eines solchen Herrschers, der ohne Vorbereitung an den göttlichen Weihen teilnehmen wollte und sich die Initiation erzwungen hat, war meist schon vorher höchst gestört. Jedenfalls hat sie nie zu jenen Umwandlungen geführt, die sonst zu würdigen Einweihungen gehörten. Im Gegenteil, ein solcher Mensch musste danach oft als seelisch krank bezeichnet werden, weil ihm in der Regel sämtliche moralischen Grundkriterien abhanden gekommen waren.

128 Vgl. den Vortrag Rudolf Steiners vom 14. Dezember 1923 in GA 232.

Von diesen Ausnahmen einmal abgesehen, deren Abnormität nicht zum Mysterien-Alltag gehörte, haben die Kleinen Mysterien die ihnen anvertrauten Menschen sorgfältig erzogen und viele von ihnen gründlich auf die zweite Stufe der Einweihung vorbereitet.

Die rechte Lehre geschah in Stufen: Man begann mit den Elementen, das heißt, man hatte die Bilder von Göttern und Helden kennen zu lernen, hatte auch eine erste Schicht von Sinnbildern zu deuten gelernt und sich damit auf eine wahre Gotteskunde vorbereitet. Auf einer zweiten Stufe drang man weiter vor, indem man ganze Zyklen zu erfassen und sie auf ihren Ursprung hin zu durchschauen lernte. Dabei kam es darauf an, die Stelle zu beachten, in der ein Bild im Ganzen einer größeren Komposition erschien, um es daraus zu deuten. Das konnte man nicht mehr mit bloßem Sinnbild-Wissen erreichen, sondern dazu gehörten anstrengendere Übungen. Gehen wir nochmals zurück auf die erste Stufe, wo es wirklich zunächst einmal auf das Wissen ankam, das ganz einfach gelernt werden musste. Man musste wissen, was ein Gott getan hatte und wie man ihn abbildete. Man musste zum Beispiel wissen, dass Athena wie ein Gedanke aus dem Haupte des Zeus entsprungen ist. Sie wurde dabei immer in voller Rüstung dargestellt, mit Helm, Lanze und Schild, und sie trug auf der Brust die Ägis mit dem Haupt der Gorgo inmitten. Aber man musste auch wissen, dass alles dies sinnbildlichen Charakter hatte und sich auf eine ganz bestimmte Fähigkeit des Menschen bezog.

Für Kinder wollte Platon solche Erzählungen gar nicht gelten lassen, denn «all die Götterschlachten, die Homer erdichtet hat, dürfen in unserer Stadt keine Aufnahme finden, ob es nun sinnbildlich gemeint ist oder nicht. Denn der junge Mensch vermag nicht zu unterscheiden, was Sinnbild ist und was nicht.»[129]

Umgekehrt gilt aber auch, dass bei Erwachsenen die Sinnbilder nie mit Tatsachen verwechselt werden durften. Erik Hornung hat das extra für die ägyptische Götterwelt verlangt, weil dort die Götter fast allesamt Sinnbildcharakter haben. Er wollte dem «Ägypter nicht unterstellen, er habe sich Hathor [z.B.] als eine Frau mit Kuhkopf vorgestellt. Näher liegt es, in der Kuh eine mögliche Erscheinungsform der Hathor zu sehen, in Kuhkopf und Kuhgehörn Attribute, die auf eine Erscheinungsform oder einen Wesenszug der Göttin deuten.»[130]

Das gilt ebenso für die Griechen. Auch dort stellt sich der Mensch die Götter zunächst in der Form vor, in der sie bedeutende Künstler ins Bild gebracht haben. Aber die Götter sind keine Wesen aus Fleisch und Blut, sie haben keinen Leib und leben nicht auf der Erde – wie also sieht ihre

129 Platon, *Staat*, II. Buch, 378 d.
130 E. Hornung, *Der Eine und die Vielen*, Darmstadt ⁶2005, S. 115.

wahre Gestalt aus? Um ihre wahre Gestalt zu kennen, so schreibt Erik Hornung, «muss man sie gesehen haben».[131] Wenn das aber geschieht und der Mensch dann das Erlebnis offenbart, erfährt man nichts von einer besonderen Gestalt, weil das Erlebnis so überwältigend strahlend und glänzend gewesen ist. Dass es ein Gott war, den man da traf, wird meistens erst dadurch deutlich, dass er zu reden begann und zu einem sprach. Für eine solche Erfahrung das entsprechende Bild zu finden, ist Aufgabe der Eingeweihten. Den umgekehrten Weg muss gehen, wer ein Eingeweihter werden will.

Ein Abbild kann jeder sehen, der Augen im Kopfe hat, er kann es beschreiben und seine Wahrnehmungen mitteilen. Ein «Seher» dagegen bleibt in der Regel stumm, seine Erfahrungen sind unaussprechlich im gewöhnlichen Leben. Wenn also ein Eingeweihter zu noch ungeschulten Menschen sprechen will, muss er den Weg über das Sinnbild wählen. Und der Schüler muss «lernen», was die Sinnbilder bedeuten. das gilt für alle Mysterien-Erfahrungen. Und so kann Walter Burkert nur feststellen:
«Vom ‹Lernen›, von der ‹Übergabe› (paradosis) eines ‹Wissens› im Zusammenhang der Mysterienweihe sprechen viele Zeugnisse, auch von einem ‹vollkommenen Wissen›, das zu gewinnen sei.»[132]

Auch Clemens von Alexandrien, der vielleicht selbst noch in Eleusis eingeweiht war, bezeugt dankbar diese Lehre der Kleinen Mysterien, welche gewissermaßen die Grundlage bilden für das Zukünftige der Großen Mysterien. Diese Lehren haben auch die Aufgabe, die Seelen von allem «Wissensqualm» zu reinigen. Und so schreibt er: «Man soll denn also die Seelen … zuvor reinigen von den schlechten und üblen Ansichten durch die rechte Lehre, und dann erst sich so der gedächtnismäßigen Aneignung der vornehmsten Sätze zuwenden; denn auch vor der Überlieferung der Mysterien hält man es für recht, den Einzuweihenden gewisse Reinigungen aufzuerlegen, weil es als nötig gilt, nachdem man die gottlose Ansichtsweise abgelegt hat, sich zur wahren Überlieferung hinzuwenden.»[133]

Unberührt von aller äußeren Kultur gibt es in Griechenland, und hier vor allem in Athen, gebildete Menschen, «die sehr viel von den göttlichen Dingen wissen».[134] Sie sagen Wahres und Schönes, weswegen man sich an sie wenden kann, wenn man etwas von den tieferen Geheimnissen des Menschen wissen will. Sie belehrten zum Beispiel den Sokrates über die Unsterblichkeit der Seele, über ihre Reinkarnation und über ihr vorgeburtliches Dasein. Diese «göttlichen» Menschen waren die Eingeweihten der Mysterien, die auch durch Belehrung und Schau zu wahren Erkenntnissen der göttlichen Welten gelangt waren.

131 op. cit. S. 132.
132 W. Burkert, *Antike Mysterien*, München 1990, S. 59. Dort auch die Nachweise.
133 *Stromata*, 7,5.
134 Platon, *Menon*, 81a.

Was die Kleinen Mysterien zu leisten hatten, den Menschen mit der Götterwelt zu befreunden, das leisteten sie auf dem Wege über die Imagination. Sie schufen Sinnbilder, deren Elemente sie aus dem Bereich der sichtbaren Welt entnahmen, deren Sinn jedoch einer höheren Welt entstammte. Diese Brücke über den Abgrund auf dem Wege zur geistigen Welt lernte der Schüler dieser Mysterien allmählich zu betreten, um an das andere Ufer zu gelangen. Wer aber einen solchen Weg wirklich ging, dem wurde nach und nach die gesamte Welt zum Sinnbild einer höheren Welt, die in ihr aufleuchtete. Er erkannte zum Beispiel in Athenas Rüstung ihre Art wieder, sich ständig mit ihrer Umgebung kämpferisch auseinander setzen zu wollen, im Nahkampf!, zu dem Lanze, Helm und Schild gehörten. Apollon dagegen, dem größere Ziele vorschwebten, hat den Bogen als Attribut. Und seine Pfeile verschießt der «Fernhintreffer» nicht aus der Nähe. Schon an diesem einfachen Beispiel ist zu erkennen, wie treffend die Einzelheiten gewählt sind, denn Athena erscheint dem Menschen immer da, wo er unmittelbar sein Denken zu betätigen hat. Apollon dagegen begegnet ihm, wo es um die Aufdeckung tieferer Zusammenhänge geht.

Darüber hinaus gibt es die «Lehre» oder, besser gesagt, die Übungen, bei denen es darauf ankommt, den Zusammenhang zu beachten, in dem ein bestimmtes Bild steht. Da kann man zum Beispiel bemerken, dass die Szene bei den Phäaken in der Odyssee erst dann eintritt, wenn die zwölf «Abenteuer» des Odysseus ausgeschritten sind. Darauf folgt dann der furchtbare Sturm, in dem das Floß des Odysseus untergeht und der Held des Epos nach tagelangem Schwimmen schließlich nur noch sich selbst ans Ufer rettet. Alles Irdische, Nahrung, Floß, Geschenke, Kleidung, alles wird ihm genommen. Nachdem er aber durch Nausikaa aufgenommen und in die Gesetze ihres Reiches eingeführt worden ist, erzählt er sein ganzes Leben und offenbart seinen Namen. Danach wird dann Odysseus wieder mit neuen Gaben beschenkt und, mit dieser Ausstattung versehen, in sein Heimatland zurückgebracht. Allein diese Abfolge lässt schon dem Geschulten den Sinn erahnen, der in dieser Bilderwelt verborgen ist.

Statt einer begrifflichen Deutung, die wir als moderne Menschen ersehnen, möge hier, über alle Zeiten hinweg, ein Beispiel aus Goethes Seelenleben folgen, das einer gleichen Geisteshaltung entspricht. Nämlich der große Eingangsmonolog zum zweiten Teil des *Faust*, den wohl auch ein Eingeweihter der eleusinischen Mysterien richtig zu deuten gewusst hätte:[135]

135 J.W.v. Goethe, *Faust II*, 4679 ff.

«Des Lebens Pulse schlagen frisch lebendig,
Ätherische Dämmerung milde zu begrüßen;
Du Erde warst auch diese Nacht beständig
Und atmest neu erquickt zu meinen Füßen,
Beginnest schon mit Lust mich zu umgeben,
Du regst und rührst ein kräftiges Beschließen,
Zum höchsten Dasein immerfort zu streben. –
In Dämmerschein liegt schon die Welt erschlossen,
Der Wald ertönt von tausendstimmigem Leben,
Tal aus, Tal ein ist Nebelstreif ergossen,
Doch senkt sich Himmelsklarheit in die Tiefen,
Und Zweig und Äste, frisch erquickt, entsprossen
Dem duftgen Abgrund wo versenkt sie schliefen;
Auch Farb an Farbe klärt sich los vom Grunde,
Wo Blum' und Blatt von Zitterperle triefen,
Ein Paradies wird um mich her die Runde.

Hinaufgeschaut! – Der Berge Gipfelriesen
Verkünden schon die feierlichste Stunde,
Sie dürfen früh des ewigen Lichts genießen
Das später sich zu uns hernieder wendet.
Jetzt zu der Alpe grüngesenkten Wiesen
Wird neuer Glanz und Deutlichkeit gespendet,
Und stufenweis herab ist es gelungen; -
Sie tritt hervor! – und, leider schon geblendet,
Kehr' ich mich weg, vom Augenschmerz durchdrungen.

So ist es also, wenn ein sehnend Hoffen
Dem höchsten Wunsch sich traulich zugerungen,
Erfüllungspforten findet flügeloffen,
Nun aber bricht aus jenen ewigen Gründen
Ein Flammen-Übermaß, wir stehn betroffen;
Des Lebens Fackel wollten wir entzünden,
Ein Feuermeer umschlingt uns, welch ein Feuer!
Ist's Lieb? Ist's Hass? die glühend uns umwinden?
Mit Schmerz und Freuden wechselnd ungeheuer,
So dass wir wieder nach der Erde blicken,
Zu bergen uns in jugendlichstem Schleier.

So bleibe denn die Sonne mir im Rücken! …»

Faust kann den direkten Blick in die Sonne so wenig aushalten wie ein Grieche, welcher der Gottheit begegnet. Deshalb wendet er sich um und schaut zur Erde mit all ihren vielfältigen Sinneseindrücken hin. Und dort sieht er, das zeigt dann der Schluss des Monologes, alles Irdische nur dadurch, dass es von der Sonne beleuchtet wird. Für Faust gibt es nichts Sinnliches ohne geistigen Bezug, eine Tatsache, auf die er aufmerksam wird.

Ganz den gleichen Gedanken kennt auch der Grieche, der in Eleusis eingeweiht worden ist. Nur ist sein Weg ein umgekehrter: Ihm kommt es darauf an, sich durch die geistverwobenen Sinnesbilder zum Schauen der Gottheit aufzuschwingen, um von deren Erscheinen nicht überwältigt zu werden.

Die Kleinen Mysterien hatten ihr Fest im Frühling, wenn das Wachstum beginnt und die Blüten sich entfalten. Die Großen Mysterien hingegen werden im Herbst gefeiert, wenn geerntet wird, was im Frühling gepflanzt worden ist. Wenden wir unseren Blick nun dorthin.

Die Großen Mysterien von Eleusis

Die Mysterien von Eleusis sind in die Kleinen und die Großen untergliedert. Zwar hat jedes seinen Ausgangspunkt an einem anderen Ort, aber innerlich gehören sie zusammen wie Schule und Leben. Die Kleinen Mysterien hatten dabei die Aufgabe, ihre Mitglieder auf die Großen Mysterien vorzubereiten, indem sie sie mit dem nötigen Wissen ausstatteten und dabei außerdem ihr Seelenleben reinigten. Diese Aufgabe hatten sie dann gut erfüllt, wenn die von ihnen aufgenommenen Menschen in ihrer Ausbildung (didaskalía) so weit gediehen waren, dass sie «die Aufnahmeprüfung» in die Großen Mysterien von Eleusis bestehen konnten. Bei diesen allerdings handelte es sich nicht einfach um eine Fortsetzung der Ausbildung, sondern um etwas ganz anderes: nämlich die eigentliche Einweihung. Deren Ziel bestand nicht darin, gebildet zu werden, um Neues zu erfahren, um tiefere, göttlichere Gedanken kennen zu lernen oder um neue Fähigkeiten zu erwerben, die man durch Üben erlangen kann, sondern hier handelt es sich um eine Umwandlung des ganzen Menschen. Demgemäß waren die Großen Mysterien auch so eingerichtet, dass sie sich an den ganzen Menschen wandten und ihn, nachdem er sie durchlebt hatte, als einen Verwandelten entließen. Diese «Sache» (pragma), wie dieser Vorgang im Griechischen heißt, konnte nur dann gelingen, wenn der Aufzunehmende darauf so vorbereitet war, dass er die Initiation auch überstehen konnte. Man darf sich das nicht zu leicht vorstellen: Es ging bei dieser Vorbereitung nicht bloß um Wissen und nicht bloß um ein Vertrauen in seine eigenen Fähigkeiten, sondern es ging schon um eine starke Läuterung des Seelenlebens und um die Frage, ob man wirklich würdig (axios) genug war, an dem Weihevorgang teilnehmen zu dürfen. Bloße Neugierde wurde ebenso rigoros ausgeschlossen wie rein intellektuelles Interesse, und das wurde abgeprüft (peira), bevor der um Teilnahme Ersuchende zugelassen wurde. Zum Heile des Betreffenden. «Viele sind berufen, wenige nur auserwählt»,[136] ist die tatsächliche Devise, nach der sich die Mysterien richteten.

Alles, was in den Großen Mysterien geschah, unterlag dem Schweigegebot. Man musste es, bevor man den heiligen Bezirk von Eleusis betrat, zusichern und durch ein Gelübde beschwören. Und tatsächlich: Niemand hat das Schweigen jemals gebrochen. Obwohl Tausende von Athenern und Griechen, Männer und Frauen, Freie und Sklaven, im Laufe der Jahrhunderte eingeweiht wurden, hat man doch niemals erfahren, was den Kern der Weihen betrifft. Hier und da dringt einmal unbeabsichtigt eine Anspielung nach außen, die für den Kenner Sinn ergibt; wer aber den geheimen Vorgang nicht kennt, der kann damit nichts anfangen. So taucht nur gelegentlich einmal ein Satz auf oder ein Wort, und selbst wenn, wie es bei frühen Kirchenvätern geschieht, einmal eine Beurteilung abgegeben wird, so ist sie meist so unvollständig formuliert, dass uns auch daraus keine Erhellung zukommt. Wahrscheinlich hat es solche Anspielungen in großer Zahl gegeben, aber da wir den Zusammenhang als Nichtgeweihte nicht kennen, so sagen sie uns nichts und wir erkennen sie nicht als solche. Da im 5. und 4. Jahrhundert v. Chr. manche der gebildeten Athener in Eleusis initiiert waren, genügte damals ein Wort, ein Bild, eine Geste, um den entsprechenden Gleichklang aufzurufen. So kann zum Beispiel Aristophanes in seinen «Fröschen» einen Chor der Eingeweihten auftreten lassen, der sich sicherlich auf eleusinische Erlebnisse bezieht, und doch hilft er uns nicht weiter, weil der Witz darin besteht, diesem eigentlich frommen Chor Worte zu unterlegen, die etwas ganz anderes besagen. Auch hier muss nochmals ausgesprochen werden, was oben schon angedeutet wurde: Rekonstruieren lässt sich der Ablauf der Ereignisse dadurch keineswegs. Diejenigen, die es versucht haben, auch redlich versucht haben, kommen zu verschiedenen Ergebnissen.[137] Ich glaube nicht, dass es mir damit besser gehen würde, und so bleibt mir nichts anderes übrig, als einen mir sinnvoll erscheinenden Ablauf zu denken, der aber auch in anderer Reihenfolge und mit Ergänzungen versehen Sinn machen könnte. Letzten Endes kommt es auf die Einzelheiten

136 Matthäus, 22, 14.
137 Vgl. W. Burkert, *Antike Mysterien*, München 1990; ders., *Griechische Religion*, Stuttgart 1977, S. 426 ff.; Karl Kerényi, *Die Mysterien von Eleusis*, Zürich 1962; Christina Schefer, *Platons unsagbare Erfahrung*, Basel 2001, S. 63 ff.; Dies., «Platon und die antiken Mysterien», in: *Internationales Jahrbuch für Hermeneutik*, hrsg. v. G. Figal, Tübingen 2005, S. 199–249; Th. von Scheffer, *Hellenische Mysterien und Orakel*, Stuttgart 1940; O. Kern, *Die griechischen Mysterien der klassischen Zeit*, Berlin 1927; F.W.J. Schelling, *Urfassung der Philosophie der Offenbarung*, Hamburg 1992, 40. – 44. Vorlesung (gehalten 1831/32); P. Foucart, *Les Mystères d'Éleusis*, Paris 1914.

nicht gar so sehr an, wenn nur das Ganze getroffen und aus sich heraus verständlich ist. In diesem Sinne soll der folgende Versuch gewagt werden.

Einig sind sich die Forscher dagegen im Ablauf des Festes, das zu den Großen Mysterien hinführt. Es fand im Herbst statt, wenn die Früchte geerntet wurden von dem, was im Frühling gesät worden war. In genau diesem Sinn erfolgten die Großen Mysterien auf die Kleinen, deren Fest ja im Frühling gefeiert wurde. Es begann am 13. Boëdromion, wo die Epheben Athens die «heiligen Dinge» (ta hiera) von Eleusis nach Athen herüberbrachten, wo sie zunächst im Eleusinion[138] aufbewahrt wurden, um mit der großen Prozession wieder ihren Rückweg anzutreten. Am «ersten Mysterientag» wurde eine große Versammlung abgehalten, an der der erste Beamte Athens, der Archon Basileus, eine feierliche Ansprache hielt. Am 16. dieses Monats erscholl der Ruf: «Geweihte ins Meer», der die Teilnehmer zu einer großen Reinigungszeremonie ins Meer bei Phaleron einlud. Die nächsten Tage waren verschiedenen Göttern geweiht, u.a. dem Asklepios von Epidauros, ehe dann, nach einem Fasten-Tag, der große Festzug nach Eleusis zusammengestellt wurde und loszog. An diesem 19. Boëdromion versammelten sich 10.000 bis 30.000 Menschen, die in feierlicher Prozession mit dem Myrtenkranz im Haar den ca. 21 km langen Weg nach Eleusis mitgingen und das Kultbild des Jakchos begleiteten. Voraus der Daduchos, der Fackelträger, welcher den ganzen Zug leitete, an den verschiedenen Stationen Halt machte, um Gebete zu verrichten, Hymnen zu singen oder bestimmten Göttern (z.B. dem Apollon) zu opfern und der dafür zu sorgen hatte, dass die Prozession ihren feierlichen Duktus nicht verlor. Gelegenheiten dazu gab es genug, wenn man nur daran denkt, dass an einer Brücke vor Eleusis schon Menschen darauf warteten, in lustigen Versen, auch in reinem Spott diejenigen zu «besingen», die gerade am Ruder waren (Gephyrismen). Dieser lustige Teil folgte dem mehr ernsten der Anfangskilometer, wie die Komödie auf die ernsten Spiele einer vollständigen Tragödienaufführung folgt. Das gab wohl auch Aristophanes die Berechtigung, in seinen Stücken selbst Götter verspotten zu dürfen. Am Abend erreichte man die eigentliche Mysterienstätte von Eleusis, an deren Tor die noch nicht eingeweihten Teilnehmer des Zuges zurückgewiesen wurden und die berechtigten einzeln, von je einem Mystagogen geführt, ins Innere des Heiligtums aufgenommen und eingeführt wurden. Das Wort Myste und Mysterien kann von *myein* = «einführen» abgeleitet werden. Was jetzt kommt, die ganze «heilige Nacht», bedarf der Begleitung durch einen Menschen, damit der neu Eintretende die völlig überraschenden Er-

138 Unterhalb der Nordwestecke der Akropolis. Vgl. J.M. Camp, *Die Agora von Athen*, Mainz 1989, S. 98 und S. 205.

175

lebnisse, die er vorher nicht kannte und die er sich auch nicht vorstellen konnte, vertrauensvoll bestehen konnte.

Der Mystagoge führte den Neuankömmling zunächst in das große Gebäude, das *Telesterion*,[139] gab ihm den *Kykeon* zu trinken, einen Trank, der mit ganz speziellen Kräutern versetzt war, und opferte mit ihm den eleusinischen Göttinnen. Nun kleideten sie sich in die reinen Gewänder der Eingeweihten, die man mitgebracht hatte, und wartete, ausruhend von den erfüllenden Tagesereignissen, auf die feierliche Eröffnung des Einweihungsgeschehens.

Von diesem Geschehen sind drei Fachausdrücke überliefert, deren Inhalte jedoch bis heute nicht genau geklärt werden konnten. Sie entsprachen drei verschiedenen Handlungen, die den Ablauf der Weihenacht bestimmten: zuerst die *Dromena*, die vorgeführt worden sind, dann die *Deiknymena*, das sind die heiligen Gegenstände, die gezeigt wurden, und schließlich die *Legomena*, Worte, die dazu erklangen. Wie gesagt, wie und wann die drei Verhaltensweisen aufeinander folgen, ist nicht mehr bekannt.

Beginnen wir mit den Dromena, dem eindeutigsten Begriff: «das, was aufgeführt wird», wenn auch bis heute umstritten ist, was da aufgeführt wurde. Am wahrscheinlichsten ist wohl, wenn man an eine Art «Mysterienspiel» denkt, das den Mythos von Demeter und Persephone, wie er im homerischen Hymnus erzählt wird, zum Inhalt hat. Der Neophyt lebte sich zu Beginn seiner Einweihung nochmals in das Geschehen ein, das mit Eleusis verbunden ist, doch nicht mehr als Anfänger. Denn er kannte den Mythos und seine Auslegung aus den Kleinen Mysterien, und wusste daher, dass man ihn nicht verstehen konnte, wenn man ihn nicht in Selbsterkenntnis mit seinem eigenen Wesen verband. Der Raub der Tochter durch Hades ging auch ihn an, weil auch ihm die göttliche Seelenfähigkeit als Tochter der Weltseele (Demeter) geraubt und von der Sinneswelt gefangen gehalten wurde und auch er die Rückkehr zu seiner göttlichen Mutter suchte.[140] Dementsprechend darf man sich das Spiel auch nicht als ein bloßes Schauspiel vorstellen, das rein bildhaft vor ihm abgelaufen wäre, sondern eher als ein Spiel, in dem jeder neu Einzuweihende mitspielte, als ob er selbst der betroffene Akteur wäre. Ohne seine Mitwirkung hätte das «Spiel» gar nicht stattfinden können. Er selbst hatte darzustellen die Sorge und Furcht um die Tochter, das Suchen nach ihr, den menschenfreundlichen Empfang bei Keleos und Metaneira, die Freude bei der Rückkehr der Tochter in das göttliche Reich der Mutter und schließlich das Stiften der Mysterien zum Segen der Menschen. Die Mitspieler vollzogen damit nochmals die ganze Vorgeschichte, sodass sie nun in erhobener Stimmung für die eigentliche Initiation vorbereitet waren.

139 Vgl. G. Mylonas, *Eleusis and the Eleusinian Mysteries*, Princeton 1961, ³1974.
140 Vgl. das Sinnbild der Seele in Platons *Phaidros* 246-248

Dieses Mysteriendrama benötigte seinem Wesen nach kein Theater, es erforderte aber einen Raum, der groß genug war, damit viele Menschen an verschiedenen Orten die dort gedachten Szenen spielen konnten. Wenn man sich den ganzen Ablauf dieses «Dramas» zu vergegenwärtigen sucht, dann dürfte der schreckliche Höhepunkt zunächst in dem Raub der Persephone bestanden haben mit dem anschließenden Aufenthalt in der Unterwelt. Das Hinabsteigen in den Hades gehört seit jeher zu den zentralen Ereignissen der Initiation in die Mysterien, und von vielen der großen Eingeweihten wird von ihrem Gang in die Unterwelt berichtet. In Eleusis hat jeder Neophyt im Rahmen des Mysterienspiels selbst an diesem Gang teilgenommen, mit allen Schrecknissen, die so ein Todeserlebnis mit sich brachte, doch auch mit all den Freuden, die sich an die bestandenen Erlebnisse anschlossen.

Ein bekanntes Fragment (frm. 178) des Plutarch beschreibt diesen Vorgang aus eigener Erfahrung, die deswegen so überwältigend ist, weil die Erkenntnis normalerweise dort nicht hinreicht:[141] «Dann aber macht sie [die Seele] eine Erfahrung, wie sie jene durchmachen, die sich der Einweihung in die Großen Mysterien unterziehen. Daher ist auch das Wort ‹sterben› ebenso wie der Vorgang, den es ausdrückt (teleutan), und das Wort ‹eingeweiht werden› (teleistai) ebenso wie die damit bezeichnete Handlung einander gleich. Die erste Stufe ist nur mühevolles Umherirren, Verwirrung, angstvolles Laufen durch die Finsternis ohne Ziel. Dann, vor dem Ende, ist man von jeder Art von Schrecken erfasst, und alles ist Schaudern, Zittern, Schweiß und Angst. Zuletzt aber grüßt ein wunderbares göttliches Licht und man wird in reine Gefilde und blühende Wiesen aufgenommen, wo Stimmen erklingen und man Tänze erblickt, wo man feierlich-heilige Gesänge hört und göttliche Erscheinungen schaut. Unter solchen Klängen und Erscheinungen wird man dann, endlich vollkommen und vollständig eingeweiht, frei und wandelt ohne Fesseln mit Blumen bekränzt, um die heiligen Riten im Kreise heiliger und reiner Menschen zu feiern.»

Spätestens hier, durch die Beschreibung Plutarchs, wird deutlich, dass diese Hadesfahrt mit anschließendem Elysium kein «Spiel» mehr war. Hier wurde das Spiel Ernst. Wie auch immer der Vorgang im Telesterion, dem großen Weihehaus von Eleusis, «inszeniert» war, die Erfahrung, die dadurch ausgelöst wurde, war echt. Das wird durch die weiteren Überlieferungen klar, die sich auf Einzelheiten beziehen, die aber zu diesem «Kontext» passen. Da hören wir zum Beispiel von dem schrecklichen *Echeion*,[142] dessen Töne den Gang in die Unterwelt begleiteten. Dabei handelt es sich nicht nur um einen Gong, der ein donnerartiges

141 Übersetzt von Jan Assmann, in: *Die Zauberflöte*, München 2005, S. 221.
142 Vgl. K. Kerényi, *Die Mysterien von Eleusis*, Zürich 1962, S. 91.

Geräusch produzierte, sondern um einen Klang, der wie ein Echo den eigenen Klang zurückwirft. Das war ja das Bedrängende, Schreckliche dieses Momentes am Abgrund, dass sich das eigene Seelenleben mit der äußeren Inszenierung mischte. Als Oidipus dem Tod entgegenschritt, hatte er einst auch die schrecklichen Donner gehört, die seinem Seherblick den nahen Tod ankündigten. So wird es am Schluss der Oidipus-Trilogie von Sophokles, im «Oidipus auf Kolonos», dargestellt. Oidipus lässt daraufhin den Theseus rufen, den Herrscher Athens, prophezeit Athen eine blendende Zukunft und bittet ihn und seine Töchter, ihn ein Stück weit auf seinem Todeswege zu begleiten. Von Hermes und Persephone geleitet, geht er voran:[143]

«… Lasst mich selbst
Die heilige Stätte finden, wo mein Leib
In dieser Erde endlich ruhen soll.
Kommt hierhin, hierhin! Hierhin leitet mich
Hermes, der Führer, und der Schatten Göttin.
O Licht, das ich nicht sehe, einst auch mein,
Berühr zum letztenmal mein Angesicht!
Nun wanke ich, um meines Lebens Ende
In Hades' Nacht zu bergen. Du, mein Freund,
Du mögst gesegnet sein, du und dein Land
Und alles, was dir dient. Ergeht's euch wohl,
So denkt in eurem Glück auch mein, des Toten.»

Nach dem erschütterten Anruf des Chors an Hades und Persephone, den Hinschreitenden wohl zu empfangen, lässt Sophokles einen Boten auftreten, der von den letzten Schritten des Oidipus dem Chorführer berichtet:

«… es ist ein Wunder.
Du selber sahst ja, wie er uns verließ,
Und keine liebe Hand hat ihn geführt;
Er selber schritt als Führer uns voraus.
Doch als zum Rand er kam der finstern Kluft,
Die ehern stufend tief im Grunde wurzelt,
Da blieb er stehn auf einem von den Wegen,
Den vielverschlungenen, nahe bei der Höhle,
Wo Theseus und Peirithoos den Bund schloss.
Inmitten zwischen dieser und dem Birnbaum,
Dem hohlen, und dem steilen Felsenstein,
Da kniet' er hin, löst' sein beschmutzt Gewand,

143 Sophokles, *Oidipus auf Kolonos*, 1544 ff.

Und hieß die Töchter klares Wasser schöpfen
Zur heiligen Waschung und zur Opferspende.
Sie eilten nach dem Hügel Demeters
Und taten so nach ihres Vaters Wunsch.
Und wie's des Opfers heiliger Brauch erheischt,
Versahn sie ihn mit Bad und mit Gewändern.
Und als er froh dies alles sah vollendet
Und nichts vergessen, was er sich gewünscht,
Da scholl ein Donnerruf (Echeion) tief aus der Erde.
Bei diesem Ton stürzten die Kinder weinend
Hin zu des Vaters Knien und zerschlugen
Die Brüste sich mit lautem Wehgeschrei.
Doch, als er plötzlich diesen Schrei vernahm,
Umfing er mit den Armen sie und sprach:
‹Ihr habt fortan nun keinen Vater mehr.
Schon nahm der Tod mich hin. Und keines Dienstes
Bedarf ich mehr und keiner schweren Mühe.
Hart war sie, Kinder! Aber alles Leid,
Das ihr getragen, wiegt ein Wort euch auf:
Kein Mensch auf Erden hat euch mehr geliebt,
Als euer Vater, dessen nun beraubt
Ihr ferner euer Leben führen müsst.›
So hielten sie sich fest in ihren Armen
Und weinten lang. Wie sich zuletzt der Jammer
Gesättigt und der Klage Laut verstummt,
War Stille. Plötzlich hallt von irgendher
Ihn Zuruf an, dass allen uns die Haare
Zu Berge stiegen hoch vor jäher Angst.
So ruft ihn oft und aberoft der Gott:
‹Höre, höre Oidipus! Warum warten wir noch?
Zu lange währt dein Säumen schon.›
Als Oidipus des Gottes Ruf vernommen,
Da rief er Theseus nah zu sich …»

und nimmt ihm das Versprechen ab, sich fürderhin um seine Töchter zu
kümmern. Als er das zugesagt hatte, schickt er sie weg,

«… ‹Denn ihr dürft nicht schauen,
Noch hören, was jetzt hier geschehen wird.
Eilt schnell von hinnen; nur dem es bestimmt,
Nur Theseus darf vernehmen, was geschieht.›

Dies war sein letztes Wort, das wir gehört.
Mit heißen Tränen eilten wir hinweg,
Wir und die Mädchen. Aber kurz danach,
Als wir zurück uns wandten, sahn von fern
Ihn wir, ihn selber nirgends mehr, nur noch
Den König, der, die Augen schattend, sich
Die Hand hob an die Stirn, als wenn ein mächtig
Schreckbild ihn blendet, das kein Aug erträgt.
Danach jedoch in kurzem sahn wir den
Zur Erde sich in Demut neigen und
Zum Götterhimmel hin in einem Flehn.
Welches Geschick ihn aber hingerafft,
Weiß keiner von den Menschen außer Theseus.»

Mitten in dieses zunächst schreckliche Geschehen ertönten die Legomena, Worte, welche den ganzen Prozess begleiteten und erklärten. Wie oben bei Oidipus plötzlich der Ruf am Abgrund ertönt: «Höre, Höre Oidipus! Warum warten wir noch?» und dieser jenen Ruf offenbar sofort versteht, so ertönten die Legomena, in eindrucksvoller Sprache dem Einzuweihenden entgegen. Sie waren ihm sicherlich schon vorher bekannt, sodass er wusste, worauf sie sich bezogen, aber jetzt erst, in dem Ernst des «Spiels», fand er an ihnen seinen Halt und sein Bewusstsein. Neben dem ihn begleitenden Mystagogen bildeten die Legomena das Gerüst, das ihn stützte und dafür sorgte, dass er die Schrecknisse überwinden konnte.

Die Erlebnisse, die beim Tod auftreten, sind jedoch nicht nur schrecklich. Zwar wird der Abstieg zur Unterwelt von solchen Erfahrungen begleitet, aber wenn diese überstanden sind, kann sich der an diesen Vorgängen Beteiligte auch wieder an himmlischen Erscheinungen erfreuen. Friedvolle Hymnen erklangen da und feierliche Tänze rückten vor das Bildfeld, sodass der ganze fürchterliche Vorgang vorbei zu sein schien. Jetzt löste sich die Spannung (*lysis*) und öffnete den Raum für neue Erfahrungen. Der oberste Leiter der Weihen, der Hierophant, hatte seinen Namen von seiner Aufgabe bekommen, die heiligen Dinge erscheinen zu lassen. Was aber die heiligen Dinge sind, das bleibt, wie immer, tief verborgen. Man kennt zwar wieder das Wort, mit dem sie benannt werden (Deiknymena), ob es aber nur «Dinge» sind, das weiß man nicht, denn an die Vollendung der Dromena schließt sich die *Epopteia*, die Schau, das eigentliche Ziel der Einweihung an. Und auch davon wissen wir nichts, wenn nicht einige der frühen Kirchenväter des 2. Jahrhunderts darüber geschrieben hätten. Allerdings widersprechen sich diese Hinweise gegenseitig, sodass wir nur aus dem Gesamteindruck erschließen können, wer von ihnen aus eigener Anschauung berichtet oder zuverlässigen Überlieferungen folgt.

Eines jedoch scheint klar zu sein: Die Einweihung in die Großen Mysterien wurde stufenweise vollzogen. Das bezeugt nicht nur Seneca, der es ausdrücklich überliefert, sondern auch die Tatsache, dass der zu Initiierende zunächst die *Myesis* durchzumachen hatte, um erst ein Jahr später zur eigentlichen *Epopteia* zugelassen zu werden. Der Höhepunkt der Epopteia, so scheint es, ist der Ruf des Hierophanten, der, von hellstem Licht umflossen, die Geburt eines Knaben aus einer Jungfrau ankündigt. Hippolytos überliefert diese Episode in seiner *Refutatio* (V, 8, 40) sogar im Wortlaut: «So ruft und schreit der Hierophant selber, … nachts in Eleusis, wenn er unter großem Licht die großen, unaussprechlichen Mysterien vollzieht: ‹einen heiligen Knaben gebar die Herrin Brimo, den Brimos›, das heißt die Starke den Starken. Herrin ist nach ihm die pneumatische Geburt, die himmlische, obere; stark aber ist der so Gezeugte.»[144] Hippolytos, ein Christ zu Beginn des 3. Jahrhunderts n.Chr., deutet natürlich das, was ihm sein Gewährsmann hier überliefert, mit seiner Kenntnis des Neuen Testamentes auf die geistige Geburt, von der Johannes in seinem Evangelium spricht. Das helle Licht muss dabei so stark gewesen sein, dass man es sogar von außerhalb des Telesterions hat wahrnehmen können; es war wie ein Zeichen für die inneren Vorgänge. Unter den «großen unaussprechlichen Mysterien», die der Hierophant hier vollzieht, kann selbstverständlich nicht nur das Bild der Jungfrau mit dem Kind gemeint gewesen sein, aber als Abschluss eines Vorgangs, der alles vorangehende Geschehen in dieser Erscheinung zusammenfasst, ist es durchaus denkbar. Es würde damit auch erklären, warum dieser Teil der Weihehandlung die Epopteia, die Schau, genannt wird, obwohl das Bild allein nicht zu den «unaussprechlichen Mysterien» gehören kann. Dieser Ausdruck ist eher dem Ablauf der gesamten Handlung zuzusprechen als einem einzigen Abschnitt daraus. Und wenn man weiß, was der Neophyt in dieser einen Nacht alles durchzumachen hatte, dann erst versteht man, dass darin Unaussprechliches erlebt worden ist.

Bis hierher haben wir vorgetragen, was von den Großen Mysterien überliefert worden ist. Wer treulich aufgenommen hat, was beschrieben wurde, wird sich jetzt aber fragen, ob das schon alles gewesen sein kann. Man kann sich zwar denken, dass die Erlebnisse eindrucksvoll gewesen sind, vielleicht auch, dass man an den Rand des Aushaltbaren geführt wurde, aber zu einer bleibenden Verwandlung des Seelenlebens, die so oft bezeugt worden ist, hätte man eigentlich keine Veranlassung gehabt. Die muss eine andere, tiefere Ursache haben. Können wir ihr nachspüren?

144 Aus: W. Foerster, *Die Gnosis,* Bd. I, Zürich 1969, S. 356.

181

Gehen wir noch einmal durch, was eigentlich erlebt worden ist: Der ganze Einweihungsvorgang beginnt mit der Vorbereitung, der Ankündigung, der Reinigung im Meer, dem Fasten, der Prozession mit ihren feierlichen Stationen und den lustigen Gephyrismen. Am Ende schließlich, kurz vor dem Heiligtum von Eleusis, wird den Teilnehmern nochmals der Ernst des ganzen Unternehmens verdeutlicht, die Unreinen und Unvorbereiteten werden zurückgeschickt und eine Art Prüfung findet statt, ob man wirklich würdig ist, die Initiation zu empfangen. Dabei steigt die Erwartung auf das große Ereignis stetig an und man ist bereit, in demütiger Verfassung seinem Mystagogen zu folgen. Das Wort *myein* heißt einführen, und der Mystagoge ist bereit, den Neophyten einzuführen und persönlich zu begleiten. Ab jetzt geht es nicht mehr darum, sich zu informieren, oder darum, sich etwas Schönes oder Schreckliches bloß anzuschauen, sondern jetzt geht es darum, wirklich «etwas» mit sich zu verbinden. Und dafür steht als Helfer der Mystagoge bereit.

Die Weihe-Nacht im Telesterion von Eleusis beginnt in Ruhe mit einem Spiel, das ein göttliches Geschehen darstellt. Allerdings ist der Anlass für dieses Spiel, aus dem sich alles Weitere entwickelt, ein ziemlich dramatischer: der Raub der Persephone durch Hades. Demeter sucht nun überall nach ihrer Tochter, irrt in der Welt herum, eh' sie von Helios erfährt, wo ihre Tochter ist. Sie grollt jetzt dem Göttervater Zeus und geht zu den Menschen, so auch nach Eleusis, wo sie vom Königshaus freundlich aufgenommen wird. Als sie sich dort zu erkennen gegeben hatte, man ihr einen Tempel baute, sie die Weihen stiftete, schickte Zeus den Hermes in die Unterwelt, damit er die Tochter von Hades befreie und an die Oberwelt heraufführe. All diese Szenen wurden nun nicht wie im Theater bildhaft vorgeführt, sondern von den Neophyten selbst vollzogen: Sie irrten selbst herum, suchten nach der Tochter, erlebten dabei Schrecken, Getöse, Blitze und Donner (*Echeion*), Angstzustände, starke Wechsel von Licht und Finsternis, Orientierungslosigkeit usw., die schließlich in Visionen umschlugen, in denen ihnen Gottheiten erschienen (*Phantasmata*). Die starken seelischen Erschütterungen lösten sich allmählich in freundlichere Zustände, bei denen feierliche Tänze aufgeführt wurden und Hymnen ertönten. Die Gemüter beruhigten sich. Jetzt erst zeigte der Hierophant die zentralen Ereignisse an: Die Jungfrau gebiert einen Knaben, dessen Mysterienname *Brimos* ist; und er zeigt in flutendem Licht eine Ähre.

Der gesamte Ablauf der Nacht vollzog sich, davon wird immer wieder gesprochen, in drei Stufen. Er begann bei normalem Bewusstsein des Neophyten, der vorbereitet war und bestimmte Erwartungen hatte, ging aber

182

während seiner Teilnahme am Geschehen schon bald in ein «Unaussprechliches» (aporreton) über und endete in einem Zustand, den der Grieche «unsagbar» (arreton) nennt. Christina Schefer ordnet die zwei höheren Bewusstseinsstufen den beiden Stufen der Großen Mysterien zu, der Myesis und der Epopteia.[145] Hier taucht natürlich sofort die Frage auf, was eigentlich «unaussprechlich» und was «unsagbar» ist. Jedenfalls müssen es zwei verschiedene Erlebnisweisen sein, die erste, über die man sich unter Vorbereiteten vielleicht noch verständigen könnte, wenn man genügend Zeit hätte, eine Sache zu erklären, die zweite aber würde sich prinzipiell einer Vermittlung durch Sprache entziehen. Man kann sie nur selbst erleben.

Die beiden Erlebnisweisen gehören beide nicht zu dem Bewusstsein, das den Griechen im Alltag auszeichnet. Sie treten erst dann ein, wenn er sich einer Gottheit nähert. Auf dem Weg dahin muss er zunächst das gewöhnliche Bewusstsein zugunsten eines höheren verlassen, wofür die griechische Sprache sogar verschiedene Begriffe hat, je nachdem, von welchem Gesichtspunkt aus man den Sachverhalt betrachtet. Schaut man von unten aus, vom Normalbewusstsein aus, dann hat man dieses verlassen, man steht außerhalb von ihm (*Ekstasis*). Schaut man ihn von dem erreichten Bewusstseinszustand aus an, dann ist man im Zustand der Begeisterung, des *Enthusiasmos*. Man ist da der Gottheit schon näher. Begegnet man ihr dagegen direkt, dann ist das eine Erfahrung, die sich mit nichts vergleichen lässt, was man schon kennt; sie ist unsagbar.

Ein jeder, der diese Erlebnisse ernst nimmt, entdeckt sehr bald, dass sie im gewöhnlichen Leben nicht eintreten. Doch gibt es dort eine Situation, wo man sie antrifft, nämlich da, wo einen das sinnlich gebundene Bewusstsein in Todesnähe verlässt. An dieser Grenze treten genau dieselben Phänomene auf, wie sie aus den eleusinischen Mysterien berichtet werden: der große Schreck, der irrende Zustand, wo man nicht weiß, wo man sich eigentlich befindet, die allmählich eintretende Ruhe, ein dunkler Übergang, an dessen Ende ein immer heller werdendes Licht leuchtet, und schließlich die Begegnung mit einem Leuchtewesen, das einen liebevoll empfängt.[146]

Jeder, dem ein solches Erlebnis zuteil ward, verwandelt sein Seelenleben, einfach deshalb, weil er in seinem Nahtoderlebnis von der Realität moralischen Handelns überzeugt worden ist. Waren ihm in diesem Moment doch all seine Taten wie in einem umfangreichen Panorama vor Augen getreten, nebst den Folgen dieser Taten für die darin Verstrickten. Diesen Moment konnte er zudem lebenslang nicht mehr vergessen, im Gegenteil, er blieb in ihm allzeit bewusst anwesend. Da ein solches Erlebnis ja außer-

145 Vgl. Christina Schefer, *Platons unsagbare Erfahrung*, Basel 2001, S. 80.
146 Vgl. Iris Gresser, *Psychologische Auswirkungen von Nah-Todes-Erfahrungen*, Basel 2004; dort auch die weitere Literatur.

halb des Leibes eintrat, war es auch nicht wie eine gewöhnliche Erinnerung mit dem Leib verbunden und musste nicht erst mühsam heraufgeholt werden.

Über eine Initiation in die Mysterien kann man nicht wie über ein gewöhnliches Erlebnis berichten. Denn niemand würde dadurch verstehen, was vorgefallen ist. Um einen simplen Vergleich zu haben, stelle man sich vor, was man von einem Menschen erfahren könnte, der eine großartige Symphonie gehört hätte, sagen wir Mahlers 2. Symphonie, und uns nun begeistert davon berichtete. Der Inhalt bliebe unaussprechlich und unvermittelbar, solange wir nicht selbst dazu gelangen könnten, die Symphonie zu hören. Desgleichen gilt natürlich erst recht, wenn ein Gott sich einem offenbart, die Begegnung ist «unsagbar». Dagegen wäre sie einem jeden verständlich, der selbst einmal ein solches Erlebnis hatte.

Alle diese Überlegungen weisen nun immer deutlicher darauf hin, dass auch in den Großen Mysterien von Eleusis ein wirkliches (Nah-)Todes-Erlebnis im Telesterion herbeigeführt worden ist. Durch alle möglichen Mittel hat man die Seele des Adepten aus seinem Leib herausgeholt, um ihm eine wirkliche Erfahrung vom Leben nach dem Tod zu vermitteln. Wenn das gelang, dann wusste der Betreffende fortan, welche Maßnahmen dienlich wären, um ihm ein seliges Fortleben nach dem Tode zu ermöglichen. Am Höhepunkt der Epopteia ist ihm zudem die Offenbarung göttlicher Wesen zuteil geworden, aber auch die haben sich ihm so offenbart, dass sie nicht als ein Bild vor ihm erschienen, sondern als Wesen, die mit ihm verbunden sind. Wenn dann davon berichtet wird, dass die Jungfrau ein Kind gebar, Brimo den Brimos, dann ist damit ein Geschehen bezeichnet, welches das Innerste des Einzuweihenden direkt betrifft. Auch er hat in diesem Moment etwas Göttliches in seiner Seele geboren. Und fortan hat er für dieses Gotteskind in sich zu sorgen! Der Same war gelegt, von nun an hatte er sich, wie um eine Ähre, darum zu kümmern, dass der Same aufging und wachsen würde.

Darüber hinaus kann man sich nun nicht vorstellen, dass die Einweihung damit schon vollendet gewesen wäre. Auch hier ist wahrscheinlich das Gegenteil der Fall gewesen, wenn auch die Einzelheiten nicht überliefert sind. Begegnungen mit anderen Göttern in Eleusis sind sogar bezeugt, wenn auch wieder nicht deutlich, (so dürfte z. B. der Dionysosmythos eine Rolle gespielt haben). Aber alles, was wir bisher wissen, erfordert eigentlich eine nie endende Belehrung und Erweiterung der tieferen Mysterieninhalte. Wer solche weisheitsvollen Kenntnisse über die Todesschwelle hinweg mitbringt, der weiß auch, dass sich die Götter dafür interessieren und ihn über die geistigen und göttlichen Welten weiter belehren werden.

Dreimal selig wird dann jener Mensch sein, der dieser Weihen Ziel geschaut, der also weiß, dass ein wirkliches geistiges Leben hier auf Erden dort seine freudige Fortsetzung finden wird. Auch hierauf werden wir zurückkommen.

Eines der eindrucksvollsten Gebete eines Eingeweihten überliefert Aristophanes in den *Fröschen*, wo er den Aischylos sagen lässt:

«Demeter, die du meinen Geist ernährst,
Gib, dass ich deiner Weihen würdig sei!»[147]

Auch das Umgekehrte gilt: Wer seinen Geist ernährt, der wird würdig werden, die Weihen zu empfangen. Zuweilen muss man ein wenig einhalten, um zu bemerken, welche Forderung hier an einen Griechen gestellt wird. Sein natürliches Bestreben, seinen Leib auszubilden, um vielleicht einmal in Olympia siegen zu können, wird jetzt hintangestellt zugunsten eines regen Geisteslebens. Ein neues Ziel der Menschheit leuchtet damit zum ersten Mal auf: der allseits gebildete Mensch. Es wird die Geisteskultur der nächsten 2500 Jahre bestimmen.

Unberührt von diesen Überlegungen, die aus den überlieferten Textbruchstücken gewonnen sind, folgt Rudolf Steiner bei seinen Erkenntnissen über Eleusis den Schauungen im Erdgedächtnis. Und da findet er, über das bisher Behandelte hinaus,[148] dass es «bei den Eleusinien darauf ankam … sich außer sich zu erleben …». Der Mensch wurde «seelisch aus sich herausgeholt, sodass er außer dem Leibe miterlebte die geheimnisvollen Impulse des Natur- und Geistesschaffens außer ihm». Er folgte damit der delphischen Aufforderung zur Selbsterkenntnis. Das gelang dadurch, «dass die Seele durch die verschiedenen, hier nicht weiter zu beschreibenden Verrichtungen herausgeholt wurde aus dem Leibe und der Mensch außer dem Leibe in Zusammenhang kam mit der geheimnisvollen Kraft der Sonnenwirkung, des Sonnen-Impulses auf der Erde, mit den Kräften des Mond-Impulses auf der Erde, mit den Kräften der Sternen-Impulse, der Impulse der einzelnen elementaren Kräfte, der Wärmekräfte, Luftkräfte, Feuerkräfte usw. Da wiederum durchwellten des Menschen Seelisches, das aus dem Leibe geholt wurde, die äußeren Elemente, das äußere Dasein; in diesem Zusammenprall mit dem Äußeren wurde die Selbsterkenntnis erreicht. Und was die Leute wussten, die den eigentlichen Sinn des Mysterienwesens kannten, das war das: Man kann zu allem seelischen Erleben kommen; nur dazu kann man nicht kommen, etwas Reales mit dem Begriff des ‹Ich› zu verbinden, wenn es nicht aus den Mysterien kommt. Denn sonst blieb das Ich immer etwas Abstraktes für diese Zeit, wenn es nicht aus den Mysterien kam. Das an-

147 *Frösche*, 886/7.
148 Rudolf Steiner, *Bausteine zu einer Erkenntnis des Mysteriums von Golgatha*, Vortrag vom 24. April 1917 in GA 175.

dere Geistig-Seelische konnte man erleben, aber das Ich musste auf diese Weise angeregt werden … Das wussten die Menschen. Und das ist das Wesentliche dabei.»

Ganz unabhängig davon, ob es damals schon einen Begriff für «das Ich» gegeben hat, der eigentlich erst im Christentum geboren wird, so hängt das ganze nachtodliche Leben doch eigentlich an dem Verständnis des Ich. In den Mysterien von Eleusis haben die Eingeweihten erlebt, dass es ein solches Ich gibt und dass es nach dem Tode weiterlebt. Dieses «Wissen» aber bildete den großen Unterschied für das Leben nach dem Tode im Vergleich zu denjenigen Vorstellungen, die sich ein gewöhnlicher, nicht eingeweihter Grieche von diesem Leben machte.

Später, als dann Aristoteles sein Buch über das Menschenwesen herausbrachte, kann man es quasi miterleben, welche Schwierigkeiten ein griechischer Denker haben musste, um den individuellen Geist des Menschen richtig zu charakterisieren. Das ganze scholastische Mittelalter hat sich noch daran abgemüht, das Unsterbliche des individualisierten Menschen zu begründen.[149]

Gegen Ende seines Lebens hat Rudolf Steiner, im Rahmen einer Vortragsreihe über die verschiedensten Mysterien, nochmals über Eleusis gesprochen und hat dort einen Aspekt herausgehoben, der mit der Weltverbundenheit des Menschen zusammenhängt.[150] Er lenkte dazu zunächst die Aufmerksamkeit hin nach den geistigen Welten, «nach der eigentlichen Weltenlenkung und Weltenorientierung im Geiste», und danach auf die Geheimnisse der Natur. «Ganz Einzuweihende gingen ja auch durch die beiden Arten von Mysterien. Und dann sagte man von ihnen, sie hätten sowohl die Geheimnisse des Vaters, die Zeusmysterien, in sich aufgenommen wie auch die Geheimnisse der Mutter, die Geheimnisse der Demeter.» Die Fragestellung, die der Grieche, der in beiden Mysterienarten eingeweiht ist, hier entwickelt, nimmt ihren Ausgangspunkt von der Erkenntnis, warum der menschliche Leib nur bestimmte Metalle, wie z.B. das Eisen, in sich enthält und andere nicht, obwohl er doch ein Mikrokosmos sein soll. Hier setzt nun ein Unterricht ein, «der sich über lange Zeiten ausdehnte», in dem dem Schüler auseinander gesetzt wurde, dass auf der Erde nicht nur die deftig-festen Metalle zu finden sind, sondern auch eine, das ganze Weltall durchstrahlende Wirkung der Metalle in «unendlich feiner Verdünnung». Diese Metallwirkung ist für das Seelenleben des Menschen jedoch höchst bedeutsam. Der Saturn z.B. ist reich an Blei, und dessen Wirkung auf den Menschen imprägniert dessen Seele nun so, dass der Mensch die Fähigkeit des Gedächtnisses entwickelt. «Und es war immer ein großer Augenblick, wenn solch ein Schüler, … nachdem

149 Vgl. Thomas von Aquin, *Über die Einheit des Geistes (De unitate intellectus)*, Stuttgart 1987, übers. von W.U. Klünker.
150 Rudolf Steiner, *Mysteriengestaltungen*, Vortrag vom 14. Dezember 1923 in GA 232.

er solche Dinge verstehen gelernt hatte, zu Folgendem geführt wurde. Es wurde ihm mit möglichster Feierlichkeit die Substanz des Bleis gezeigt. Dann wurde sein Sinn hinaufgelenkt zum Saturn. Dann wurde ihm die Verwandtschaft des Saturn mit dem irdischen Blei vor die Seele geführt» und ihm seine Erinnerungsfähigkeit als Geschenk des Saturn-Bleis verdeutlicht. Endlich sollte der Mensch seine Verwandtschaft mit dem Kosmos an dieser Stelle deutlich spüren.

Als Nächstes wurde der Adept in die Geheimnisse des Mondes und des Silbers eingeführt, wieder mit der entsprechenden Fähigkeit, die seine Seele diesem Gestirn verdankt. So entstand eine Naturwissenschaft, die hinaufging bis ins Kosmische und hinausreichte in die Weltenweiten. «Und dann, wenn der Schüler solche Lichtblicke, Lichtausblicke erhalten hatte, wenn sich ihm das tief in die Seele eingeschrieben hatte, dann wurde er zum Beispiel in den wahren Mysterien von Eleusis … hingeführt vor zwei Bildsäulen. Und die eine dieser Bildsäulen stellte ihm dar eine väterliche Gottheit, … welche umgeben war von den Zeichen des Planetarischen und Sonnenhaften …Sieh, so wurde dem Schüler gesagt, da steht der Vater der Welt vor dir. Der Vater der Welt trägt im Saturn das Blei, im Jupiter das Zinn, im Mars das dem Erdenwesen verwandte Eisen – aber in einem ganz anderen Zustande –, in der Sonne das strahlende Gold, in der Venus das strahlend-strömende Kupfer, im Merkur das strahlende Quecksilber, im Monde das strahlende Silber. Du trägst in dir nur dasjenige vom Metallischen, was du dir aneignen konntest aus den planetarischen Zuständen, die die Erde früher einmal gehabt hat … Aber du bist als Erdenmensch nicht ein Ganzes … Hier auf Erden stehst du als Teil des Menschen. Das andere trägt der Vater um sein Haupt und in seinem Arm vor dich hin. Das, was hier vor dir steht, mit dem, was er trägt, das erst bist du … Und im Geiste, wie in einer realen Vision, wurde die Statue der realen Mysterien in Eleusis lebendig und reichte der weiblichen Gestalt, die daneben stand, dasjenige, was dazumal die Metalle waren. Und die weibliche Gestalt nahm diese ehemalige Gestalt der Metalle entgegen in der Vision des Schülers und umzog sie mit demjenigen, was die Erde von sich aus, als sie Erde wurde, geben konnte.

So sah der Schüler diesen wunderbaren Prozess, diesen wunderbaren Vorgang: Da strahlte einmal, so wie jetzt wiederum symbolisch, aus der väterlichen Statuenhand, da strahlte die Metallmasse, und dasjenige, was Erde war, trat –, sagen wir zum Beispiel mit ihrem Kalk oder sonstigem Gestein entgegen dem, was da einstrahlte, und umgab das metallisch Einströmende mit irdischer Substanz, so wie die liebevoll von der einen mütterlichen Statue hinaufreichende Hand dasjenige entgegennahm, was von

der väterlichen Statue an metallischer Kraft der mütterlichen Statue ge-
reicht wurde. Das war ein großer, gewaltiger Eindruck, denn man sah
darinnen das Kosmische mit dem Irdischen zusammenwirken im Laufe
der Äonen …»

Wenn heutzutage ein Mineraloge die Mineralien der Metallverbindungen
sammelt, dann versucht er möglichst solche Stücke zu finden, die noch ihr
«Muttergestein» an sich haben. Erst dann sagen sie auch etwas aus über
die Formation, zu der sie gehören. Ein jedes solches Fundstück besteht
nicht nur aus dem Stoff allein, es verweist gleichsam über sich hinaus
auch auf die Zeit, in der es entstand. Die quasi mütterliche Erde hat das
vom Kosmos Gegebene in sich aufgenommen.

Vor diesem Hintergrund wird auch das Wort verständlich, das Hippolytos
überliefert:[151] «Dies ist das große, heißt es, und unsagbare Geheimnis der
Eleusinien: ‹hye, kye›.» Die Übersetzung könnte etwa so lauten: ‹Fließe,
empfange.› Diese beiden Worte werden verständlich, wenn wir von Proklos, einem neuplatonischen Philosophen des 5. Jahrhunderts, ergänzend
erklärt bekommen, dass das erste Wort ertönte, indem man zum Himmel
aufblickte, das zweite, indem man auf den Boden schaute, so wie es zu der
väterlichen und mütterlichen Statue auch passte.

Rudolf Steiner setzt fort: «Durch alles das wurde dem Schüler der eleusinischen Mysterien innerlich erregt ein Mitfühlen mit dem Kosmos, eine
innerliche Herzenserkenntnis dessen, was eigentlich in Wirklichkeit die
Naturprodukte und Naturvorgänge auf Erden sind.»

Eine solche Art der Naturwissenschaft, bei welcher der Mensch noch
selbst als Instrument der Wahrnehmung diente und sein Seelenleben
noch nicht von den Phänomenen getrennt war, die er untersuchen wollte,
war schon sehr anders als unsere heutige, «objektive» Naturerkenntnis.
Sie brachte den Menschen direkt in Kontakt mit der Natur, mit ihr stand
er in einer geheimnisvollen Beziehung und sein Forschen deckte sie auf.

«Wenn der Schüler solches durchgemacht hatte, wenn ihm solches seelisch vertieft worden war vor der väterlichen und der mütterlichen Statue, die die beiden einander entgegengesetzten Kräfte, die Kräfte des
Kosmos, die Kräfte des Irdischen in seiner Seele vergegenwärtigten, dann
wurde er sozusagen in das Allerheiligste geführt … Da hatte er das Bild
vor sich: die weibliche Gestalt, an ihrer Brust das Kind säugend. Dann
wurde er eingeführt in das Verständnis der Worte: Und das ist der Gott
Jakchos, der einst kommen wird. So lernte der griechische Schüler voraus das Christusmysterium verstehen … Aber es durften in jener Zeit
die Menschen zunächst diesen Christus nur als den Zukünftigen kennen
lernen, als den, der noch Kind war, Weltenkind, das erst erwachsen wer-

151 Zitiert von K. Kerényi,
Eleusis, Zürich 1962, S. 135.

den sollte im Kosmos. *Telesten* wurden ja die zu Initiierenden genannt: solche, die nach dem Ende, nach dem *Ziele* der Erdenentwickelung hinschauen sollten.»

Mit dieser Perspektive leuchtete Eleusis in die Zukunft der Menschheit, die sie prophetisch vorwegzunehmen scheint. Aber auch die zugehörige Weisheit ist kein bloßes Wissen, sondern eines, das die Menschen betroffen machte, sie engagierte und zu höherem Erkenntnisstreben anregte. Einer dieser Eingeweihten hat seinen Enthusiasmos dafür eingesetzt die denkerischen Möglichkeiten zu schaffen, damit in Zukunft jedermann mithilfe dieser Möglichkeiten in die Lage versetzt werden kann, das Mysterium eines Gottes, der Mensch geworden ist und den Tod überwand, immer besser verstehen zu lernen. Dieser eleusinische Eingeweihte war Platon. Aber bevor wir uns ihm zuwenden, möge uns die schöne Dichtung Hegels beschäftigen, der, um seinem Freund Hölderlin zu erfreuen und seine Freundschaft zu ihm zu befestigen, ihn an Eleusis erinnert:

«Um mich, in mir wohnt Ruhe. Der geschäft'gen Menschen
Nie müde Sorge schläft. Sie geben Freiheit
Und Muße mir – Dank dir, du meine
Befreierin, o Nacht! Mit weißem Nebelflor
Umzieht der Mond die ungewissen Grenzen
Der fernen Hügel. Freundlich blinkt
Der helle Streif des Sees herüber.
Des Tags langweil'ges Lärmen fernt Erinnerung,
Als lägen Jahre zwischen ihm und jetzt.»

Es folgen Verse der Erinnerung an die gemeinsame Studienzeit, die unter dem Motto stand:

«Der freien Wahrheit nur zu leben, Frieden mit der Satzung,
Die Meinung und Empfindung regelt, nie, nie einzugehn!»

Von der Studienzeit geht nun der Blick über den nächtlichen Himmel zurück nach Griechenland:

«Mein Aug' erhebt sich zu des ew'gen Himmels Wölbung,
Zu dir, o glänzendes Gestirn der Nacht!
Und aller Wünsche, aller Hoffnungen
Vergessen strömt aus deiner Ewigkeit herab.
Der Sinn verliert sich in dem Anschaun,
Was mein ich nannte, schwindet.
Ich gebe mich dem Unermesslichen dahin,

189

Ich bin in ihm, bin alles, bin nur es.
Dem wiederkehrenden Gedanken fremdet,
Ihm graut vor dem Unendlichen, und staunend fasst
Er dieses Anschauns Tiefe nicht.
Dem Sinne nähert Phantasie das Ewige,
Vermählt es mit Gestalt. – Willkommen, ihr,
Erhab'ne Geister, hohe Schatten,
Von deren Stirne die Vollendung strahlt!
Er schrecket nicht – ich fühl, es ist auch meiner Heimat Äther,
Der Ernst, der Glanz, der euch umfließt.
Ha! sprängen jetzt die Pforten deines Heiligtums von selbst,
O Ceres, die du in Eleusis throntest!
Begeistrung trunken fühlt' ich jetzt
Die Schauer deiner Nähe,
Verstände deine Offenbarungen,
Ich deutete der Bilder hohen Sinn, vernähme
Die Hymnen bei der Götter Mahlen,
Die hohen Sprüche ihres Rats –

Doch deine Hallen sind verstummt, o Göttin!
Geflohen ist der Götter Kreis zurück in den Olymp
Von den geheiligten Altären,
Geflohn von der entweihten Menschheit Grab
Der Unschuld Genius, der her sie zauberte! –
Die Weisheit deiner Priester schweigt; kein Ton der heil'gen Weihn
Hat sich zu uns gerettet – und vergebens sucht
Des Forschers Neugier mehr als Liebe
Zur Weisheit. Sie besitzen die Sucher und verachten dich.
Um sie zu meistern, graben sie nach Worten,
In die dein hoher Sinn gepräget wär!
Vergebens! Etwa Staub und Asche nur erhaschen sie,
Worein dein Leben ihnen ewig nimmer wiederkehrt.
Doch unter Moder und Entseelten auch gefielen sich
Die ewig Toten! – die Genügsamen – Umsonst es blieb
Kein Zeichen deiner Feste, keines Bildes Spur.
Dem Sohn der Weihe war der hohen Lehren Fülle,
Des unaussprechlichen Gefühles Tiefe viel zu heilig,
Als dass er trockne Zeichen ihrer würdigte.
Schon der Gedanke fasst die Seele nicht,
Die außer Zeit und Raum in Ahnung der Unendlichkeit

Versunken, sich vergisst und wieder zum Bewusstsein nun
Erwacht. Wer gar davon zu andern sprechen wollte,
Spräch er mit Engelzungen, fühlt der Worte Armut.
Ihm graut, das Heilige so klein gedacht,
Durch sie so klein gemacht zu haben, dass die Red' ihm Sünde deucht,
Und dass er bebend sich den Mund verschließt.» …

Eine solche Erinnerung an Eleusis, wie sie Hegel hier schildert, ist kein
bloßes Erinnern an das, was schriftlich überliefert ist, denn es erweckt in
ihm wieder Beteiligung und Anteilnahme. Und so kann er diesen Hymnus
enden:

«Auch diese Nacht vernahm ich, heil'ge Gottheit, Dich.
Dich offenbart oft mir auch deiner Kinder [der Griechen] Leben,
Dich ahn' ich oft als Seele ihrer Taten!
Du bist der hohe Sinn, der treue Glauben,
Der, eine Gottheit, wenn auch Alles untergeht, nicht wankt.»

Noch immer scheint die alte Praxis nachzuwirken, sich den Mysterien-
Inhalten und den Mysterien-Praktiken gegenüber nicht distanzieren zu
können. Und das nach 2200 Jahren! Hegel hatte natürlich Platon gelesen
und ihn studiert, er kannte also die Inhalte, und trotzdem, sobald er wieder
daran erinnert wird – seltsamerweise dadurch, dass er in den vom Mond
erleuchteten nächtlichen Himmel schaut –, tauchen die alten, längst ver-
gessenen Seelenerlebnisse wieder auf. Wie kann denn das sein?
Wenn das zur Goethezeit noch möglich war, wie viel unmittelbarer muss
diese Wirkung der Mysterien damals gewesen sein, als die dort Geweihten
noch ihre Kultur bestimmten und nach ihren Zielen formten?
An dieser Stelle kann uns die Betrachtung Platons weiterhelfen, denn von
ihm wissen wir, dass er in Eleusis eingeweiht war, von ihm wissen wir
auch aus seinen hinterlassenen Schriften, wie stark er eingegriffen hat in
seine eigene Kultur und in die Geisteskultur des werdenden Christentums. Es könnte sich also lohnen, durch das Studium dieser Schriften die
Spuren der eleusinischen Mysterien zu finden und aufzudecken.

Platon und die Mysterien von Eleusis

In einem Buch, das die Mysterien von Eleusis bespricht, muss auch der
Person Platons gedacht werden. Denn Platon war als Angehöriger der
Athener Oberschicht nicht nur in die Kleinen und Großen Mysterien von
Eleusis eingeweiht, sondern er bezeugt das auch durch zahllose Anspie-

lungen in seinem Werk. Ja es ist sogar umgekehrt, durch sein Werk sind diese Mysterien überhaupt erst richtig bekannt geworden. Jeder, der Platons Schriften gelesen hat, weiß, dass es Kleine und Große Mysterien gab, weiß, dass sie getrennt gefeiert wurden, weiß auch, dass die Kleinen Mysterien zuerst bestanden werden mussten, und weiß, dass sie andere Lebens- und Lern-Inhalte enthielten als die Großen Mysterien. Aussagen wie die folgende mögen als ein Beispiel dienen, wie selbstverständlich Platon von den eleusinischen Mysterien als von etwas Allbekanntem zu seinen Gesprächsteilnehmern sprechen konnte: Im *Symposion* etwa[152] sagt die weise Diotima zu Sokrates: «Soweit nun kannst vielleicht auch du, Sokrates, in das Mysterium des Eros eingeweiht werden; ob du aber zur abschließenden Stufe der Schau (Epopteia) fähig bist, um derentwillen auch die erste Stufe der Einweihung stattfindet, wenn man den Weg richtig geht, weiß ich nicht.» Wer als Eingeweihter diese Stelle liest, dem ist sie nicht nur ein Zeugnis für Platons Kenntnisse auf diesem Feld, sondern der erkennt auch aus der Durchführung des Dialoges, schon aus der Art, wie Sokrates belehrt wird, dass hier eine Mysterienmethode angewandt wird, auf die nicht extra hingewiesen werden muss.

Darüberhinaus gibt es natürlich auch viele *Themen,* die in den Dialogen besprochen werden, die eigentlich ganz dem Mysterienkontext entnommen sind und sonst nur dort besprochen werden. Hier sei z.B. nur die Unsterblichkeit der Seele genannt, ihre geistige Herkunft und ihr nachtodliches Leben, der Reinkarnationsgedanke und ähnliche Fragen. Oft auch treten in den Dialogen Situationen auf, in denen Aussagen, die aus den Mysterien stammen, angeführt werden, die dann das ganze weitere Diskussionsniveau auf eine höhere Stufe heben. So wird etwa im *Phaidon* ein «altes Wort» genannt, das da sagt: «Sie kommen von hier und weilen dort und kommen wieder hierher zurück».[153] Daran entzündet sich dann das weitere Gespräch. Solche «alten Worte» kommen natürlich aus den Mysterien, dürfen aber nicht mit diesem Vermerk gekennzeichnet werden. Wahrscheinlich sind Platons Dialoge reich an solchen Mysterien-Inhalten, die aber als solche nicht gekennzeichnet werden.

Schließlich gibt es auch *methodische Praktiken,* die ganz aus dem Mysterienwissen stammen, die aber auch nicht mit einer Herkunftsangabe versehen sind und so unentdeckt bleiben.

Wie eng die Verbindung zwischen Platon und dem Mysterienwesen allgemein und den Mysterien von Eleusis im Speziellen eigentlich ist, das soll hier dargestellt werden. Denn daraus erhellt sich nicht nur das Werk Platons, sondern umgekehrt, aus dessen Werk wird rückwärts wieder ein Licht auf die Mysterien von Eleusis geworfen -eine Quelle, die man bisher noch

152 *Symposion* 209e–210a.
153 *Phaidon* 70c.

gar nicht entdeckt hat. Noch immer wird Platon so gelesen und studiert, als ob er ein Denker wäre, dem es rein um bestimmte philosophische Ansichten ginge, wie z.B. die Ideenlehre, und der seine Dialoge dafür verfertigt hätte, um jene zu vertreten. Und noch immer liest man Platon, wenn man philosophische Interessen hat und sich dafür auch ausgebildet hat. Aber in Wirklichkeit ist Platon viel mehr: Er ist primär ein Eingeweihter in die Mysterien von Eleusis, das hat er nie vergessen, und während seines ganzen Lebens sind ihm die Erfahrungen, die er dort gemacht hat, wie leuchtend stehen geblieben. Als ein solcher hat er seine Themen gewählt, als ein solcher hat er seine Akademie gegründet, und als ein solcher hat er dort auch gelehrt. Wenn wir heute noch, nach 2400 Jahren, seine Dialoge lesen, so haben wir, wie Thomas Szlezák sagt, nicht nur «ein einzigartiges intellektuelles Vergnügen» und «die Freude am Umgang mit seinem Denken»,[154] die aus dem Erlebnis der künstlerischen Vollkommenheit seiner philosophischen Dramen resultiert. Wir haben auch «das Gefühl, dass man als Leser nicht nur Zeuge, sondern irgendwie auch Teil der lebendigen Auseinandersetzung ist, die in meisterhaften Zügen als gleichsam natürliche Interaktion von Charakteren, die aus dem Leben selbst gegriffen zu sein scheinen, entworfen sind». Zu alledem genießen wir auch das uns in unserer Kultur fremd gewordene Flair der alten Mysterienluft, in der die Götter überall anwesend sind, mit ihren erhabenen Gedanken und ihrer von allen wahrgenommenen inneren Würde. Wer heute Platon liest, taucht auch ein in eine fremde Kultur, in der das geistige Leben nicht nur aus intellektueller Auseinandersetzung besteht, sondern auch aus einem allgegenwärtigen künstlerischen Erleben und aus religiöser Vertiefung. Aber darüber hinaus hat die Mysterienwirkung damals zu Gestaltungen geführt, die wir zwar irgendwie spüren, die wir aber nicht mehr kennen und deswegen auch nicht mehr anerkennen können. Es ist bezeichnend für unsere Zeit, dass neue und umfängliche Übersetzungen Platons erscheinen, ohne dass diese vielleicht wesentlichste Seite von Platons Leben in den Kommentaren berücksichtigt wird. Glücklicherweise kündet sich ein Umschwung an, indem einige Autoren die bisher gemiedene diesbezügliche Anerkennung mutig aufnehmen![155]

Seit dem öffentlich vollzogenen Tod des Sokrates steht Platons ganzes Leben unter dem Licht der Mysterien. Seine schon oft erkannte Beziehung zu Heraklit gehört dazu wie auch seine möglicherweise erfolgte Reise nach Ägypten, die man früher als selbstverständlich annahm, wenn sie auch außerhalb seines eigenen Werkes nicht sicher bezeugt werden kann[156], seine Reisen nach Unteritalien, zu dem Pythagoräer Archytas von Tarent und nach Sizilien. Sein Verhalten ist immer das

154 Thomas A. Szlezák, *Platon lesen,* Stuttgart 1993, S. 11.
155 Dazu gehört vor allem Christina Schefer mit ihren Büchern und Aufsätzen: *Platon und Apollon,* Sankt Augustin 1996; *Platons unsagbare Erfahrung,* Basel 2001; «Platon und die antiken Mysterien», S. 199–249, in: *Internationales Jahrbuch für Hermeneutik,* hrsg. v. G. Figal, Tübingen 2005.
156 Plutarch allerdings berichtet davon in der kleinen Abhandlung «*Über das Daimonion des Sokrates*» (in Kap. 7); Strabon hat bei seinem Aufenthalt in Ägypten sogar die Wohnung Platons in Heliopolis gezeigt bekommen (*Erdbeschreibung* XVII 806). Auch Cicero weiß von Platons Reise nach Ägypten (de fin. V 29,87 und de republ. I 10,16). Die bekannteste Stelle befindet sich jedoch bei Diogenes Laertius III,6.

eines Eingeweihten, den überall ein eifriges Geistesstreben auszeichnet und der nirgends zu moralischen Kompromissen bereit ist. Immer setzt er die Ehrlichkeit der Menschen voraus, in der Erwartung, dass auch gilt, was gesagt wird, und oft muss er erfahren, dass es klüger gewesen wäre, ihnen nicht vertraut zu haben. Mit der Gründung seiner Akademie hat er auf alle öffentlichen Wirksamkeiten verzichtet zugunsten einer mehr nach innen gerichteten intensiven Ausbildung seiner Schüler. Diese Schulung sollte ja zu demselben Schauen führen, wie es sonst nur in den großen Mysterien von Eleusis der Fall war. Und dazu waren nicht nur Belehrungen im Unterricht vonnöten, sondern auch geistige Übungen, die über Jahre hinweg beaufsichtigt werden mussten. Ein «echter» Philosoph zu werden, war eben nicht einfach, auch wenn man mit anderen Freunden zusammen arbeiten und forschen konnte. Das Lernen und Üben geschah im Aufblick zu den Göttern. Das heißt auch, dass die Wahrheit tatsächlich über alles «geliebt» und die Aufgabe, ein «Freund der Weisheit» zu werden, ernst genommen wurde. Ein Altar, an dem Apollon und den Musen geopfert werden konnte, bildete den Mittelpunkt der ganzen Einrichtung.[157] Dort gab es regelmäßige Opfer, regelmäßige Gottesdienste und regelmäßige Festesfeiern mit gemeinsamen Mahlzeiten, u.a. an dem Gründungstag der Akademie, an Apollos Geburtstag und später auch, als Platon nach seinem Tod nahe bei diesem «Museion» beigesetzt worden war, an Platons Todestag. Alle diese Feste wurden neben ihren religiösen Gebräuchen auch mit jeweils öffentlichen Disputationen gefeiert, wie es sich für ein wissenschaftliches Forschungsinstitut ja eigentlich auch von selbst versteht. Wer in die Akademie aufgenommen worden ist, konnte dort auch wohnen und arbeiten, und selbst Platon hatte sein Wohnhaus dort, in der Nähe des Musenheiligtums. Die «Akademie» wurde immer von einer Gemeinschaft von Lehrenden und Lernenden gebildet, man verbrachte sein Leben im gemeinsamen Streben mit anderen, reinigte sein Seelenleben und arbeitete an seinen Fähigkeiten. Der wohl begabteste Schüler Platons, Aristoteles, verbrachte so fast zwanzig Jahre seines Lebens im Umkreis seines Lehrers bis zu dessen Tod, ehe er sich eigenen Lebenszielen widmete.

Eine ähnliche Einrichtung wird man wohl nur in den unteritalischen Schulen der Pythagoräer finden, die sich allerdings noch streng an eine alte Mysteriendisziplin anlehnten. Demgegenüber wehte in Athen ein frischer und freierer Wind, aber auch da war der religiöse Ernst vorherrschend. Was die Akademie im Ganzen von allen anderen Schulen und Hochschulen Griechenlands unterschied, ist das von Aristoteles und an-

157 Christina Schefer, *Platon und Apollon*, Sankt Augustin 1996, S. 254 ff.

deren immer wieder bezeugte und überlieferte gemeinsame Forschen. Auf dialektischem Felde arbeitete man gemeinsam an den Grundbegriffen und auch in den Fachgebieten forschte man gemeinsam weiter. So wird z.B. von der Kooperation verschiedener Mathematiker berichtet, die «miteinander in der Akademie gemeinsam forschend» tätig waren, unter der Aufsicht von Platon selbst![158]

Wie die Mysterien selber, so ist auch Platons Akademie mit der gesamten griechischen Kultur aufs Innigste verwoben, die religiösen Feste wurden selbstverständlich mitgefeiert, an den Prozessionen nahm man teil, den Göttern wurde geopfert, und fast jeder Tag war von religiösem Leben durchtränkt. Viele der Dialoge sind in die großen Feste eingebunden, der *Phaidon* z.B. in das Apollonfest auf Delos, dessen Ende abgewartet werden musste, ehe Sokrates hingerichtet werden konnte. Das Gespräch, das an diesem Tag geführt wird, bekommt durch Apollon seine Dringlichkeit, es hätte an keinem anderen Tag des Jahres in dieser Art stattfinden können. Auch das ist ein typisches Kennzeichen für die Einbindung Platons in die Mysterien. Diese sind ja die Ausstrahlungsstätten für die Kultur, denn der Eingeweihte ist mit seiner Kultur näher verbunden als jeder andere Mensch. Gerade die großen Eingeweihten der alten Zeiten sind auch die großen Kulturgründer und deren weitere Träger, und wer eingeweiht war, wurde auch ein praktischer, erfindungsreicher Mensch. Es ist kein Zufall, dass die athenische Blütezeit der griechischen Kultur mit der Blütezeit der eleusinischen Mysterien zusammenhängt. Darunter so etwas wie eine späte Erlösungsreligion zu sehen, gehört eben zu den Missverständnissen unsere Zeit, die mit den Tatsachen, die wir hier betrachten, nur wenig zu tun haben.

Jede große Mysterienstätte in Griechenland hat auch den zu ihr gehörigen Philosophen, der in seiner Philosophie die geheime Lehre der entsprechenden Mysterienwahrheiten vertrat und sie öffentlich darstellte. So gehört Heraklit zu Ephesos, wenn er sich auch in das Innere des Heiligtums zurückzog, Platon zu den eleusinischen Mysterien und Aristoteles später zu denen von Samothrake. Das werden wir noch hören. Vorläufig sei hier die Tatsache nur konstatiert, aber im weiteren Verlauf werden wir auch sehen, wie durch das Weiterwirken der verschiedenen philosophischen Anschauungsweisen auch etwas von dem Geiste der Mysterien weiterlebt, mit dem die Urheber ganz besonders verbunden waren. Auch wir Heutigen zehren noch davon, indem wir die alten Werke und deren Folgewirkungen studieren, ohne allerdings noch viel davon zu bemerken. Die Mysterienzugehörigkeit Platons zeigt sich nicht nur in seinem Leben und in seiner Schule, sie zeigt sich vor allem und für alle sichtbar in den *Inhalten*, die er in seinen Dialogen bedenkt. Die meisten davon stammen

158 Vgl. *Die Philosophie der Antike, Bd. 3*, hrsg. v. H. Flashar, Basel/Stuttgart 1983, S. 5. Dort auch die verschiedenen Stellenangaben.

aus den geistigen Erfahrungen, die ein Eingeweihter in den kleinen und großen Mysterien von Eleusis machen konnte. Sie zeigt sich darüber hinaus aber auch in der *Methode,* mit der ein Gedankengang entwickelt wird, nur ist diese in der Regel viel schwieriger zu entdecken. Beide Kennzeichen sollen hier dargestellt werden. Beginnen wir mit den Inhalten:

Eine Mysterienschulung hat ihren Anfang überall und immer in einer Belehrung über die geistigen Welten. Zwar ist diese verschieden, je nach der Bewusstseinslage des zu belehrenden Schülers; denn wenn z.B. schon eine größere Selbstständigkeit des Normalbewusstseins erreicht ist, muss dies berücksichtigt werden. Aber der Anfang wird gemacht mit einer Götterkunde. In Griechenland ist dies ein «Studium» am Werk der Götter in der Natur und im Menschen. Beide Seiten des alten Mysterienwesens, das in früheren Zeiten auf zwei verschiedene Mysterienarten aufgeteilt war, kommen in Griechenland zusammen[159] und werden als zusammengehörig behandelt. «Der Mensch als leibliches, seelisches und geistiges Wesen zwischen Kosmos und Erde, im Zusammenwirken mit den Göttern», so könnte das Generalthema genannt werden, das hier behandelt wird. Wir hörten davon, als wir die kleinen Mysterien von Eleusis besprachen. Bei Platon geht es nun nicht nur um eine Belehrung über solche Themen, sondern um ein Verständnis, welches durch eigenes Bedenken der Inhalte entstehen sollte. Das unterscheidet ihn vom bloßen Mysterienunterricht. Dort wurde von den Eingeweihten verkündet, was als Wahrheit erforscht worden war, hier werden diese Wahrheiten als Ausgangspunkt genommen und der Schüler muss begründen, warum diese richtig sind.

Platons Philosophie hat als Grundlage die Unterscheidung zwischen der sichtbaren und der unsichtbaren Welt. An diesem Gegensatz müht sich sein Denken immer wieder ab, indem zunächst nur der einzelne Gegenstand der allgemeinen Idee gegenübergestellt wird, an der er teilhat. Doch bald schon wird auch bemerkt, dass auch der Erkennende mit der Ideenwelt verwoben ist, dass die Ideen sich untereinander berühren usw.[160] Die unsichtbare Welt der Ideen ist dabei die eigentlich reale, seiende und bleibende Welt.

Auch das Menschenwesen hat teil am übersinnlichen Dasein, indem seine unsterbliche Seele in einem sterblichen Leib steckt. Berühmte Bilder stellen uns dieses komplizierte Gebilde und seine Geschichte vor Augen, z.B. als Rossegespann im *Phaidros.* Als unsterbliche Seele lebt sie selbstverständlich auch nach dem Tode weiter, erleidet das Totengericht, wird mit einem neuen Schicksal ausgestattet und kehrt schließlich wieder auf die Erde zurück (*Phaidon, Politeia*). Als wiederverkörperte Seele hatte sie natürlich auch ein vorgeburtliches Dasein, an das sie sich sogar wiedererinnern kann (*Menon*) und aus dem sie gewisse Fähigkeiten mitbringt.

159 Vgl. F. Teichmann, *Der Mensch und sein Tempel, Bd. 3, Megalithkultur,* Stuttgart ³1999.
160 Vgl. das noch immer lesenswerte Buch von Paul Natorp, *Platos Ideenlehre,* ²1921, Nachdruck Hamburg 2004.

All diese Themen sind sonst nur aus den Mysterien bekannt. Denn dort wusste man ja, dass man, wenn man eingeweiht wurde, andere Perspektiven für das Leben nach dem Tode bekam. In den Mysterien allerdings wurden einem solche Erfahrungen *offenbart,* in der Akademie dagegen musste man sie sich selbst denkend begründen und so zu eigen machen. Zwar gaben die Mysterien oft die Anregung dazu, doch ohne intellektuelle Arbeit kam man zu keinen wahren Einsichten. Da es sich meist um «abstrakte» Begriffe handelte, die man sich aneignen wollte, konnte man sein Denken nicht mehr an dem Faden der Sinnlichkeit entlanglaufen lassen, sondern man musste zunächst resolut darauf losdenken, oft in Gemeinschaft mit den anderen Schülern, um neu denkend zu allgemein verbindlichen Wahrheiten und nicht mehr bloß zu eigenen Meinungen zu kommen. Unter den Werken Platons wurde eine Liste mit 185 Begriffen überliefert, die man in der Akademie bedacht und definiert hatte, darunter solche umfangreichen Gebilde wie Gott, Schöpfung, Zeit, Weisheit, Tugend usw. Neben solchen ursprünglichen Mysterien-Inhalten, die im Werk Platons relativ leicht zu erkennen sind, gibt es auch einen Mysterien-Stil, eine Mysterien-Methodik, die von ihm angewandt wurde. Sie ist viel schwieriger zu erkennen, weil sie sich eben im Stil und im Aufbau seiner Werke verbirgt, ohne dass das jeweils extra vermerkt würde.

 Beginnen wir auch hier mit den Kleinen Mysterien, die ja hauptsächlich durch einen Unterricht in Mythenkunde ausgefüllt waren. Man lernte dort die Bilder zu deuten, in denen das alte Hellsehen die Götterwelt geschaut hatte, die man aber nicht mehr verstand. Jetzt, wo statt des Hellsehens das Denken auftrat, musste mit Sorgfalt darauf geachtet werden, dass man die Mythenbilder nicht als einzelne mehr oder weniger willkürlich mit einer oberflächlichen Erklärung versah, sondern dass man sie aus dem ganzen Zusammenhang heraus vorsichtig begründete. Die Bilder durften nicht mit Inhalten verwechselt werden. Wer etwa ausrechnete, wie es noch zu Beginn des 20. Jahrhunderts geschah, wie viele Tote die Sphinx von Theben hinterließ, bis schließlich Ödipus ihr Rätsel lösen konnte, erliegt einer solchen Verwechslung. Ein solches Ungeheuer bedarf selbst einer Deutung (indem man in ihr etwa ein Bild für das Menschenwesen, das aus Leib, Seele und Geist besteht, sehen kann) und ist nicht einfach ein äußeres Fabelwesen. Artemis z.B. ist nicht die «Göttin der Jagd und des Sports», wie uns einmal auf einer Studienreise erklärt wurde, sondern ein Wesen, das mit der ganzen Natur und ihrem Schaffen innigst verwoben ist, wie wir es in Ephesos gesehen haben.

Darüberhinaus sind solche Bilder oftmals auch Bilder für innerseelische Vorgänge, die nur so dargestellt werden, als ob sie äußere Vorgänge wären. Da denke man z.B. an die Erynnien, die den Menschen überall da verfolgen, wo er selbst hingeht. Ihnen kann er nicht entfliehen, weil er sich selbst und seiner Schuld nicht entfliehen kann.

Für die Griechen der damaligen Zeit war es nicht einfach, Bilder aufzuschließen. Gehörte doch dazu die Fähigkeit, den Bildinhalt als Mythos oder Gleichnis zu behandeln, das heißt ihn nicht als das zu nehmen, was oberflächlich nahe lag. Normalerweise identifizierte man sich mit seinem Bewusstseinsinhalt und hielt ihn für wahr. Jetzt musste man sich davon lösen und fragen, was er eigentlich bedeute. Dazu musste man sich wegwenden von der Form, an die man zunächst gefesselt war, und den Inhalt neu befragen. Dieser zweite Schritt wurde nur in den Mysterien geübt. Selbst noch Jahrhunderte später war es den Jüngern Christi kaum möglich, die Gleichnisse, in denen Jesus zu ihnen sprach, zu verstehen, und so fragen sie ihn: «Warum redest du in Gleichnissen zu ihnen?»[161] Und Jesus antwortete: «Euch ist gegeben, die Geheimnisse des Himmelreiches zu erkennen, jenen aber ist es nicht gegeben! Denn wer hat, dem wird gegeben und er wird Überfluss haben. Wer aber nicht hat, dem wird auch das, was er hat, noch genommen. Deshalb rede ich in Gleichnissen zu ihnen, weil sie sehend nicht sehen und hörend nicht hören und nicht verstehen.» Diese Situation ist genau dieselbe wie bei den Griechen, welche die Mythen hören und sie nicht «verstehen», auch sie bedürfen eines Mystagogen, der sie ihnen erklärt. Christus öffnet sich der Bitte um Erklärung der Gleichnisse, nimmt seine Jünger mit sich ins Haus und erklärt ihnen, was er in den Bildreden gesagt hatte.[162]

So wie Christus zu den Menschen von geistigen Geheimnissen in Gleichnissen spricht, so spricht auch Platon in Bildgedanken zu seinen Lesern. Man nennt diese berühmten Bilder heute «Platons Mythen».[163] Solche Mythen und Gleichnisse schaffen zu können, bedeutet mehr, als sie nur deuten zu können. Denn man muss lange den Umgang mit Bildern gepflegt und geübt haben, ehe aus einem neuen Bewusstsein und nicht mehr aus altem Hellsehen heraus sich eine Fähigkeit bildet, wieder «stimmende» Bilder finden zu können.

Das Urbild für ein solches Gleichnis und auch das bekannteste ist Platons Höhlengleichnis. In diesem viel besprochenen und viel gedeuteten Werk hat man meist eine Art Zusammenfassung von Platons philosophischem Streben gesehen, manchmal aber auch eine Art Bild für die Mysterien von Eleusis selbst; natürlich wieder, ohne dass es gesagt worden wäre.[164] Weil es so wichtig ist und so charakteristisch für Platons Geistesleben, möge es hier im Wortlaut angeführt werden:[165]

Stelle dir Menschen vor in einer unterirdischen, höhlenartigen Behau-

161 Matthäus 13, 10–13.
162 Matthäus 13, 36 ff.
163 Gesammelt unter diesem Titel von B. Kytzler, Frankfurt/M. 1997.
164 Ausführlich zum Höhlengleichnis: Eugen Fink, *Metaphysik der Erziehung*, Frankfurt/MN. 1970, S. 43 ff., und Georg Picht, *Die Fundamente der griechischen Ontologie*, Stuttgart 1996, S. 37 ff.
165 In der Übersetzung von Rudolf Rufener, *Politeia*, VII. Buch, 514a–517a.

sung; diese hat einen Zugang, der zum Tageslicht hinaufführt, so groß wie die ganze Höhle. In dieser Höhle sind sie von Kind auf, gefesselt an Schenkeln und Nacken, sodass sie an Ort und Stelle bleiben und immer nur geradeaus schauen; ihrer Fesseln wegen können sie den Kopf nicht herumdrehen. Licht aber erhalten sie von einem Feuer, das hinter ihnen weit oben in der Ferne brennt. Zwischen dem Feuer und den Gefesselten aber führt oben ein Weg hin; dem entlang denke dir eine kleine Mauer errichtet, wie die Schranken, die die Gaukler vor den Zuschauern aufbauen und über die hinweg sie ihre Kunststücke zeigen.

«Ich sehe es vor mir», sagte er.

Stelle dir nun längs der kleinen Mauer Menschen vor, die allerhand Geräte vorübertragen, so, dass diese über die Mauer hinausragen, Statuen von Menschen und anderen Lebewesen aus Stein und aus Holz und in mannigfacher Ausführung. Wie natürlich, redet ein Teil dieser Träger, ein anderer schweigt still.

«Ein seltsames Bild führst du da vor, und seltsame Gefesselte», sagte er.

Sie sind uns ähnlich, erwiderte ich. Denn erstens: glaubst du, diese Menschen hätten von sich selbst und voneinander je etwas anderes zu sehen bekommen als die Schatten, die das Feuer auf die ihnen gegenüberliegende Seite der Höhle wirft?

«Wie sollten sie», sagte er, «wenn sie zeitlebens gezwungen sind, den Kopf unbeweglich zu halten?»

Was sehen sie aber von den Dingen, die vorübergetragen werden? Doch eben dasselbe?

«Zweifellos.»

Wenn sie nun miteinander reden könnten, glaubst du nicht, sie würden das als das Seiende bezeichnen, was sie sehen?

«Notwendig.»

Und wenn das Gefängnis von der gegenüberliegenden Wand her auch ein Echo hätte und wenn dann einer der Vorübergehenden spräche – glaubst du, sie würden etwas anderes für den Sprechenden halten als den vorbeiziehenden Schatten?

«Nein, beim Zeus», sagte er.

Auf keinen Fall, fuhr ich fort, könnten solche Menschen irgendetwas anderes für das Wahre halten als die Schatten jener künstlichen Gegenstände.

«Das wäre ganz unvermeidlich», sagte er.

Überlege dir nun, fuhr ich fort, wie es wäre, wenn sie von ihren Fesseln befreit und damit auch von ihre Torheit geheilt würden; da müsste ihnen doch naturgemäß Folgendes widerfahren: Wenn einer aus den Fesseln gelöst und genötigt würde, plötzlich aufzustehen, den Hals zu wenden, zu gehen und gegen das Licht zu schauen, und wenn er bei all diesem Tun Schmerzen empfände und wegen des blendenden Glanzes jene Dinge nicht recht erkennen könnte, deren Schatten er vorher gesehen hat – was meinst du wohl, dass er antworten würde, wenn ihm jemand erklärte, er hätte vorher nur Nichtigkeiten gesehen, jetzt aber sei er dem Seienden näher und so, dem stärker Seienden zugewendet, sehe er richtiger? Und wenn der ihm dann ein jedes von dem Vorüberziehenden zeigte und ihn fragte und zu sagen nötigte, was das sei? Meinst du nicht, er wäre in Verlegenheit und würde das, was er vorher gesehen hat, für wahrer (wirklicher) halten als das, was man ihm jetzt zeigt?

«Für viel wahrer», erwiderte er.

Und wenn man ihn gar nötigte, das Licht selber anzublicken, dann schmerzten ihn doch wohl die Augen, und er wendete sich ab und flöhe zu den Dingen, die er anzuschauen vermag, und glaubte, diese seien tatsächlich klarer als das, was man ihm jetzt zeigt?

«Es ist so», sagte er.

Schleppte man ihn aber von dort mit Gewalt den rauhen und steilen Aufgang hinauf, fuhr ich fort, und ließe ihn nicht los, bis man ihn an das Licht der Sonne hinausgezogen hätte – würde er da nicht Schmerzen empfinden und sich nur widerwillig so schleppen lassen? Und wenn er ans Licht käme, hätte er doch die Augen voll Glanz und vermöchte auch rein gar nichts von dem zu sehen, was man ihm nun als das Wahre bezeichnete?

«Nein», erwiderte er, «wenigstens nicht im ersten Augenblick.»

Er müsste sich also daran gewöhnen, denke ich, wenn er die Dinge dort oben sehen wollte. Zuerst würde er wohl am leichtesten die Schatten erkennen, dann die Spiegelbilder der Menschen und der andern Gegenstände im Wasser und dann erst sie selbst. Und daraufhin könnt er dann das betrachten, was am Himmel ist, und den Himmel selbst, und zwar leichter bei Nacht, indem er zum Licht der Sterne und des Mondes aufblickte, als am Tage zur Sonne und zum Licht der Sonne.

«Ohne Zweifel.»

Zuletzt aber, denke ich, würde er die Sonne, nicht ihre Spiegelbilder im Wasser oder anderswo, sondern sie selbst, an sich, an ihrem eigenen Platz ansehen und sie so betrachten können, wie sie wirklich ist.

«Ja, notwendig», sagte er.

Und dann würde er wohl die zusammenfassende Überlegung über sie anstellen, dass sie es ist, die die Jahreszeiten und Jahre herbeiführt und über allem waltet in dem sichtbaren Raume, und dass sie in gewissem Sinne auch von allem, was sie früher gesehen haben, die Ursache ist.

«Offenbar», sagte er, «würde er nach alledem so weit kommen.»

Wenn er nun aber an seine erste Behausung zurückdenkt und an die Weisheit, die dort galt, und an seine damaligen Mitgefangenen, dann wird er sich wohl zu der Veränderung glücklich preisen und jene bedauern – meinst du nicht?

«Ja, gewiss.»

Die Ehren aber und das Lob, das sie einander dort spendeten, und die Belohnungen für den, der die vorüberziehenden Schatten am schärfsten erkannte und der sich am besten einprägte, welche von ihnen zuerst, und welche danach, und welche gleichzeitig vorbeizukommen pflegten, und daraus am besten vorauszusagen wusste, was jetzt kommen werde – glaubst du, er sei noch auf dieses Lob erpicht und beneide die, die bei jenen dort in Ehre und Macht stehen? Oder wird es ihm so gehen, wie Homer sagt, dass er viel lieber auf dem Acker bei einem armen Mann im Taglohn arbeiten und lieber alles mögliche erdulden will, als wieder in jenen Meinungen befangen sein und jenes Leben führen?

«Ja, das glaube ich», sagte er. «Lieber wird er alles andere ertragen als jenes Leben.»

Denke dir nun auch Folgendes, fuhr ich fort: Wenn so ein Mensch wieder hinunterstiege und sich an seinen alten Platz setzte, dann bekäme er doch seine Augen voll Finsternis, wenn er so plötzlich aus der Sonne käme?

«Ja, gewiss», erwiderte er.

Wenn er dann aber wieder versuchen müsste, im Wettstreit mit denen, die immer dort gefesselt waren, jene Schatten zu beurteilen, während seine Augen noch geblendet sind und sich noch nicht wieder umgestellt haben (und diese Zeit der Umgewöhnung dürfte ziemlich lange dauern), so würde man ihn gewiss auslachen und von ihm sagen, er komme von seinem Aufstieg mit verdorbenen Augen zurück und es lohne sich nicht, auch nur versuchsweise dort hinaufzugehen. Wer aber Hand anlegte, um sie zu befreien und hinaufzuführen, den würden sie wohl umbringen, wenn sie nur seiner habhaft werden und ihn töten könnten.

«Ja, gewiss», sagte er.

Obwohl dieses Höhlengleichnis für sich schon durchsichtig ist für die höheren Inhalte, die darin zum Ausdruck kommen, verhält sich auch hier Platon wie ein Mysterienlehrer und legt im Anschluss an den obigen Text das Gleichnis Schritt für Schritt aus. Er erklärt uns die Schattenwelt, die der Welt des Sichtbaren entspricht, und den inneren Aufstieg zum Raum des Einsehbaren. Vom Dunkel zum Licht führt der Weg, den jeder Mensch gehen kann, wenn er nur will. Dabei steigt der Weg nicht geradewegs rückwärts zur Höhle hinaus, sondern verläuft über zwei Schritte: Die

Schatten werden nämlich nicht von dem durch den Höhleneingang hereinfallenden Sonnenlicht auf die Wand geworfen, sondern von einem Feuer, das dazwischen wie eine kleine Sonne brennt. Dem schon Umgewendeten zeigt es schon die Gegenständlichkeit der körperlichen Dinge und eine viel größere Wirklichkeit als die reinen Formen der Schatten, aber noch nicht die leuchtenden Objekte im Lichte der Sonne außerhalb der Höhle.

Diesem eigentlich zweistufigen Aufstieg entspricht nun auch der immer wieder genannte zweistufige Aufstieg in den Mysterien von Eleusis: Zunächst galt es die Myesis zu erreichen, ehe ein Jahr später die Epopteia anschließen konnte. Dieser Aufstieg zum Licht innerhalb der Mysterien war offenbar das große Vorbild für den Aufstieg des sich bildenden Philosophen im Höhlengleichnis. Nur muss da der unbezweifelbare Unterschied bedacht werden, dass es sich hier um eine positive Denkveränderung handelt und nicht mehr bloß um ein Erleiden einer höheren Erfahrung. Die «Bildung», die hier gesucht wurde, gründete nicht nur auf einer einmaligen «Umlenkung» der Seele, sondern ist in die Seele erst «nachträglich durch Gewohnheit und Übung hineingebracht worden».[166] Erst dadurch konnte ja «Bildung» überhaupt entstehen.

In Ergänzung und in Fortsetzung des Höhlengleichnisses erklärt Platon dann auch, wie ein «Aufstieg zum wirklichen Sein», den er als wahre Philosophie bezeichnet, möglich wird. So möchte er durch die mathematischen Wissenschaften: Geometrie, Arithmetik, Astronomie und Musik (das spätere Quadrivium), zunächst das Denken disziplinieren, weil diese Wissenschaften das Denken zwingen, «die Wahrheit selbst zu suchen». Dabei «ist es von nicht geringer Wichtigkeit …, dass diese Lehrfächer ein bestimmtes Organ in der Seele eines jeden reinigen und wieder beleben, das durch die Beschäftigung mit anderen Dingen verdorben und blind gemacht wird, während doch seine Erhaltung wichtiger wäre als die von zehntausend leiblichen Augen. Denn allein mit seiner Hilfe kann man die Wahrheit schauen.»[167]

Im Folgenden wird dann deutlich, dass das «dialektische Denken», das heißt ein strenges, immer wieder geübtes Denken, «die Abwendung von den Schatten, hin zu den Bildern und zum Licht, und den Aufstieg aus der unterirdischen Höhle zur Sonne»[168] zu leisten hat. In Folge des Weges dorthin zieht diese «dialektische Methode … allmählich das *Auge der Seele* aus dem barbarischen Morast, in dem es tatsächlich vergraben war, hervor und richtet es nach oben. Dabei nimmt sie als Mitarbeiterinnen und Mitleiterinnen die erwähnten Fächer zu Hilfe.»[169] Damit hat Platon ein Ideal in die werdende philosophische Weltentwicklung gebracht, das

166 *Politeia* VII, 518e.
167 *Politeia*, VII, 527d.
168 *Politeia*, VII, 532b.
169 *Politeia*, VII, 533d.

die nächsten 2400 Jahre bestimmen wird. Die ganze christliche Kultur, bis hin zu den deutschen Idealisten der Goethezeit, wird nämlich von der Aufgabe begleitet, das Auge der Seele zu entwickeln. Das werden wir noch ein wenig verfolgen. Hier möge es einstweilen genügen festzuhalten, dass dieses geistige Organ sich beim Üben des Denkens «bildet» und man mit seiner Hilfe geistige Gestalten wahrnehmen kann. Allerdings ist Platon davon überzeugt, dass es mühsam ist und lange dauert, bis es entwickelt ist. Er geht davon aus, dass man «schon», wenn man früh genug damit beginnt, im Alter von 50 Jahren so weit sein könnte, um dann seine Ausbildung zu Ende zu führen[170] und das «Auge der Seele» zu dem emporzuheben, was allem Licht verleiht. Diejenigen, die das leisten, sind für Platon die neuen Eingeweihten. Sie haben sich auf dem Wege einer geläuterten Philosophie eine Bildung angeeignet, die sie zu demselben Schauen befähigt, wie es die Eingeweihten in den Mysterien von Eleusis hatten. Genauso wird dieses Ziel im *Phaidon*[171] formuliert, wenn es heißt:

«So mögen auch die bekannten Stifter der Mysterien keine geringen Leute gewesen sein, haben sie doch in Wirklichkeit schon lange angedeutet, dass, wer ohne die Weihen und ungeheiligt in die Unterwelt kommt, im Schlammstrom liegen muss, während der, der gereinigt und geweiht dorthin kommt, bei den Göttern wohnen wird. ‹Viele sind Thyrsosträger› – so sagen die in die Mysterien Eingeweihten –, ‹wenige aber sind echt Begeisterte.› Dies sind aber nach meiner Meinung keine anderen als die echten Philosophen.»

Die echten Philosophen sind also für Platon diejenigen, die das Seelenauge aus dem Schlammstrom oder dem barbarischen Morast des gewöhnlichen Seelenlebens herausgehoben haben, um in den Bereich der Wahrheit emporblicken zu können. Dabei verändert sich das Denken von einem analytischen zu einem überschauenden Denken: «Denn wer die Zusammenhänge überblicken kann, der ist zur Dialektik fähig, ein anderer nicht.»[172] Man könnte aus dieser Beobachtung heraus also auch sagen, dass das sich bildende Seelenauge ein Organ für Zusammenhänge ist. Zusammenhänge aber treten nicht ungeschult ins Bewusstsein, sie haben als Voraussetzung die *Umwendung*. Diese ist der erste Akt, um aus der Höhle herauszukommen. Im Konkreten heißt das: Der Schüler muss nach der Herkunft seines Denkens fragen. Dieser Akt tritt von allein nie ein, weil das Denken inhaltsbezogen ist und der Denkende mit dem Inhalt und nicht mit dem Denken beschäftigt ist. Will er erfahren, woher das Denken eigentlich kommt, dann muss er sich von der Fesselung an den Inhalt zu lösen versuchen, um anschauen zu können, was ihm sonst unbeobachtet bleibt. Wenn also Platon fragt, wie man zu solchen Menschen kommt, die

170 *Politeia*, VII, 540a
171 *Phaidon*, 69c–d.
172 *Politeia*, VII, 537c.

man ans Licht hinaufführen kann und die denjenigen entsprechen, von denen man erzählt, «sie seien aus dem Hades zu den Göttern aufgestiegen», dann muss er das «Umwenden» ins Spiel bringen. Das allerdings ist dann kein Spiel mehr. Denn «das Umwenden einer Seele aus einem gleichsam nächtlichen Tage zum wirklichen Tage, der Aufstieg zum wirklichen Sein»,[173] das will er als die wahre Philosophie bezeichnen.

Wer nun dieses mühsame Geschäft unternimmt, und also wirklich die Zusammenhänge untersucht, der kommt zu erstaunlichen Ergebnissen. Damit dies keine bloß abstrakte Behauptung wird, soll im Folgenden einmal darauf geachtet werden, wie Platon seine Mythen, Gleichnisse, Reden und Dialoge aufbaut. Beginnen wir mit dem Höhlengleichnis selbst; es ist einerseits kurz genug, um es relativ schnell überblicken zu können, und andererseits auch lang genug, um das Phänomen daran aufzeigen zu können. Schauen wir uns daraufhin den Text noch einmal an und verfolgen dessen Aufbau:

1. Zunächst finden wir nur die äußere Situation beschrieben: die Höhle, die Fesselung mit Blick zur Höhlenwand, das Feuer dahinter und dazwischen der Weg mit der Mauer.

2. Jetzt folgt die Funktion: Menschen, die entlang dieses Weges gehen und alles Mögliche vorübertragen. Das Erkennen der Schatten und des Echos; nur die Schatten scheinen das Wahre zu sein.

3. Nun soll man sich überlegen, was wäre, wenn der Mensch von seinen Fesseln befreit würde und er sich umwenden und gegen das Licht und das Feuer schauen könnte.

4. Schleppte man ihn gar zum Ausgang hinauf, sodass er das Licht der Sonne schauen könnte und die Augen voll Glanz bekäme, dann bräuchte er sicherlich eine lange Gewöhnungszeit, um die Dinge zu sehen, wie sie wirklich sind.

5. Nun die weitere Überlegung, nachdem er alle Dinge wirklich gesehen hätte, was geschähe, wenn er zu den Höhlenbewohnern und zu deren Weisheit zurückkehrte?

6. Würde er noch genauso schätzen, was von ihm vormals geschätzt wurde, und würde er nicht lieber wie bei Odysseus' Höhlengleichnis froh sein, wenn er von deren Meinungen befreit am Licht der Sonne leben könnte?

7. Und zuletzt: Wenn so ein Mensch wieder hinunterstiege und sich an seinen alten Platz setzte, hätte er dann noch Interesse am Wettstreit mit seinen Mitbewohnern, könnten die ihn überhaupt verstehen?

173 *Politeia*, VII, 521c.

An dieser Gliederung des Höhlengleichnisses ist, glaube ich, unmittelbar einzusehen, wie es komponiert ist: Zunächst wird die räumliche Situation und die Funktion der Figuren behandelt, dann soll man sich überlegen, was geschähe, wenn man sich umwenden und schließlich die Höhle verlassen könnte. Sodann wendet sich der Gedankengang wieder um, man soll überlegen, was geschähe, wenn man in die Höhle zurückkehrte, ob er noch die Weisheit der Höhlenbewohner schätzen könnte oder wollte und ob man überhaupt als Wissender noch so ohne weiteres seinen alten Platz wieder einnehmen wollte. In stufenweisem Emporschreiten geht es zuerst aus der Höhle heraus, dann aber auch wieder über die gleiche Anzahl von Stufen hinunter. In diesem symmetrischen Aufbau fällt weiter auf, dass sich die einzelnen Stufen entsprechen: Nach der vierten Stufe, welche die Situation am Licht der Sonne beschreibt, folgt die fünfte, welche wieder mit einer Überlegung eingeleitet wird wie die dritte; die sechste Stufe greift wieder die zweite auf, indem der Wissende sich fragt, ob er die vorüberziehenden Schatten noch mit demselben Bewusstsein anschauen könnte wie früher; und schließlich endet das Gleichnis mit der jetzt anders gewerteten Ausgangssituation.

Wieder zeigt sich im Ganzen ein symmetrischer und spiegelbildlicher Aufbau. Wer sich mit solchen Gliederungen schon beschäftigt hat,[174] der wird von dem unerwartet hohen Alter einer solchen Gedankenform überrascht sein. Sie schon bei Platon anzutreffen, hängt sicher damit zusammen, dass Platon ein Eingeweihter war, der, auch außerhalb seines eigentlichen philosophischen Lebens, von dem Wesen des Menschen genauere Vorstellungen hatte. Denn diese Siebengliederung entspricht der vollständigen Gliederung des Menschen nach Leib, Seele und Geist. Zuerst werden die *äußeren* Merkmale beschrieben, darauf folgt die *lebendige* Situation, dann geht es nach innen ins *Seelenleben*, wo Überlegungen angestellt werden, ehe man heraus ins Licht des *Geistes* tritt. Die drei letzten Stationen betreffen dann die Aufhellungen und Reinigungen, die dadurch eintreten, dass der *Geist* in die Regionen der *Seele*, des *Lebens* und des *Leibes* eintritt.

Ausgehend von Platons Höhlengleichnis haben wir versucht, uns eine Vorstellung zu bilden von dem, was man Mysterien-Methodik nennen könnte. Dabei sind wir zuerst auf die imaginative Kraft gestoßen, die größere Zusammenhänge in Bilder oder Gleichnisse verschließen kann, wobei gleichzeitig die Fähigkeit des Aufschließens solcher Bilder mitgeübt werden muss. Die normalen Menschen der damaligen Zeit waren dazu noch nicht in der Lage, weswegen der Lehrer oder Mystagoge seine Schüler an die Hand nehmen und ihnen die «Mythen» aufschließen musste.

174 Vgl. F. Teichmann, *Auferstehung im Denken*, Stuttgart 1996. Den Hinweis, Siebengliederungen auch bei Platon zu suchen, verdanke ich Eckart Förster, Baltimore.

Auch Platon fühlte sich verpflichtet, sein Gleichnis, das er in einem Dialog, dem *Staat,* veröffentlicht hatte, auch noch extra zu erklären. Es war dies, neben der Darstellung des Inhalts, auch noch gleichzeitig eine Übung im Deuten von Bildern.

Doch zurück zum Ausgangspunkt. Das Höhlengleichnis sollte uns zunächst nur dazu dienen, auf die tiefer liegende Mysterien-Methodik aufmerksam zu werden. Im Weiteren werden nun noch einige schwierigere Beispiele folgen, die zeigen sollen, dass Platon oder zumindest der ältere Platon sich darum bemühte, auch seine Dialoge als Ganze nach jener höheren Art des Denkens zu gestalten. Als Brücke zu einem ganzen Dialog möge hier zuerst noch ein zweites seiner berühmten Bilder betrachtet werden: das Seelengespann aus dem *Phaidros.* Auch dieses Bild wird nicht einfach erzählt, sondern ebenso wie das Höhlengleichnis in sieben Stufen entwickelt:[175]

Das Bild ist in einer Rede enthalten, die Sokrates als Gegenrede zu einer Rede des Lysias hält, indem er richtig zu stellen versucht, was sowohl inhaltlich als auch methodisch an der Rede des Lysias nicht stimmt. Lassen wir zunächst den Eingang des Dialoges weg und stützen uns nur auf die entscheidende Rede des Sokrates,[176] wobei wir sie gleich gegliedert und zusammengefasst vorstellen wollen:

1. Sokrates weist die Rede des Lysias nochmals als unwahr zurück, der behauptet hatte, der Wahnsinn eines Verliebten sei eben unbesonnen und schlecht. Im Gegenteil, er kann auch eine göttliche Gabe sein, was man an anderen göttlichen und heilsamen Manía-Zuständen erkennen kann.

2. Die unsterbliche Seele ist deswegen unsterblich, weil sie den Ursprung ihrer eigenen Bewegung in sich selbst hat. Jedoch ist sie kein einfaches Gebilde, sondern eines, das vergleichbar ist «der vereinigten Kraft eines geflügelten Gespannes und seines geflügelten Lenkers». Im Gegensatz zu den vollkommenen göttlichen Gespannen sind diejenigen der menschlichen Seele gemischt: Ein Pferd ist tüchtig und von entsprechender Abstammung, das andere dagegen von unedler Herkunft. Zunächst war die Seele vollkommen und beflügelt und durchwaltete hoch oben den ganzen Kosmos. Als sie ihr Gefieder verlor, stürzte sie hernieder, um hier in einem sterblichen, irdischen Körper Wohnung zu nehmen. Ihr Absturz wurde eingeleitet, weil sie nicht mehr nur der Schönheit und der Vollkommenheit der Götter folgte. Diejenigen, die sich auf der Höhe der Götter halten konnten, machten Halt auf der Oberfläche des Himmelsgewölbes, um zu sehen, was außerhalb des Himmels existiert.

175 Zugrunde legen möchte ich die neueste Übertragung des *Phaidros* von Ernst Heitsch, Göttingen 1997.
176 *Phaidros* 244a–257b.

3. An diesem überhimmlischen Ort schaute die Seele das Sein und nährte sich von dem Anblick der Wahrheit. Wessen Pferde es jedoch nicht zuließen, sich mit genügender geistiger Nahrung zu versorgen, der verlor sein Gefieder, fiel zur Erde und inkarnierte sich hier.

4. «Für alle diese Inkarnationen gilt, dass, wer sein Leben gerecht führt, ein besseres Los erlangt, wer ungerecht, ein schlechteres.» Das aber ist kein vorherbestimmtes Schicksal. Denn die Seele, die ehrlich nach Wissen strebt, wird daraufhin wieder beflügelt. Das ist die vierte Form der Manía.

5. Es gibt noch eine andere Möglichkeit des Wiederaufstiegs, wenn wir uns hier auf der Erde an die Schönheit erinnern, als wir im Gefolge des Zeus die überhimmlische Lichtwelt schauten. Wer als solcher auch in der sinnlichen Welt einen Ausfluss der Schönheit etwa in einer schönen Gestalt erblickt und sich für sie erwärmt, dessen Gefieder wächst wieder. Der das bewirkt, den nennen die Menschen *Eros*. Er schlägt die Brücke zu den Göttern, und ihm versucht der Mensch dann zu folgen.

6. Die zu Beginn der Darstellung gegebene Dreigliederung der Seele wird jetzt verständlich, denn das sittsame Pferd lässt sich leicht dazu bringen, das Gefährt emporzutragen, während das gefährliche Pferd lange Zeiten der Erziehung benötigt, bis ihm sein Streben nach irdischen Genüssen abgewöhnt ist und es dem Willen seines Lenkers ergeben folgt.

7. Schließlich, wenn der geliebte Mensch sieht, wie sein gotterfüllter Freund nach oben strebt, dann wird er sich ganz von selbst zu den geregelten Formen philosophischen Lebens hingezogen fühlen. «Denn ins Dunkel zu kommen auf dem Weg unter die Erde, ist denen nicht mehr bestimmt, die schon den Wandel unter dem Himmelsgewölbe begonnen haben, sondern sie sollen in einem Leben im Licht glücklich sein im gemeinsamen Wandel und … gemeinsam beflügelt werden um ihrer Liebe willen.» Mit einer Aufforderung an Phaidros, doch Lysias zur Philosophie und zu philosophischen Gesprächen hinzuwenden, endet die Rede.

Wer diese Rede des Sokrates in ihrem Verlauf mitgedacht hat, merkt schnell, daß sie genau denselben Gesetzmäßigkeiten folgt, wie die, die wir bereits beim Höhlengleichnis gefunden haben. Auch hier gibt es einen stufenweisen Aufbau, der vom konkreten Anlass an über das imaginative Bild emporgeführt wird, bis hin zum überhimmlischen Ort, wo dann gewissermaßen der Ausgang der Höhle ist und sich der Blick auf die Geisteswelt öffnet. Dann geht es wieder herunter, zuerst über die Brücke der Schönheit, sodann zu der Erziehung des unedleren Pferdes, bis schließlich der philosophische Freund zum großen Vorbild auf Erden werden kann. Das zunächst so chaotisch erscheinende Bild, in dem manches Thema mehrmals besprochen wird, ordnet sich so zu einem leicht überschaubaren Ganzen, dessen Teile sich gegenseitig tragen und ergänzen. Als Beispiel schaue man etwa die siebte Stufe an, in welcher der wahre Philosoph, der von göttlicher Manía bestimmt wird, den grotesken Anfang der Lysias-Behauptung ins Heilsame verwandelt.

Eine solche höhere Stufe des Bewusstseins, aus der heraus ein Inhalt nicht nur entwickelt, sondern auch gestaltet wird, ist nicht von Natur aus vorhanden, sondern muss über längere Zeiten hinweg erübt werden. Das weiß Platon, und dafür hat er ja auch seine Akademie gegründet. Um eine größere geistige Gestalt überschauen zu können, braucht man innere Kräfte, um den Überblick überhaupt im Bewusstsein halten zu können. Platon vergleicht sie mit denjenigen Kräften, die auch in natürlichen Organismen tätig sind und diese zu einer einheitlichen Gestalt bilden. Und so sagt er im *Phaidros,* aus dem unser letztes Beispiel auch stammt:

«Das wirst du doch zugeben, denke ich: dass jede Rede wie ein Lebewesen organisch aufgebaut sein und ihren eigenen Leib haben muss, sodass sie weder ohne Kopf noch ohne Füße ist, sondern Mitte und Enden hat, die so verfasst sind, dass sie zueinander und zu dem Ganzen in einem passenden Verhältnis stehen.»[177]

Innerhalb der Akademie gehörte eine solche Forderung zu den Lehr- und Übinhalten, denn auch Aristoteles hat diese inneren Gestaltungskräfte erlebt und sein Denken danach eingerichtet. Bei ihm klingt die Forderung dann so:

«Was die erzählende und in Versen nachahmende Dichtung betrifft, so ist es klar, dass sie die Mythen wie eineTragödie dramatisch aufbauen und dass sie sich auf eine einzige, geschlossene und vollständige Handlung beziehen soll mit einem Anfang, einer Mitte und einem Abschluss, damit das geschlossene Ganze wie ein organisches Wesen die entsprechende Freude hervorbringt.»[178]

Im *Phaidros* erklärt dann Sokrates auch noch, wie das in systematischer Form zu geschehen hat: Eine Rede soll etwa mit einer Einleitung beginnen, die das Thema hinstellt, dann sollen die benötigten Definitionen folgen, damit jeder auf demselben Diskussionsniveau ist und sich nicht jeder seine eigenen Vorstellungen bildet, dann sollen die Gründe und Beweise angeführt werden, bis dann am Schluss eine Zusammenfassung des

177 *Phaidros,* 264c.
178 *Poetik,* 1459 a 20.

Ganzen zu folgen hat. Aber selbst wenn solche Regeln sorgfältig ausgeführt worden wären, dann wäre doch immer noch nicht der gewünschte Organismus entstanden. Denn zu einem Organismus gehört, dass jedes Organ eine Beziehung zum Ganzen des Organismus zeigt und umgekehrt: dass in jedem Organ die Ganzheit sich offenbart.

Das ist nun nicht so einfach zu erklären und auch nicht einfach zu produzieren. Wir können davon ausgehen, dass die oben genannten Forderungen von Platon nicht nur als theoretische aufgestellt worden sind, sondern dass sie, wenigstens für ihn selbst, auch Richtschnur seiner Ausarbeitungen waren. Was alles an Aufmerksamkeit und Geisteskraft dazu gehört, soll deshalb hier am Beispiel des *Phaidros,* so gut es in der Kürze eben geht, dargestellt werden.

Schauen wir uns die Gestalt des *Phaidros* einmal genauer an:

I.   Das Werk beginnt mit einem vergnüglichen Spaziergang am Ilissos und der Verlockung, eine schriftliche Rede des Lysias vorgelesen zu bekommen. Als schließlich der Platz dafür gefunden ist, liest sie der davon begeisterte Phaidros vollständig vor, zum Entsetzen des Sokrates, der diese Rede ganz furchtbar findet, sowohl im Inhalt als auch in der Gestalt.

II.   Sokrates möchte das richtig stellen, und so hält er seine erste Rede mit dem vorgegebenen Thema des Lysias, sie aber in logischer Reihenfolge entwickelnd. Er endet damit, darauf hinzuweisen, dass ein solcher nicht-liebender Mensch, wie ihn Lysias schildert, schädlich wäre «für die Bildung der Seele, wo es doch Wertvolleres als sie nicht gibt noch geben wird, weder für Menschen noch für Götter».[179] Sokrates hat aber den Wunsch, weil sich sein Daimonion gemeldet hat, auch das Thema richtig zu stellen, denn er schämt sich, überhaupt so gesprochen zu haben.

III. So folgt die zweite Rede des Sokrates, in der er das Bild des Seelenwagens entwickelt, das wir oben schon ausführlicher referiert haben.

IV.   In der Mitte des Werkes – es ist auch aussen gerade Mittagszeit – geht es dann um die Frage des schönen oder schlechten Redens und Schreibens. Man entschließt sich, sich nicht vom Schlaf übermannen zu lassen, sondern tätig zu sein und den Musen dieses Ortes zu huldigen, indem das philosophische Gespräch fortgesetzt wird.

V.   Voraussetzung für eine schöne Rede, so sagt Sokrates, ist die Kenntnis der Wahrheit. Aber das genügt noch nicht. Man muss auch die Seelenführung während des Redens beachten. Das ist «eine Frage der

179 *Phaidros,* 241c.

Kunst», denn man muss den Zusammenhang völlig durchschauen können.

VI. Dies führt aber zu dem Gesichtspunkt, den wir hier schon behandelt haben, dass nämlich eine Rede wie ein organisches Lebewesen aufgebaut sein muss. «Das vielfach Zerstreute» soll man «durch Zusammenschau in eine einzige Form bringen», das ist die Aufgabe des Dialektikers, eine Formulierung, die wir schon aus dem *Staat* kennen. Was für die Natur gilt, das gilt auch für die Seele, denn so wenig man von der Natur etwas erfährt, ohne Berücksichtigung des Werdens des Ganzen, so wenig erfährt man etwas über die Natur der Seele, ohne die Ganzheit ihrer Gestalt berücksichtigt zu haben.

VII. Das letzte nun noch folgende Kapitel scheint nur noch wenig mit dem Ablauf des Dialogs zu tun zu haben. Es ist die berühmte Abhandlung über das Wesen des Schriftlichen und seiner Herkunft aus Ägypten. Das führt zu der Frage, was man aufschreiben darf und kann und was nicht.

Platon ist zunächst der Meinung, dass eine schriftliche Ausformulierung immer ungenügend ist und einer mündlichen Nachhilfe bedarf, damit der beabsichtigte Sinn auch beim Leser ankommt. Aber es gibt auch «die Rede des Wissenden, die lebt und beseelt ist, von der die geschriebene zu Recht eine Art Abbild genannt werden könnte». Aber von dieser Ausnahme abgesehen ist es doch viel schöner, «wenn einer nach den Regeln der dialektischen Kunst, sobald er auf eine geeignete Seele trifft, zusammen mit Verständnis Worte in sie pflanzt und sät, die die Fähigkeit haben, sich selbst und ihrem Autor zu helfen, und die nicht fruchtlos bleiben, sondern Samen tragen …» Mit einem Appell für mündlichen Unterricht, der angemessen auf das Fassungsvermögen des Schülers eingehen kann, so wie es Sokrates dem Phaidros vorgemacht hat, endet der Dialog. Zum Schluss wird Phaidros beauftragt, dieses Ergebnis dem Lysias zu übermitteln, denn solche Reden zu schreiben, bei denen es auf die Wahrheit nicht ankommt, ist eines Philosophen unwürdig. Ein Liebhaber der Weisheit weiß Besseres.

Dies in Kürze, um zu zeigen, dass auch der ganze Text des *Phaidros* als eine gegliederte Gestalt komponiert wurde. Wieder kann die stufenweise Entwicklung des Textes bestaunt werden mit seinem symmetrischen Aufbau, wobei der jeweils zugehörige Abschnitt (z.B. 1. zu 7.) die gereinigte und verwandelte Form darstellt. Ganz offensichtlich ist das natürlich bei Anfang und Ende: Phaidros hat eine in jeglicher Hinsicht unvollkommene, aber aufgeschriebene Rede dabei, die er dem entsetzten Sokrates vorliest. Am Schluss empfindet sich dann der verwandelte Phaidros beauftragt, Lysias zu philosophischen Gesprächen einzuladen, weil er eingesehen hat, dass man mit solchem Geschreibsel keinerlei Ruhm gewinnen kann.

Das zweite hängt mit dem sechsten Kapitel insofern zusammen, als Sokrates mit seiner ersten Rede, unabhängig vom Thema, zeigt, wie die Gesetze einer organischen Rede anzuwenden sind: Themenstellung, Definitionen … usw. bis zur Zusammenfassung. Alle diese Elemente werden dann ja im Einzelnen auf der sechsten Stufe behandelt.

Das dritte Kapitel, das das Streben nach Wahrheit und Schönheit im Bilde des Seelenwagens entwickelt, wird im fünften Kapitel durchleuchtet, wo die Frage der künstlerischen Seelenführung und die des Zusammenhangs bewusst gemacht wird. Das Bild des Seelenwagens selbst ist dabei schon als ein Beispiel für ein solches künstlerisches Bild aufzufassen

Die Mitte des *Phaidros* steht allein für sich. In der Mitte des Tages, zur Mittagszeit, da kommt es darauf an, sich nicht von der Müdigkeit des Leibes übermannen zu lassen, sondern sich aufzuraffen und weiter geistig tätig zu sein.

Vor diesem Hintergrund kann man nun aber noch einen Schritt weiter gehen, und erst dann kann aufleuchten, was eine «Rede wie ein Organismus» eigentlich bedeutet. Im Organismus hat ja jedes Organ eine Beziehung zum Ganzen und zeigt im Kleinen ganz ähnliche Funktionen wie der gesamte Organismus. Da wir hier schon ein solches Organ, die Rede vom Seelengespann, angeschaut haben, ist es auch möglich, die beiden «Gliederungen», diejenige des mythischen Bildes mit der des ganzen Werkes, zu vergleichen. Es wird sich dann zeigen, inwiefern das Organ ein Abbild des großen Organismus ist.

Vergleichen wir jeweils die sieben Stufen miteinander: Also zuerst das I. Kapitel des ganzen Dialoges mit dem 1. Punkt der zweiten Rede des Sokrates, dann das II. Kapitel des Dialoges mit dem 2. Punkt der zweiten Rede des Sokrates, usw:

I.   Phaidros liest dem Sokrates die schriftliche Rede des Lysias vor, Sokrates ist entsetzt.

1.   Sokrates weist die Rede des Lysias nochmals als unwahr zurück und will sie richtig stellen.

II.   Sokrates hält seine erste Rede, in der er – unabhängig vom Thema – zeigt, wie eine Rede eigentlich gestaltet sein müsste, wenn ein Mensch Bildung hätte.

2.   Das Seelengespann und die Schwierigkeiten, die der Lenker hat,

wenn er die beiden Pferde von so ungleicher Herkunft zu lenken hat. Das unedle Pferd und seine Beziehung zur irdischen Welt.

III. Die Rede vom Seelenwagen, ausgehend von göttlicher Höhe und wieder dorthin aufsteigend.

3. Der Seelenwagen zwischen überhimmlischem Ort und Inkarnation auf der Erde.

IV. Schönes oder schlechtes Reden und Schreiben. Beginn des Gesprächs darüber.

4. Die Seele, die nach Wissen strebt, wird wieder beflügelt.

V. Eine schöne Rede ist immer wahr, weil zusammenhänglich gestaltet.

5. Die Schönheit als Brücke zwischen irdischer und himmlischer Welt.

VI. Eine Rede soll wie ein organisches Lebewesen aufgebaut sein.

6. Um in höhere Gefilde aufsteigen zu können, muss der Lenker sein unedles Pferd über längere Zeiten hinweg erziehen, damit es ihm willig folgt.

VII. Das Wesen des Schriftlichen. Welche Art von Reden kann man aufschreiben und welche nicht?

7. Wer sich den geregelten Formen philosophischen Lebens hingeben will, der schreibt nichts auf (wie Lysias), sondern folgt dem lebendigen Gespräch.

Man sieht wohl aus dieser Gegenüberstellung, wie verschränkt die einzelnen Glieder mit dem ganzen Text sind, sodass in den einzelnen Kapiteln jeweils ein Bezug zu den anderen Teilen des Werkes besteht. Man sieht aber auch, was vielleicht mit der berühmten ungeschriebenen Lehre Platons gemeint sein könnte.[180] Ich glaube nämlich nicht, dass es irgendeine «Lehre» gegeben hat, die vielleicht in der Akademie nur mündlich weitergegeben wurde, sondern dass es sich nur um eine «Lehre» handeln kann, die prinzipiell nicht aufschreibbar ist. Dies aber nicht deswegen, weil es dort um Inhalte ginge, für die man keine Begriffe hätte – das wären die in den Mysterien wohlbekannten «unsagbaren» Erfahrungen –, sondern weil solche Inhalte nicht in Begriffe eingeformt werden können, wohl aber in übersinnliche «lebendige Gestalten». Diese sind schriftlich nicht in einzelnen Worten aufzufinden und deswegen auch nicht aufschreibbar; wer aber den ganzen Text auf seine Gestaltung, auf seinen Zusammenhang hin befragt, wird sie finden.

Diese Stufe der Verschriftlichung eines realen metaphysischen Inhalts entspricht nun wieder der zweiten Stufe übersinnlicher Erfahrungen in

180 K. Gaiser, *Platons ungeschriebene Lehre,* Stuttgart ²1968; H. Krämer, «Platons ungeschriebene Lehre», in: T. Kobusch / B. Mojsisch, *Platon,* Darmstadt 1996, S. 249–275.

den Mysterien, die man zwar nicht leicht verstehen, die man sich aber erklären lassen konnte. Der Mystagoge konnte einem da genauso zu Hilfe kommen, wie Platon seinen Schülern zu Hilfe kommen konnte, wenn er sie mündlich auf die Zusammenhänge aufmerksam machen wollte. Solche Schriften sind von «Wissenden» verfasst worden, und sie wissen auch warum. Als normaler Leser kann man sich dann immer noch an den Einzelheiten erfreuen, den tieferen Sinn jedoch wird man nicht finden. Er wird verschlossen bleiben, weil der Verfasser nicht wollte, dass er ohne weiteres offenbar würde.

Als ein einfaches Beispiel für eine solche Verschlüsselung, die ungesagt bleibt, weil man den Gesprächspartner nicht für würdig genug hält, ihm das zu offenbaren, sei der Anfang des Dialoges *Phaidros* gewählt. Er gehört ja seit je zu den vergnüglichen Texten, die man immer wieder gern liest. Um aber hier nicht fehlzugehen, muss man wissen, wer Phaidros eigentlich ist, denn dann versteht man sofort, warum sich Sokrates in einer ganz bestimmten Weise verhält.

Phaidros gehörte zu einer Gruppe von vornehmen jungen Männern, die zusammen mit Alkibiades in den Hermenfrevel bzw. in andere Freveltaten verwickelt waren. Kurz vor der Ausfahrt der Flotte nach Sizilien sind eines Nachts allen Hermen in Athen die Köpfe abgeschlagen worden. Dies sah man selbstverständlich als böses Omen für die Sizilienunternehmung an. Im Zuge der heftigen Nachforschungen fand man dann außerdem auch noch heraus, dass bei einigen Gelegenheiten die Mysterien von Eleusis nachgeäfft worden waren.[181] Zu den Mitwirkenden dabei gehörte auch Phaidros. Er konnte gerade noch fliehen, musste aber von 415 bis 404 als Flüchtling außerhalb Athens leben, ehe er, am Ende des Peloponnesischen Krieges, amnestiert wurde.[182] Er zeigte sich also bei dieser Gelegenheit als ein Mensch, der die Mysterien nicht ernst nehmen konnte, und als einen solchen behandelt ihn auch Sokrates.

Sokrates trifft Phaidros außerhalb der Stadtmauer, nachdem er bei Lysias Reden gehört und sich eine Abschrift davon besorgt hatte. Sokrates bittet ihn, dass er ihm die Rede vorlesen möchte, Phaidros ist dazu bereit, und so suchen sie einen Ort, wo sie sich hinsetzen können. Phaidros schlägt vor: «Lass uns hier abbiegen und am Ilissos entlang gehen; dann setzen wir uns an einen ruhigen Fleck, wo es uns gefällt … So können wir bequem dem Flüsschen folgen, mit den Füßen im Wasser, und es ist eine Wohltat, zumal um diese Jahreszeit und diese Stunde. – Geh also voran und schau dabei, wo wir uns niederlassen können. – Gut, siehst du dort die mächtige Platane? – Sicher. – Dort ist Schatten, ein leichter Wind und Gras zum Sitzen oder, wenn wir wollen zum Liegen. – …

181 *Thukydides,* VI, 26 ff.
182 Ausführlich bei: Debra Neils, *The People of Plato,* Indianapolis 2002, p. 17–20, 232–234.

Sag mal Sokrates, soll nicht ungefähr von hier am Ilissos Boreas die Oreithyia geraubt haben? – So heißt es. – Also von hier? Lieblich jedenfalls,
sauber und klar scheint das Wasser, geeignet, dass Mädchen daran spielen.
– Nein, sondern etwa zwei oder drei Stadien weiter unterhalb, wo der Weg
zum Heiligtum von Agra über den Bach führt: auch ist dort irgendwo ein
Altar des Boreas. – Er ist mir nie aufgefallen. Doch, bei Zeus, Sokrates, sag,
glaubst du, dass diese Geschichte wahr ist? – Nun, wenn ich sie nicht
glaubte, wie die Gelehrten, so wäre das nicht abwegig. Ich würde dann
gescheit behaupten, ein Windstoß aus Norden habe sie die nahen Felsen
hinabgestoßen, als sie mit Pharmakeia spielte, und als sie so geendet hatte,
habe man dann erzählt, sie sei von Boreas entführt worden; oder vom
Areshügel weg: auch die Geschichte nämlich wird erzählt, dass sie von
dort und nicht von hier geraubt wurde. Doch was mich angeht, Phaidros,
so finde ich dergleichen zwar einerseits ganz hübsch, meine aber, dazu
gehöre ein tüchtiger und fleißiger Mann, der auch nicht eben zu beneiden
ist, und das aus dem einfachen Grunde, weil er im Anschluss daran die
Gestalt der Hippokentauren erklären muss und ferner die der Chimaira,
und heran wälzt sich ein ganzer Haufen ähnlicher Figuren, Gorgonen und
Wesen wie Pegasos und andere unerklärliche Gestalten, eine wunderliche
Fülle missgestalteter Kreaturen. Wenn jemand an diesen zweifelt und alles auf Wahrscheinlichkeiten zurückführen will, indem er sich auf eine
recht grobe Theorie stützt, so braucht er viel freie Zeit; und der Grund,
mein Lieber, ist folgender. Noch kann ich nicht, wie die Delphische Inschrift verlangt, mich selbst erkennen; da scheint es mir lächerlich, wenn
ich hier noch ahnungslos bin, mich um Dinge zu kümmern, die mich
nichts angehen. Deshalb also lasse ich diese Geschichten auf sich beruhen,
folge für sie der allgemeinen Meinung und prüfe, wie gesagt, nicht sie,
sondern mich selbst, ob ich etwa ein Ungeheuer bin, komplizierter noch
und aufgeblasener als Typhon, oder aber ein zahmeres und einfacheres
Geschöpf, dem von Natur aus ein gewissermaßen göttliches und an-
spruchsloses Leben zukommt. Doch, mein Freund, nebenbei bemerkt, war
das nicht der Baum, zu dem du uns führen wolltest? –
Genau der war es. – Ja bei Hera, schön ist der Ruheplatz. Weit ausladend
und hoch hier die Platane, prächtig der hohe Wuchs des Keuschbaumes
und die schattige Atmosphäre; und weil er in Blüte steht, wird er den Platz
mit süßestem Duft erfüllen. Und dann die Quelle, die allerliebst unter der
Platane hervorsprudelt mit ganz kühlem Wasser, wie an den Füßen zu
spüren. Nach den kleinen Figuren und Votivgaben zu urteilen, scheint der
Ort Nymphen und dem Acheloos geweiht zu sein. Und ferner, mit Ver-
laub, die frische Luft an diesem Ort, wie lieblich und überaus angenehm;

sommerlich und hell tönt sie wider vom Chor der Zikaden. Von allem aber das Herrlichste ist die Art des Rasens, wie er in seiner sanften Neigung, wenn man sich hinlegt, für den Kopf die ideale Unterlage bietet. Bestens also hast du dich als Fremdenführer bewährt, lieber Phaidros. –»

Am Schluss, nach Ende des Gesprächs, richten sie noch ein Gebet an die Götter:

«Lieber Pan und ihr anderen Götter dieses Ortes hier, gebt, dass ich schön werde innerlich und dass mein äußerer Besitz dem inneren nicht widerstreitet. Für reich möchte ich den Verständigen halten. An Gold aber möchte ich nur eine solche Menge haben, wie der Besonnene sie sich anzueignen vermag. Haben wir noch etwas anderes nötig, Phaidros?»

Wenn Phaidros die Mysterien von Eleusis hätte ernst nehmen können, dann wäre ihm an der ganzen Situation etwas aufgefallen und Sokrates hätte ihm dabei, wie ein Mystagoge, zu Hilfe kommen können. Aber er tut es nicht, im Gegenteil, er hält sein Wissen so weit zurück, dass Phaidros von einem tieferen Gehalt nichts merkt.

Während die Situation nämlich zunächst so aussieht, als ob man sich lediglich nach einem schönen Plätzchen umgeschaut hätte, ist für den eleusinischen Initiierten klar, dass man sich ganz nahe am Ort der Kleinen Mysterien befindet. Der Hinweis des Sokrates, zwei bis drei Stadien weiter unten (= 400 bis 600 m), bezieht sich zwar nicht auf den Raub der Oreithyia durch Boreas, sondern auf den Raub der Persephone durch Hades, aber das ist auch noch «ungefähr hier am Ilissos». Das erwähnte Heiligtum von Agra ist der genaue Ort, wo die Kleinen Mysterien von Eleusis stattgefunden haben.[183] Und an dem Ort, wo sich Phaidros und Sokrates niederließen, hat man tatsächlich ein Relief gefunden, auf dem die genannten Götter (Nymphen und Acheloos) abgebildet waren und dazu noch Hermes sowie Demeter und Kore.[184]

Wer sich auskannte damals in Athen, hat den Mysterienbezug sofort verstanden. Das ist auch inhaltlich so. Denn die Kleinen Mysterien hatten ja als Aufgabe die Reinigung des Seelenlebens zu besorgen, und das taten sie, indem sie die Einzuweihenden über die Götterwelt belehrten. Da die alten Lehren über die Götterwelt in Mythenform vorlagen, mussten sie also lehren, wie man die Bilder aufschließen, deuten und verstehen kann. Und genau um diese Thematik kreist anfangs die Unterhaltung zwischen Sokrates und Phaidros. Zwar gibt Sokrates zu, die alten Mythen nicht oberflächlich deuten zu wollen wie die «Gelehrten», aber er gesteht auch ein, dass er zumindest nicht über eine tiefere Deutung sprechen will, weil er sich dazu «selbst erkennen» müsste, wie es ja der Apoll von Delphi fordert. Wenn man sich aber selbst erkennen könnte, dann würde man

183 Vgl. W. Burkert, *Homo Necans*, Berlin 1972, S. 293.
184 Vgl. den Kommentar von E. Heitsch zu *Phaidros*, S. 72. Das Relief wurde bereits 1759 entdeckt und befindet sich heute in den Staatlichen Museen zu Berlin. Vgl. den Kommentar zur franz. Ausgabe des Phaidros von Luc Brisson, Paris 1989, S. 32.

wohl bald entdecken, dass manche der alten mythischen Gestalten sich auf Kräfte des eigenen Seelenlebens beziehen und demnach nur Bilder für intime seelische Vorgänge sind. Da aber Phaidros davon offenbar noch keine Ahnung hat, bricht Sokrates das Gespräch an dieser Stelle abrupt ab und lenkt den Blick wieder auf die Welt zurück.

Indessen, es lässt sich nicht leugnen, «der Platz scheint heilig zu sein»,[185] denn seine guten Geister inspirieren Sokrates zu seinen enthusiastischen Reden. Auch dieses Phänomen ist aus den Mysterien von Eleusis bekannt. Es zeigt sich äußerlich in der Verhüllung des Hauptes, mit der er seine erste Rede wie ein Blinder gehalten hat, ehe er, von seinem Daimonion dazu aufgefordert, sich mit seiner zweiten Rede davon reinigt. Da hat er sein Haupt wieder enthüllt, er ist wieder sehend geworden. Dieses Motiv ist schon aus dem «homerischen» Demeter-Hymnus bekannt, denn erst durch die Weihen wird der Mensch zum Sehen geführt. Sokrates spricht hier, als er seinen Seelenmythos entwickelte, quasi als Eingeweihter von Eleusis. Phaidros dagegen – und mit ihm der moderne Leser – merkt davon nichts, und so entgeht ihnen der ganze tiefere Sinn.

Der Anfang des *Phaidros* zeigt sehr schön, welch doppelter Sinn in dem ganzen Text versteckt sein kann. Wenn uns auch der Autor hier nicht mehr zu Hilfe kommen kann, so ahnen wir doch, daß «die ungeschriebene Lehre Platons» viel mehr bedeuten kann als das, was der vorhandene Text auf den ersten Blick zeigt. Auch wir bräuchten einen Mystagogen, der uns auf den tieferen Gehalt aufmerksam machen könnte, der uns, als ein Freund der Weisheit, die versteckten Bilder deutete und als echter Philosoph, wie ihn Platon im *Phaidros* nennt, dem Text zu Hilfe kommen könnte.[186]

Irgendwie hat man in der Platonischen Schule immer von solchen Deutungsschwierigkeiten gewusst, denn noch bei Diogenes Laertius im 3. Jahrhundert n.Chr. findet sich folgende Anmerkung zu Platons Werk: «Für die Auslegung seiner Lehre gelten folgende drei Regeln. Zuerst gilt es Bescheid zu geben über Wortsinn und Bedeutung jeder Stelle; sodann über die zugrunde liegende Absicht, ob es als Hauptsache für sich im eigentlichen Sinne oder bloß im bildlichen Sinn zu nehmen ist und ob es zur Stütze seiner Lehrsätze oder zur Widerlegung der Mitunterredner dient; und drittens, ob es mit dem Gesagten seine Richtigkeit hat.»[187]

Obwohl aus dieser Stelle nicht mehr ganz eindeutig hervorgeht, was Platon wirklich gemeint hat, so ist doch so viel sicher, dass ein eigentlicher von einem bildlichen Sinn geschieden werden sollte. Hier kommen wir nur weiter, wenn wir die späteren Überlieferungen zu Rate ziehen, denn

185 *Phaidros,* 238d, vgl. auch 262d.
186 Vgl. dazu das Kapitel «Die Hilfe für den Logos in den Dialogen», in: Th. Szlezák, *Platon lesen,* Stuttgart 1993, S. 77 ff.
187 Diogenes Laertius, *Lehren und Meinungen berühmter Philosophen,* III, 65.

gerade die Akademie hat ja als Schule, mit Unterbrechungen zwar, über Jahrhunderte hin fortbestanden.

Noch ein Wort zum eigentlichen Ziel der Schule, denn auch das lebte jahrhundertelang fort. Wir haben bisher gesehen, dass Platons ganze Intention darauf ausgerichtet war, eine Mysterienschule zu begründen, die zu demselben «Schauen der Wahrheit»[188] führte wie in den Mysterien von Eleusis. Wer dieses Ziel nicht aus dem Blick verlor und sich immer weiter darum bemühte, der näherte sich den Göttern und machte sich bei ihnen bekannt. «Denn niemals werden die Götter den im Stich lassen, der sich bemühen will, gerecht zu sein und in der Ausübung der Tüchtigkeit Gott ähnlich zu werden, soweit das einem Menschen möglich ist.»[189] Aristoteles, der als Schüler der Akademie zwanzig Jahre lang dieses Ziel lebte und dem Vorbild Platons nachstrebte, hat es einmal, nachdem er das geistige Schauen als höchste Fähigkeit des Menschen hingestellt hatte, eindrucksvoll formuliert:

«Ein solches Leben (das Tätigsein des Geistes im Akt des Schauens) aber ist übermenschlich, denn man kann es in dieser Form nicht leben, sofern man Mensch ist, sondern nur sofern ein göttliches Element in uns wohnt. Und so groß der Unterschied zwischen diesem göttlichen Element und unserer zusammengesetzten Wesenheit ist, so weit ist auch das Wirken des göttlichen Elements von den übrigen Formen wertvoller Tätigkeit entfernt. Ist also, mit dem Menschen verglichen, der Geist etwas Göttliches, so ist auch ein Leben im Geistigen, verglichen mit dem menschlichen Leben, etwas Göttliches. Wir sollen aber nicht den Dichtern folgen, die uns mahnen, als Menschen uns mit menschlichen und als Sterbliche mit sterblichen Gedanken zu bescheiden, sondern, soweit wir können, uns zur Unsterblichkeit erheben und alles tun, um unser Leben nach dem einzurichten, was in uns das Höchste ist.»[190] Dieses reine Schauen, wie es auch Aristoteles nennt, führt einerseits den Menschen zur höchsten Seligkeit und andererseits macht es ihn mit der Götterwelt bekannt. Denn «wer ein aktives Leben des Geistes führt und den Geist pflegt, von dem darf man sagen, sein Leben sie aufs Beste geordnet und er werde von den Göttern am meisten geliebt … Und das deswegen, weil er sich um das bemüht, was den Göttern nahe steht … Dass dies aber im höchsten Grade bei dem Philosophen zu finden ist, darüber besteht kein Zweifel.»[191] Mit diesem hohen Ziel und mit einer Methode ausgestattet, um dieses Ziel auch erreichen zu können, tritt die Platonische Akademie in die Geistesgeschichte der Menschheit ein. Es geschieht zu der Zeit, als die Mysterien noch ihren letzten Glanz entfalten, wo aber schon absehbar ist, dass dieser bald dahinschwinden wird. Umgekehrtes gilt für die Platonische

188 *Politeia*, V, 475e.
189 *Politeia*, X, 613a.
190 *Nikomachische Ethik*, X, 1177b.
191 *Nikomachische Ethik*, X, 1179a.

Schule. Sie ist auf einem solch soliden Fundament begründet worden und hat so viele Schüler von einem gemeinsamen Geistesstreben überzeugt, dass immer wieder Einrichtungen geschaffen wurden, die im Sinne der Tradition und bald auch im Sinne des Christentums die «akademische» Lehrweise erneut praktizierten. Eine der frühesten solcher Neugründungen war, wenn man sie so nennen darf, die «christlich-platonische» Schule von Alexandria. Sie ist im 2. Jahrhundert n.Chr. von Clemens von Alexandria begründet worden als eine Mysterienschule im Sinne Platons. Auch hier werden die «göttlichen Mysterien und jenes heilige Licht» nur denen mitgeteilt, die es zu fassen imstande sind. «Freilich hat er nicht vielen enthüllt, was nicht vielen gehörte, sondern nur wenigen, von denen er wusste, dass es ihnen zukam und die im Stande waren, es aufzunehmen und sich danach umgestalten zu lassen. Das Unaussssprechliche (aporreta) wird wie Gott, durch Wort, nicht durch Schrift geglaubt … denn warum kennen nicht alle die Wahrheit? … In mysterienhafter Weise werden die Mysterien überliefert, damit sie auch im Munde des Sprechenden seien und dessen, zu dem gesprochen wird, oder vielmehr nicht in der Stimme, sondern in Gedanken.»[192]

Entsprechend dieser Zielsetzung handelt es sich auch hier um eine Schule, die das Denken übt und so auf eine höhere Stufe hebt.«Das Denken wird nämlich durch Übung zum steten Denken ausgedehnt, das stete Denken wird durch ununterbrochenes Reflektieren zum Wesen des Erkennenden und bleibt … eine lebendige Substanz.»[193] In der Folge wird ausdrücklich noch betont, dass dazu Mühe und Ausdauer vonnöten sind, «denn wir sollen nicht durch Emporhebung dorthin, wohin wir wollen, versetzt werden, sondern gehend dahin gelangen, indem wir den ganzen engen Weg überwinden». Wer jedoch diesen Mysterienweg geht, gelangt zu denselben Zielen, die auch ein alter Eingeweihter erreichte, nur dass er auf die schockartige Einweihung, mit der die Emporhebung verbunden war, zugunsten des kontinuierlichen Weges verzichtete. Das Ziel war hier wie dort «die auf dem Schauen beruhende Erkenntnis.»

Die Blüte dieser Schule wird unter dem Nachfolger des Clemens, unter Origenes, erreicht. Wenn er sich auch nicht äußerlich auf Platon bezieht, so unterrichtet er doch in dessen Sinn, sowohl was den Mysterienunterricht dem Inhalt nach auszeichnet als auch der Methodik nach. In seiner Schrift *Peri Archon*, dem ersten Versuch einer systematisch angelegten Darstellung des christlichen Glaubens, legt er dies auch dar, sodass jeder griechisch gebildete Mensch sofort wusste, mit welcher Art von Geistesleben er es hier zu tun hatte. Dementsprechend wird auch gleich in der Vorrede kundgetan, dass das Ziel sei, «Gott zu schauen», was Origenes

192 Clemens von Alexandria, *Die Teppiche*, übers. v. F. Overbeck, Basel 1936, 1. Buch, Kap. 1, 13,1 ff.
193 Ebd., 4. Buch, Kap. 22, 136,4 ff.

natürlich mit einem Christus-Erleben verbunden hat, und dass man dazu einen göttlichen Sinn bräuchte. «Mit diesem göttlichen Sinn also, der nicht den Augen, sondern dem reinen Herzen, d.h. der Vernunft, angehört, kann Gott von denen gesehen werden, die dessen würdig sind. Dafür, dass das Herz an Stelle der Vernunft, d.h. der Denkkraft, genannt wird, wirst du jedenfalls in allen Schriften des Neuen und des Alten Testaments eine Fülle von Beispielen finden.»[194]

Ist schon diese Vorrede ganz mit dem in Übereinstimmung, was wir aus Platons Akademie kennen gelernt haben, so würde sich dieses gleichläufige Geistesleben noch deutlicher offenbaren, wenn wir uns die Zeit nehmen könnten, um das 8. Kapitel im II. Buch zu studieren. Es sei hier dem privaten Studium empfohlen. Überraschend aufschlussreich ist hingegen das 11. Kapitel des II. Buches unter dem Titel «Verheißungen», denn da wird behandelt, was sich Origenes vorstellt, wenn er ernst nimmt, was Sokrates im *Phaidon* verkündet, indem er begründet, warum er sich aufs Jenseits freut. Dort heißt es: «Wenn die Seele unsterblich ist, dann bedarf sie sorgfältiger Pflege, nicht nur für diese Zeit, die das umfasst, was wir ‹Leben› nennen, sondern für alle Zeit, und es dürfte sich jetzt gezeigt haben, wie furchtbar die Gefahr ist, wenn sie jemand vernachlässigt … Da die Seele jetzt aber offenbar unsterblich ist, dürfte es für sie kein anderes Ausweichen vor den Übeln und keine Rettung geben, als so gut und einsichtsvoll wie möglich zu werden. Denn zum Hades geht sie mit keinem anderen Besitz als mit ihrer Bildung und mit ihrer Erziehung.»[195]

Was hier Bildung genannt wird, das hatte Platon ja ausführlich im *Staat* erklärt; es sind die Begriffe, deren Zusammenhänge man sich bis zu einem genügenden Grade zu eigen gemacht und also verstanden hatte.

Auch bei Origenes werden diejenigen Strebenden, die «etwas Besseres kennen als das Körperlich-Sichtbare und sich um Weisheit und Erkenntnis mühen» und nach der Wahrheit streben, von den nur so in den Tag Hineinlebenden unterschieden. Das Tragische ist aber, dass diejenigen, die von geistiger Mühe nichts wissen wollen und sich sozusagen nur nach der Oberfläche richten und dem Drang nach Genuss Raum geben, auch ein trostloses nachtodliches Leben zu erwarten haben. Wer aber «in diesem Leben … fromme, religiöse Studien pflegt, der mag nur etwas Geringes aus dem großen, unermesslichen Schatz des göttlichen Wissens sich aneignen; aber er erlangt großen Nutzen schon dadurch, dass er seinen Sinn auf die liebende Bemühung um die Erforschung der Wahrheit richtet und ihn bereit macht, die zukünftige Erziehung anzunehmen. Es ist wie bei einem, der ein Porträt malen will: wenn er die Umrisse der späteren Gestalt zuerst mit feinem Stift schattenhaft zeichnet und eine Skizze vorbe-

194 Origenes,
Peri Archon, I, 9.
195 *Phaidon*, 107c–d.

reitet … Daraus ergibt sich, dass denen, die schon eine skizzenhafte Andeutung der Wahrheit und des Wissens in diesem Leben ‹haben›, im künftigen die Schönheit des vollendeten Bildes hinzugegeben werden soll.» Dabei kommt es nicht darauf an, mit welchen Themen er sich beschäftigt hat, das können naturwissenschaftliche, seelische, geschichtliche sein oder auch Fragen nach dem Schicksal eines Menschen; doch ebenso geeignet ist ein Interesse für göttliche oder geistige ‹Gegenstände› – auf den Inhalt kommt es nicht an. Diejenigen, die sich aber überhaupt Erkenntnisse erworben haben, deren Skizzen werden nach dem Tode weiter ausgestaltet, indem sie in ein Paradies Zutritt bekommen, «einer Stätte der Erziehung, sozusagen einem Hörsaal, einer Schule der Seelen. Dort werden sie über alles, was sie auf der Erde gesehen haben, belehrt.» Die Skizzen, welche die Verstorbenen mitgebracht haben, werden dort «ausgemalt», das heißt, die Erkenntnisse wachsen, was immer eine entsprechende Freude hervorbringt. Wenn also in den Mysterien von Eleusis davon gesprochen wird, dass die Eingeweihten «dreimal selig» sind, weil sie eine andere Perspektive für das Leben nach dem Tode haben, so heißt das für die philosophisch Geschulten, dass auch sie dreimal selig sein können, weil sie ihre Skizzen, die ihnen ihre «Bildung» lieferte, mitnehmen können, und diese ihnen dort sogar tiefere Erkenntnisse ermöglicht. Wer also hier ein Geistesleben pflegte, hat dort nicht mehr nur die schattenhaften Erlebnisse, welche die homerischen Helden im Hades haben, weil sie nur ihren Leib vermissen, sondern er hat tatsächlich eine andere Erfahrungsweise in jenem Leben, weil das, was ihn hier interessierte, ihn dort weiter beschäftigt und ihn mit Erkenntnissen beschenkt.

Mit dieser Perspektive, die in allen Einzelheiten bei Origenes geschildert wird, wird auch verständlich, was mit den rätselhaften Worten des Sokrates im *Phaidon* gemeint ist. Sokrates beruft sich dort nur auf seine philosophische Lebensführung, die ihm die freudige Zuversicht ermöglicht; jetzt aber wird deutlich, dass sich dadurch das ganze nachtodliche Leben ändert. Dies aussprechen zu können, gelang erst Origenes, wohl, weil er das Wachsen des Geisteslebens nach dem Tode mit dem Wirken des auferstandenen Christus in Verbindung bringen konnte.

Auch methodisch knüpft Origenes an die Schulungsmöglichkeiten der Akademie an. Dieses Thema leitet er mit der berühmten Paulus-Stelle aus dem 1. Korintherbrief ein, in der es heißt: «Weisheit aber reden wir unter den Vollkommenen (= die Eingeweihten von Eleusis); aber das ist nicht die Weisheit dieser Welt, auch nicht die der Fürsten dieser Welt, welche vergeht; sondern wir reden von Gottes Mysterienweisheit, die bis jetzt verborgen war.»[196] Paulus setzt dann fort: «Uns hat Gott dieses Geheimnis

196 1. Kor. 2,6.

enthüllt durch seinen Geist, den er uns gegeben hat. Denn der Geist erforscht alles, auch die geheimsten Absichten Gottes … Wir haben aber nicht den Geist dieser Welt erhalten, sondern den Geist, der von Gott kommt. Darum können wir erkennen, was Gott uns geschenkt hat. Davon reden wir nicht in Worten, wie sie menschliche Weisheit lehrt, sondern in Worten, die der Geist Gottes eingibt. Von dem, was Gott uns durch seinen Geist offenbart, reden wir so, wie sein Geist es uns lehrt. Menschen, die sich auf ihre natürlichen Fähigkeiten verlassen, lehnen ab, was der Geist Gottes enthüllt. Es kommt ihnen unsinnig vor. Sie können nichts damit anfangen, weil es nur mithilfe des Geistes beurteilt werden kann. Wer dagegen den Geist hat, kann über alles urteilen, aber nicht von jemand beurteilt werden, der den Geist nicht hat.»[197]

Dergleichen Sätze -und deren Verteidigung durch Origenes - zeigen nur wieder, wie stark die platonischen Unterscheidungen fortgelebt haben. Das wird besonders in der Fortführung dieses Kapitels deutlich, in der Origenes die «beiden Seelen» des Menschen entwickelt, eine gute, himmlische Seele und eine niedere, welche den irdischen Versuchungen zuneigt. Unschwer sind darin unsere beiden Pferde aus dem *Phaidros* zu erkennen, allerdings sind sie hier ihrer Bildlichkeit vollkommen entkleidet.

Einer der deutlichsten Hinweise auf eine vertiefte Mysterien-Methodik ist in dem Schlusskapitel von *Peri Archon* zu finden, in dem Origenes den für die ganze weitere Zukunft entscheidenden dreifachen Schriftsinn entwickelt. Er schließt ihn an die Frage an, was sind die «Worte, welche der Geist lehrt?». «Der uns richtig erscheinende Weg zum Umgang mit den Schriften und zum Verständnis ihres Sinnes ist folgender: … Dreifach muss man sich die ‹Sinne› der heiligen Schriften in die Seele schreiben: Der Einfältige soll von dem ‹Fleisch› der Schrift erbaut werden – so nennen wir die auf der Hand liegende Auffassung –, der ein Stück weit Fortgeschrittene von ihrer ‹Seele›, und der Vollkommene – der denen gleicht, von denen der Apostel sagt, ‹Weisheit aber reden wir unter den Vollkommenen …› – erbaut sich aus dem ‹geistigen Gesetz› … wie nämlich der Mensch aus Leib, Seele und Geist besteht, ebenso auch die Schrift, die Gott nach seinem Plan zur Rettung der Menschen gegeben hat.»[198]

Diese erste schriftliche Formulierung über den später so wichtigen dreifachen Schriftsinn wird hier zwar noch kurz näher erläutert, aber man kann auch daraus nicht entnehmen, welche praktischen Konsequenzen das hat. Diese werden erst im Mittelalter so richtig deutlich, weil man da Zeugnisse von Schülern hat, die darin ausgebildet wurden. So zum Beispiel in der «platonischen» Schule von Chartres. Aus diesen Zeugnissen geht dann hervor, dass unter dem «seelischen Sinn», dem «sensus moralis», Übungen

197 1. Kor. 2,10–15, übers. in: *Gute Nachricht Bibel,* Stuttgart 1997.
198 *Peri Archon,* IV, 2,4.

verstanden wurden, um die Zusammenhänge in den Blick zu bekommen, und dass unter dem «sensus anagogicus», dem «hinaufziehenden Sinn», der Meister das Wesen geschaut hat, das hinter diesem ganzen Weg aufleuchtete. So hat Alanus ab Insulis dann mehrfach von seiner Schau der «Natura» berichtet; er hat es in seinen Schriften so dargestellt, dass der «Leser» den Weg dahin finden kann.[199]

Überall da, wo von einem Schulungsweg des Denkens gewusst wird und wo man die entsprechende Methodik praktiziert, schweigen die Texte davon. Sie sind nur den Wissenden erkennbar. So kann es sein, dass heutige «Philologen» den ursprünglich intendierten Sinn überhaupt nicht entdecken und ihn wohl oftmals als «sehr einfach» oder als «eklektisch» verurteilen. Welche Urteile man sich von berühmten «Philologen» zum Beispiel über Origenes oder Alanus ab Insulis anhören muss, hängt auch damit zusammen, dass die Autoren keinerlei Ahnung haben von einer überlieferten Mysterienkultur. Doch umgekehrt gilt auch – wenn man davon weiß –, dass hier und da in der Geistesgeschichte Geistesriesen zu entdecken sind, die im normalen Studienleben gar nicht besonders geschätzt werden.

Zum Glück gab es in der kulturgeschichtlichen Tradition immer Menschen, die von anderen Geistesschülern in die Geheimnisse der geistigen Schulung eingeführt worden sind, sodass der intime Zusammenhang mit dem alten Mysterienstrom bis in die Neuzeit hinein nie abriss. Noch in der «platonischen Schule» von Florenz, als man erstmals wieder die «sämtlichen Werke» Platons beisammen hatte und studieren konnte, wusste man von solch tieferen Zusammenhängen und kannte noch manche der Praktiken, um sich diese aufzuschließen – zum Heile des entstehenden neuzeitlichen Bewusstseins.

Bis heute sind die alten Traditionen noch immer nicht verschwunden, im Gegenteil: In spirituellen Strömungen hat man bewusst wieder an die alten Mysterienpraktiken angeknüpft, nicht weil man altes Geistesleben als solches schätzte, sondern weil es sich um echte Wege zur Wahrheitsfindung handelte, die zu allen Zeiten gültig sind. Diesem Ziele dienen auch die Werke Rudolf Steiners, und wer sich mit ihnen beschäftigt, der wird bald den bewusst gestalteten geistigen Zusammenhang erkennen.[200] Er wird verstehen können, was es heißt, wenn Rudolf Steiner besonders betont: «Diese Bücher sind nicht so geschrieben, dass man einen Gedanken nehmen und an eine andere Stelle hinsetzen könnte; sie sind vielmehr so geschrieben, wie ein Organismus entsteht; ein Gedanke wächst aus dem andern hervor. Diese Bücher haben gar nichts zu tun mit dem, der sie geschrieben hat, er überließ sich dem, was die Gedanken selbst in ihm

199 Vgl. F. Teichmann, *Der Mensch und sein Tempel*, Bd. 4, *Chartres*, Stuttgart ²1997.
200 Vgl. F. Teichmann, *Auferstehung im Denken*, Stuttgart 1996.

erarbeiteten, wie sie sich selbst gliederten.»[201] Doch hinter dieser Gliederung lebt der Bezug zur geistigen Welt wieder auf und wird für den erfahrbar, der sich den mühsamen und anstrengenden Studien nicht verschließt. Darüber hinaus sollte man aber nie vergessen, wem man die Eröffnung dieses Weges verdankt. Das kann wohl am besten dadurch geschehen, dass wir des folgenden Epigramms gedenken, das die Alten auf Platons Grabmal einschreiben wollten und das immer noch gilt:

«Hätte nicht Phoibos für Hellas den Platon erschaffen, wie hätte
Je er den menschlichen Geist von seiner Rohheit geheilt?
So wie Phoibos' Sohn Asklepios Heiler des Leibes,
So ist Platon der Arzt für den unsterblichen Geist.»[202]

201 Rudolf Steiner, *Die Theosophie des Rosenkreuzers*, 14. Vortrag vom 6. Juni 1907, GA 99.
202 Aus Diogenes Laertius, *Leben und Meinungen berühmter Philosophen*, III, 45, Hamburg 1967, S. 170.

Die Frucht: Die Mysterien
von Samothrake

Samothrake ist die dritte und letzte der gemeingriechischen Mysterienstätten, eine Stätte wieder ganz eigenen Charakters. Schon durch ihre Lage auf einer Insel im Norden des Ägäischen Meeres, weit entfernt von den blühenden Zentren griechischer Kultur und nahe den thrakischen und kleinasiatischen Küsten, entwickelte sich dort ein Zugang zur geistigen Welt, den es im sonstigen Mysterienraum nicht gab. Das zeigt sich gleich bei der Ankunft. Denn dieser Ort wird erst dann erreicht, wenn die gewöhnlich die Insel umtosenden Stürme bezwungen und die gefährliche Schifffahrt überlebt worden ist, wenn der Besucher also den Beistand der Götter erfahren hat. Nicht umsonst werden die dortigen Mysterien-Götter in Seenot angerufen und um Hilfe gebeten. Das Wirken des Wasser- und Luftelements musste in den heftigen Wogen und Winden erlebt werden, eh' man sich den Mysterien dort nahen konnte. Ja sogar die irdischen Kräfte waren dort noch in der Vielgestalt der erstarrten Laven und Gesteine wahrnehmbar, welche ein alter Vulkanismus mit Riesenkräften aus dem Erdinnern zu großer Höhe (1664 m) emporgetürmt hatte (Abb. 83). Selbst im Heiligtum waren davon noch die Spuren zu erkennen, welche es erlaubten, dass dort die chtonischen Götter an kleinen Altären verehrt werden konnten (Abb. 84).

Wer diese elementare Situation auch nur von fern mit der Ruhe vergleicht, welche die Ankunft in Eleusis auszeichnet, der weiß sofort, dass es in Samothrake um andere Inhalte geht, als diejenigen sind, die von Demeter verwaltet werden. Und er weiß zudem, dass es sich lohnen könnte, sich auch in Samothrake einweihen zu lassen. So ist es auch nicht verwunderlich, wenn wir von vornehmen Athenern hören, die sich, obwohl sie schon in Eleusis initiiert waren, auch in Samothrake haben einweihen lassen. Sie konnten sicherlich dort ganz anderes erfahren.

Allerdings wissen wir auch hier nichts Genaues, denn die Überlieferungen sind noch spärlicher als die von Eleusis. Das Schweigegebot ist ebenso

Abb. 82 Seite 224 / 225:
Die Mysterienstätte von
Samothrake mit Blick
aufs Meer nach Norden.

Abb. 83: Die Insel
Samothrake, Nordseite.

227

Abb. 84 links: Samothrake, Steinaltar.
Abb. 85 rechts: Nike von Samothrake (Louvre, Paris).

getreu befolgt worden wie bei den anderen Mysterienstätten, und da keine Stadt mit reichem Kulturleben in der Umgebung zu finden war, finden sich auch keine Anspielungen, die auf die Mysterieninhalte hätten hinweisen können. Samothrake ist eine Insel ganz für sich, und wenn nicht die spätantiken Anmerkungen in etwas reicherer Zahl gefunden worden wären, dann wäre von Samothrake kaum etwas Wesentliches zu berichten.

Zu Hilfe kommt uns dagegen das Heiligtum selbst. Seit nun fast 150 Jahren finden dort Ausgrabungen statt: zuerst durch die Franzosen, die sogleich den spektakulären Fund der Nike von Samothrake bergen konnten (Abb. 85), dann durch die Österreicher, die dort am Ende des 19. Jahrhunderts eine systematische Grabung einleiteten (1873 und 1875), und schließlich seit 1938 bis heute durch die Amerikaner. Deren vorbildliche Ausgrabungspublikationen werden mit einem ersten Band eingeleitet, in dem die gesamten literarischen Erwähnungen Samothrakes gesammelt sind.[203] Diese famose Veröffentlichung erleichtert das Wissen über diese

203 *Samothrace I, The Ancient Literary Sources*, ed. by Naphtali Lewis, London 1959.

Abb. 86 links: Rekonstruktion der Nike-Brunnen-Anlage. Abb. 87 rechts: Samothrake, Anaktoron.

Mysterienstätte ungemein, weil sie uns erlaubt, alles das nachschlagen zu können, was an Überlieferungen eben auf uns gekommen ist.

Doch selbst diese Arbeit enthält kaum etwas Substanzielles über die Mysterien selbst. Man muss sich auch hier damit behelfen, die gefundenen Texte mit den ergrabenen Grundmauern und den rekonstruierten Gebäuden in Übereinstimmung zu bringen, um aus den meist beiläufigen Erwähnungen das Wichtige herauszuahnen. Hätte Rudolf Steiner nicht einige wenige Andeutungen über diese Mysterien gegeben, wir würden wohl kaum in der Lage sein, das Wesentliche von Samothrake herauszufinden.

Aus den Ausgrabungen des Heiligtums lässt sich immerhin die gesamte bauliche Anlage rekonstruieren und den schriftlichen Überlieferungen zuordnen. Man kennt jetzt z.B. das *Anaktoron*, in dem die kleinen Mysterien gefeiert wurden (Abb. 87), kennt auch das *Hieron*, in dem die großen Mysterien stattfanden, und kennt auch den einst großartigen Rundbau des *Arsinoeion* usw. Im Gegensatz zu Eleusis fehlt uns hier jedoch jeglicher Hinweis auf einen Gründungsmythos, ja wir wissen nicht einmal, ob es einen solchen überhaupt gegeben hat. Sogar die Namen der Götter sind uns fremd, denn entweder werden sie als «die großen Götter» bezeichnet oder als *Kabiren*; und wenn sie einzeln genannt werden, erscheinen sie in

231

einer fremden Sprache, die auch dem griechisch geschulten Ohr fremd klingt. Wo wir auch hinschauen, nirgendwo eröffnet sich ein Verständniskeim, an den wir anschließen könnten. Alles bleibt dunkel und finster.

Das Rätsel Samothrake offenbart sich nicht so leicht. Selbst umfangreichste Untersuchungen über die Götternamen, wie Bengt Hembergs «Kabiren»[204], bringen keine Klarheit. Zwar werden beiläufig einige Details des Heiligtums geklärt, wie z.B. der alte Name der Insel oder der Anfang der Kulte, die möglicherweise ins 7. Jahrhundert hinaufreichen, ehe dann im 4. Jahrhundert v.Chr. der große Bauimpuls einsetzt, doch von den Mysterien erfährt man nichts. Letzten Endes bleibt einem nichts anderes übrig, als die erfahrbaren Einzelheiten zu einem Gesamtbild zusammenzusetzen, um dann daraus das eigentliche Mysteriengeheimnis erahnen zu können.

Das Grundproblem beginnt schon bei den Namen der Götter, die überhaupt mit Samothrake in Verbindung gebracht werden. Denn auch diese sind kaum den verschiedenen Göttern zuzuordnen, welche in den Mysterien erlebt wurden. Da hören wir nämlich nichts von einzelnen, wohldefinierten Gestalten, sondern immer nur von Göttergruppen, so z.B. von den *Großen Göttern*, den *Megaloi Theoi* oder von den *Kabiren*, oftmals auch nur von den *Gottheiten von Samothrake,* wobei keineswegs die eine Gruppe von der anderen abgrenzbar wäre. Solch ein Phänomen kennen wir von keinem anderen Mysterienort: In Ephesos war es die Artemis, die im Mittelpunkt des Geschehens stand, in Eleusis drehte sich alles um Persephone und Demeter und um die mit ihnen verbundenen Götterwesen. Man hätte sie wohl auch dann und wann die eleusinischen Gottheiten nennen können, aber man wusste doch immer, um wen es sich handelt. Wer sind dagegen die Kabiren?

Auch die Griechen haben natürlich die gleichen Fragen wie wir gehabt und sich so zu helfen versucht, dass sie die ihnen unbekannten Gestalten eben mit den ihnen bekannten Götternamen benannten. So kam die unglaubliche Fülle der verschiedensten Deutungen zustande, die aus den Überlieferungen zu uns sprechen. Das auffällige Schwanken der Namengebung kann einen mit der griechischen Religionsgeschichte verbundenen Wissenschaftler im höchsten Maße verunsichern, denn ein solches Phänomen begegnet ihm sonst nirgends. Und doch, so muss er sich gestehen, sind auch in Samothrake die Götter sicher als charakteristische Einzelgestalten erlebt worden, sonst hätte man sie ja nicht mit den bekannten Namen identifizieren wollen.

Zudem ist für die samothrakische Götterwelt auch noch die geografische Lage zu berücksichtigen. An der Grenze des griechischen Archipels gele-

204 Bengt Hemberg, *Die Kabiren*, Uppsala 1950.

gen, unmittelbar vor der thrakischen Küste und nahe bei Kleinasien, kann man erwarten, dass dort auch fremde Einflüsse eindringen konnten; aus dem Norden sowohl als auch aus dem Osten. Die sorgfältigen Vergleiche von Hembergs Untersuchungen haben das aufs Schönste gezeigt. Für unseren Zusammenhang überraschend ist der nahe Bezug, den Hemberg zwischen der ephesischen Kybele-Triade «von Vater, Mutter und Sohn, die sehr ungriechisch anmutet», und den Kabiren von Samothrake wiedergefunden hat. Dort wird der mit der Muttergöttin zusammen dargestellte ältere Gott gewöhnlich Zeus Patroos genannt, der jüngere dagegen Hermes. Und so kommt Hemberg zu dem Schluss: «Diese Nebeneinanderstellung eines älteren und eines jüngeren Gottes, die in der griechischen Religion ziemlich selten ist, ist vielleicht wie der Kabirenname selbst von Kleinasien oder von östlicheren Ländern in die griechische Religion gekommen.» Und er setzt noch hinzu: «Übrigens ist dieselbe Trias für die Panthea der verschiedenen phoinikischen Städte charakteristisch.»[205]

Trotz all dieser aufgefundenen Beziehungen bleibt das eigentliche Geheimnis Samothrakes davon ganz unberührt. Es offenbart sich höchstens ein wenig, wenn in der «Anonymisierung» ein Sinn gesehen wird. Denn wie das Wirken der Elemente bei der Annäherung an Samothrake sich in elementaren Kräften offenbart und nicht in einzelnen Gestalten, so sind offenbar auch im Wirken der Kabiren mehr die Kräfte erlebt worden als die fertigen Formen.

Das Verhüllen der einzelnen Göttergestalten zugunsten einer allgemeineren Kräfteoffenbarung zeigt sich auch in der fremd anmutenden Namengebung. Der älteste Hinweis auf die Kabiren und ihre Mysterien stammt von Herodot, der sich als Eingeweihter in diese Mysterien zu erkennen gibt.[206] Er kennt die Kabiren, erkennt sie sogar unter den ägyptischen Göttern.[207] Samothrakes Ruf verbreitet sich immer mehr, sodass das Heiligtum und die Mysterien im 3. und 2. Jahrhundert v.Chr. ihre äußere Blütezeit haben. Samothrake gehört in dieser Zeit zu Makedonien und wird von den Königen dieses Landes als ihr eigentliches geistiges Zentrum betrachtet. Aus dieser Zeit stammt auch das Zeugnis des Mnaseas, einem alexandrinischen Gelehrten, welches bis heute als die maßgebendste Quelle zur samothrakischen Götterkunde gilt. Dieses Zeugnis ist glücklicherweise in einem Scholion zu den Argonautica des Apollonios Rhodios zitiert worden.[208] Es berichtet zunächst von den Einweihungsriten auf der Insel und davon, dass die dort Initiierten vor Stürmen auf dem Meer geschützt werden. So wie Odysseus durch den Schleier der Leukothea vor dem Untergang bewahrt wird und das Land der Phäaken

205 Bengt Hemberg, op. cit., S. 264.
206 *Historien II*, 51.
207 op. cit. III, 37.
208 *Scholia Laurentiana zu Apollonios Rhodius Argonautica*, 1.917,8, in frg. 27 (FHG, III, 154), hier übersetzt nach N. Lewis, *Samothrace I*, London 1959.

lebend erreichen kann, so erhalten auch die Eingeweihten einen solchen Schleier, der sie fürderhin schützen sollte. Dann setzt das Scholion fort: «In Samothrake empfängt man die Weihen der Kabiren. Mnaseas sagt, es seien deren vier der Zahl nach, Axieros, Axiokersa, Axiokersos. Axieros sei die Demeter, Axiokersa die Persephone, Axiokersos aber der Hades. Kasmilos, der als der Vierte hinzugefügt wird, ist Hermes, wie Dionysiodoros erzählt.»

Diese Stelle kann durch einige andere ergänzt werden, die dasselbe sagen. Um solche Benennungen, die dem griechischen Ohr unverständlich waren, zu verstehen, müssen wir jedoch berücksichtigen, dass sie (wenn Mnaseas im 2. Jahrhundert v.Chr. gelebt hat) zu einer Zeit erschienen, in der es viele Eingeweihte in Samothrake gegeben hat. Es war ja die Blütezeit des Heiligtums. Für diese Initiierten waren die Namen nicht nur bekannt, sondern sie wussten auch, um wen es sich dabei handelte. Sie kannten die Bilder der Götter, so wie sie ihnen im Hieron begegnet waren.

Das Überraschende an all diesen Namen ist zunächst ihr ungriechischer Charakter. Und weil man natürlich die Herkunft der Worte zu entziffern strebte, sind von den Sprachforschern die verschiedensten Vorschläge dazu gemacht worden. Man versuchte es mit thrakischen Etymologien, mit autochtonen «pelasgischen», man fand auch griechische Anklänge, wenn auch entfernte, kurz, von all den verschiedenen Erklärungen sind heute nur noch diejenigen übrig geblieben, die auf westsemitisch-phönizische Einflüsse hinweisen.[209] Diese schon in der Goethezeit von Creuzer und Schelling je selbstständig gefundene Möglichkeit erlaubte es, nicht nur den einen oder anderen Namensbestandteil, sondern alle Namen, sowohl die einzelnen als auch den Namen der Kabiren, von dorther abzuleiten. Doch nicht nur die Namen stammen von dort – die «Kabiren» z.B. sind so als die «Starken» zu verstehen –, auch die Gottheiten selbst haben einen orientalischen Bezug: Kadmos (oder Kadmilos u.Ä.) z.B. ist ein phönizischer Königssohn, der aus der griechischen Mythologie bekannt ist, weil er ausgeschickt wurde, um seine von Zeus geraubte Schwester Europa zu suchen. Auf diesem Wege kommt er nach Theben, tötet dort den Drachen und begründet die Stadt mit ihrer Burg *Kadmeia*. Diese in Griechenland einst allbekannte Gründungssage wird vielfältig überliefert und mit anderen Mythen vernetzt, sodass Karl Kerényi in seinen «Heroen der Griechen» das erste Kapitel so beginnen konnte:[210] «Kein Heros war so geehrt bei den Göttern und Menschen wie Kadmos.» Mit vielen Göttern ist er verwandt, mit Zeus vor allem und mit Poseidon, Ares und Aphrodite sind seine Schwiegereltern; seine Tochter Semele wurde zur Mutter des Dionysos. Eine andere seiner Töchter war Ino, die sich in die schon erwähnte

209 Vgl. z.B. Th. Friedrich, *Kabiren und Keilinschriften*, Leipzig 1894.
210 Karl Kerényi, *Die Heroen der Griechen*, Zürich 1958, S. 35.

Abb. 89: Kabirion bei Theben.

«weiße Göttin», in «Leukothea», verwandelte. Was all diese Sagen um Kadmos aber als typischer Grundton durchzieht, ist ihre Beziehung zu Kühen und Stieren. Um nur einige davon zu nennen, sei an den Raub der Europa erinnert, die Zeus als Stier in Phönizien entführte und nach Kreta brachte. Auf der Suche nach ihr, seiner Schwester, befragte Kadmos das Orakel von Delphi, das ihm rät, einer Kuh zu folgen und dort, wo sie sich niederlässt, eine Stadt zu gründen. So kam er in das «Kuhland» Böotien. Dort brach die Kuh zusammen, genau an der Stelle, wo ein Drache eine reich fließende Quelle hütete. Nachdem er diesen getötet hatte, konnte er Theben begründen und seine Burg, die *Kadmeia*.

Dort hat man bei Ausgrabungen in den Sechzigerjahren des 20. Jahrhunderts, zur größten Überraschung der Ausgräber, in der neuen Kadmeia 42 orientalische Zylindersiegel aus dem 3. und 2. Jahrtausend v.Chr. gefunden. Sie gehörten einst Königen und Prinzen des Orients und kamen wohl als Geschenke nach Theben. Ihre sorgfältige Ausführung aus kostbaren Steinen (Lapislazuli) spricht für rege Beziehungen zwischen den Herren der Kadmeia und dem Orient. Was also der Mythos erzählte, dass Kadmos aus Phönizien stammte, wurde hier durch eine äußere Spur «bestätigt».[211]

Nachdem Kadmos den Drachen getötet und Theben gegründet hatte, wird weiter von seinem Zug nach Samothrake berichtet, wo er *Harmoneia*, die Tochter des Ares und der Aphrodite, heiratete. Zu diesem Fest kamen die Götter alle und beschenkten das Paar mit göttlichen Geschenken. Selbst hier wird die Braut die «Kuhäugige» genannt, ein in Kadmos' Umkreis immer wieder gehörtes Beiwort.

Samothrakes Mysterien-Namen führen – und das soll zunächst festgehalten werden – von den verschiedensten Seiten aus nach Phönizien oder, wenn man so will, in den westsemitischen Orient. Dorthin weisen die Etymologien der nichtgriechischen Namen, dorthin aber weisen auch konkrete Beziehungen der Götter selbst. Nicht nur Kadmos kommt von dort nach Theben und zieht weiter nach Samothrake, auch die Kabiren scheinen ihm zu folgen. Denn Theben besaß noch in klassischen Zeiten ein berühmtes Heiligtum der Kabiren (Abb. 89). Sogar die Gestalten der Kabiren selbst scheinen auf phönizische und ägyptische Vorbilder zurückzugehen, sodass sie z.B. Herodot, als samothrakischer Initiierter, wie wir schon hörten, dort wiedererkannte. Aus der klassischen Walpurgisnacht im zweiten Teil des «Faust» kennt sie jeder Goethe-Leser, denn da ist die Rede von irden-schlechten Töpfen, hinter denen sie sich verbergen. Goethe hatte das bei Creuzer gelesen, der bei den Alten gefunden hatte, dass die Phönizier ihre Kabiren als «irdene, mitunter goldne Krüge» auf ihren Meeresfahrten mit sich führten.[212]

211 K. Demakopoulou und D. Konsola, *Archäologisches Museum Theben*, Athen 1981, S. 51 ff.
212 In: *Symbolik und Mythologie der alten Völker*, Bd. 2, Darmstadt 1811, S. 284.

Wer sich von Eleusis her den samothrakischen Mysterien nähert, der muss vollständig umlernen. Nicht nur der Hintergrund scheint ein völlig anderer gewesen zu sein, einer, der mit aller Deutlichkeit auf eine fremde Herkunft verweist, sondern auch die Bräuche, Opferhandlungen und Rituale sind anderer Art. Offensichtlich wird das an den äußeren Gegebenheiten, die weder in einen Festkalender eingebunden sind noch in regelmäßige Jahreszeiten. Ja nicht einmal zum Mond scheint eine feste Beziehung bestanden zu haben. Das ist schon daran zu sehen, dass die Initiationen an jedem beliebigen Tag des Jahres möglich gewesen sind, wenn nur ein hochgestellter Aspirant es wollte. Die Gebäude sind im Vergleich mit Eleusis, das von dem großartigen Telesterion dominiert wurde, bescheiden in der Größe. Sowohl das Anaktoron, in dem die «kleinen» Mysterien vollzogen wurden, als auch das Hieron, in dem die «großen» stattfanden, sind jeweils nur für wenige Menschen geeignet. Es gab keine Feste, an dem sich viele Menschen versammelt hätten, sondern nur wenige Empfängliche, die sich dort wirklich den Kabiren-Geheimnissen nähern wollten. Außerdem wurde der Zugang zur Epopteia viel strenger gehandhabt; denn aus den aufgefundenen Namenslisten kann man ersehen, dass ungefähr nur zehn Prozent derjenigen, die in die kleinen Mysterien eingeweiht worden waren, zu den großen zugelassen wurden. Und noch eine letzte Bemerkung: Samothrake fehlte ein kulturtragender menschlicher Hintergrund. Makedonien war mit seinen Städten viel zu weit weg und viel zu umständlich zu erreichen, als dass sich viele an wirklicher Geisteskultur Interessierte bereitgefunden hätten, sich dort regelmäßig zu treffen. Das war in Eleusis völlig anders, denn es gehörte zu Athen und war ein Teil davon. Samothrake war für Individualisten gedacht, welche die Mühen, dorthin zu kommen, nicht scheuten und höherer Ziele wegen sogar das Risiko auf sich nahmen, Schiffbruch zu erleiden.

Merkwürdig für Samothrake und seine Mysterien ist die seit alters immer wieder hervorgehobene Betonung von Kadmos und seine Identifizierung mit Hermes. Davon wusste wohl jeder Grieche, weil nicht nur die Eingeweihten davon erfuhren, sondern manche literarischen Werke das bezeugten. Eines der letzten davon weiß auch warum: «… So kam wohl zu Harmonia als Gatte der ungeflügelte Hermes. Wird er denn nicht als Kadmilos gepriesen! Er tauschte seine Himmelsgestalt und wird nun Kadmos geheißen.»[213] Dieser Hinweis wird nur dann verständlich, wenn man versucht, sich beiden Gestalten zu nähern.

Beginnen wir mit Kadmos und seiner Etymologie, so erfahren wir, dass «qdm» (kedem) im semitischen Sprachraum «der Morgen» bzw. «der Osten» bedeutet. Zugrunde liegt das alte Bild vom Sonnenaufgang, der von

213 Nonnos, *Dionysiaka 4*, 87–89.

der Morgenröte im Osten angekündigt wird.[214] Die Morgenröte ist wie
ein Bote, der dem Sonnenaufgang vorangeht, der aber nichts von sich aus
berichtet, sondern der das eigentliche Erscheinen des Sonnengottes vorbereitet. Das Erscheinen des Sonnengottes ist das primäre Geschehen, und
eine Folge davon ist der ihm vorangehende Morgen. Genau in demselben
Sinn ist Hermes der Bote der Götter. Auch er verkündigt nicht eigene
Ziele, sondern die Botschaften der Götter; er vermittelt sie vom Himmel
zu den Menschen. Was als Inhalt ursprünglich von den Göttern ausging,
wird durch seine Tätigkeit schließlich zu den Adressaten auf Erden gebracht. Aber auch die umgekehrte Tätigkeit ist Aufgabe des Hermes. Er
begleitet die Menschen nach ihrem Tod ins Totenreich. Als Totengeleiter
ist er vielfach abgebildet und vielfach dargestellt worden. Es ist ein Trost
für die Menschen, dass sie Hermes auf ihren einsamen Wegen nicht im
Stich lässt.

Hermes ist immer unterwegs. Mit Flügelschuhen und Flügelhelm wird er
später ausgestattet, um sein Heroldsdasein zwischen Licht- und Schattenwelt zu verdeutlichen.

Doch nicht nur im Leben nach dem Tod ist Hermes der Geleiter der Men-
schenseelen, auch hier schon auf Erden begleitet er sie, damit sie ihr Ziel
finden. So übergibt zum Beispiel Apollon den zu ihm nach Delphi geflüch-
teten Orest an Hermes, damit er ihn zu dem Areopag in Athen bringe, mit
den Worten:

«Doch du meines Blutes Bruder, gleichen Vaters Kind,
Hermes, behüt ihn! Der Geleitende heißt du ja!
So sei denn sein Geleiter, hüte wie ein Hirt
Mir meinen Schützling!»[215]

Als Peisistratos am Ende des 6. Jahrhunderts v.Chr. das Straßensystem
Attikas ausbauen lässt, hat er dafür gesorgt, dass alle auf dem Weg befindlichen «Wanderer» nie ihre göttliche Leitung vergessen, indem er in regelmäßigen Abständen Hermen als «Meilensteine» aufgestellt hat. Dies
sind quadratische Pfeiler mit einem Hermeskopf obenauf und dem männlichen Glied an der Frontseite. Diese stark stilisierte Hermesgestalt erin-
nerte den Griechen überall, wo er auch ging, an diesen Gott und seine
Funktion: die Menschen auf Erden zu geleiten, zu führen und zu behüten.
An allen Wegen, vor jedem Tor und vor jedem Haus fand man schließlich
solche Steinmale, oft sogar mit einem Sinnspruch versehen, der den Be-
trachter an höhere Ziele gemahnte. Am berühmtesten war wohl die Herme, die ein «Sokrates» für den Eingang zur Akropolis stiftete, mit deren
Herstellung er den berühmten Bildhauer Alkamenes beauftragt hatte und

214 Zur Problematik der
Ableitung vgl. R.B. Edwards,
Kadmos the Phoenician,
Amsterdam 1979, S. 74 ff.
215 Aischylos, *Oresteia,
Die Eumeniden*, 89–92.

auf der der bekannte delphische Spruch: «Erkenne dich selbst» angebracht war.[216]

Hermes ist überall ein Mittler zur göttlichen Welt. Denn wie auch immer man die Sinnsprüche auffasst, es sind keine Verhaltensmaßregeln, die ohne großen Aufwand schnell umzusetzen wären. Man muss sie bedenken, muss überlegen, was sie bedeuten, muss weiterschreiten, um Lösungen zu finden. Auf diesen besinnlichen Pfaden werden dann die Philosophen interessant und geschätzt, und so ist es dann auch nicht überraschend, Hermen mit Philosophen- und Dichterköpfen zu finden. Das werden dann die ältesten Porträtdarstellungen Griechenlands. Als solche können sie in Palästren und Gymnasien aufgestellt werden, überall da, wo man sich gedanklich schult. Hermes stellt eben die Brücke zu göttlichen Welten her, und Orte, die diesem Zweck dienen, wie die höheren Ausbildungsstätten, erinnern durch eine Herme oder eine Herme mit Philosophen- oder Dichterkopf an diejenigen, denen sie das Geistesleben verdanken (Abb. 90). Schließlich haben die intellektuellen Kräfte des Menschen auch dieselbe Aufgabe wie Hermes, nämlich Mittler zu den Göttern zu sein.

Aus dem Gesagten lässt sich, wenn auch nicht gleich deutlich, so doch wenigstens ahnungsweise, erschließen, warum Hermes immer wieder mit der Mysterienstätte von Samothrake verbunden wird. Und dies schon seit frühesten Zeiten. Von Herodot z.B. hörten wir schon, dass er dort eingeweiht war und überall, wo er hinkommt, seiner Mysterienerkenntnisse eingedenk ist. Als er nach Ägypten kam, erkannte er dort die Kabiren wieder, wobei er ganz selbstverständlich davon ausging, dass Ägypten die ältere Kultur ist und die Griechen ihre Göttergestalten von den Ägyptern übernommen hätten. Nur bei Hermes sei es anders, denn er betont,[217] dass die Hellenen «dagegen den Hermes mit aufrecht stehendem Gliede [wie bei den Hermen] darstellen, das haben sie nicht von den Ägyptern übernommen, sondern von den Pelasgern … Wer in die Mysterien der Kabiren eingeweiht ist, die man in Samothrake feiert und den Pelasgern entlehnt hat, der wird meine Gründe zu würdigen wissen.» Die Pelasger hätten vormals auf Samothrake gesiedelt und von dorther seien sie nach Athen gekommen. «Von den Pelasgern also haben die Athener die Darstellung des Hermes mit aufrecht stehendem Gliede übernommen, die durch sie unter den Hellenen üblich wurde.» Die dazugehörige Sage dagegen kann man nur in den samothrakischen Mysterien geoffenbart bekommen.

Soweit also Herodot. Ähnliche Hinweise auf Hermes kann man auch bei dem christlichen Schriftsteller Hippolytos finden, doch ohne dass man dadurch Neues über die Mysterien erführe. Aus den zahlreichen weiteren

Abb. 90: Herme mit Philosophenkopf.

216 Grundlegend zu den Hermen: H. Wrede, *Die antike Herme*, Mainz 1985, S. 33.
217 Herodot, *Historien*, II, 51.

240

antiken Erwähnungen dieser Einrichtung wird immer nur deutlich, dass
die schon Eingeweihten unter dem besonderen Schutz der Kabiren stehen,
die ihnen vor allem in Seenot helfen. Über die Mysterien selbst schweigen
die Texte, als ob dort gar nichts Bedeutendes geschehen wäre. Was man
erfährt, endet vor dem Betreten der heiligen Gebäude; was darinnen geschah, blieb geheim. Wie schon in Eleusis, so galt auch hier ein Schweigegebot, das nicht übertreten worden ist. Nur zu anderen Initiierten durfte
man von den Mysterienerlebnissen sprechen. Wer nicht eingeweiht war,
der erfuhr davon nichts.

An dieser Stelle der Beschäftigung mit Samothrake käme man nicht weiter, wenn man nicht die Schilderungen Rudolf Steiners hätte. In wenigen
Vorträgen hat er sich aus Anlass der Einstudierung von Goethes «Klas-
sischer Walpurgisnacht» aus dem zweiten Teil des «Faust» dazu geäußert,
was im Innern des Hieron geschah. Zunächst zu Goethes Text, einem der
vielen rätselhaften Gebilde innerhalb des «Faust». Als es für Homunkulus
darum geht, wirklich zu entstehen, da begegnen ihm die Kabiren. Sie werden beim Ägäischen Fest von den Nereiden und Tritonen auf Chelonen's
Riesenschilde herbeigebracht:[218]

«Sind Götter, die wir bringen;
Müsst hohe Lieder singen.

Sirenen
Klein von Gestalt,
Groß von Gewalt,
Der Scheiternden Retter,
Uralt verehrte Götter.

Nereiden und Tritonen
Wir bringen die Kabiren,
Ein friedlich Fest zu führen;
Denn wo sie heilig walten,
Neptun wird freundlich schalten.

Sirenen
Wir stehen euch nach,
Wenn ein Schiff zerbrach,
Unwiderstehbar an Kraft
Schützt ihr die Mannschaft.

Nereiden und Tritonen
Drei haben wir mitgenommen,

218 *Faust II,* 2. Akt,
8170–8222.

Der Vierte wollte nicht kommen,
Er sagte, er sei der Rechte
Der für sie alle dächte.
…
Nereiden und Tritonen
Sind eigentlich ihrer Sieben.

Sirenen
Wo sind die drei geblieben?

Nereiden und Tritonen
Wir wüsstens nicht zu sagen,
Sind im Olymp zu erfragen;
Dort wes't auch wohl der Achte,
An den noch niemand dachte.
In Gnaden uns gewärtig,
Doch alle noch nicht fertig.
Diese Unvergleichlichen
Wollen immer weiter,
Sehnsuchtsvolle Hungerleider
Nach dem Unerreichlichen.
…
Homunkulus
Die Ungestalten seh ich an
Als irden-schlechte Töpfe,
Nun stoßen sich die Weisen dran
Und brechen harte Köpfe.»

Wenn man davon absieht, dass sich Goethe mit diesen Strophen in die damalige Auseinandersetzung um das Wesen der Kabiren eingeschaltet hat, bleibt als Erstes zu bedenken, wie man sich denn die drei Kabiren vorgestellt hat. Karl Kerényi erklärt sie sich so:[219]

«Der Eindruck, den diese großen Götter auf Homunkulus machen (‹die Ungestalten seh ich an als irden-schlechte Töpfe›), beruht letzten Endes auf antiken Nachrichten darüber, dass sie ähnlicher Art waren wie das Palladion oder die Penaten Roms, die man in einer Kiste mit sich tragen konnte. Man dachte solche Idole in der Goethezeit in ägyptischem Stil als ‹Kruggötter›. Nur darin weicht Goethe auf eigene Faust von der antiken Überlieferung ab, dass er die kleinen Urgötter auf eine vollkommen sinn-gemäße Weise anstatt in eine Kiste auf Chelonen's Riesenschild setzt: gleichsam auf den nackten Urgrund der Welt. Von dort ragen sie empor auf den Olymp hinauf, stufenweise.»

219 Karl Kerényi, in: *Das Ägäische Fest*, Wiesbaden 1950, S. 61.

Abb. 91: Kabirenkrüge von
Rudolf Steiner.

Als Rudolf Steiner aus Anlass einer Inszenierung der klassischen Walpurgisnacht nach den Wesen der Kabiren gefragt wurde, antwortete er
mit einer Zeichnung und einer plastischen Darstellung dieser «Kruggötter» (Abb. 91) und stellte ihre Funktion so dar, wie sie Goethe sich dachte.[220] Sie treten in jenem Vorgang auf, wo Homunkulus zum Menschen
werden will. Er will entstehen und einen Leib bewohnen und nicht nur in
seiner Retorte als Menschenkeim verbleiben. Im ägäischen Fest entwickelt nun Goethe in Bildern, die aus der griechischen Mythologie entnommen sind, alle die Probleme, die mit dem Werden der Welt, mit den
Gestaltungskräften der Natur verbunden sind. Unter dem Einfluss des
Mondes (im Zenit verharrend) treten hier all diejenigen Wesen auf, die
den Menschenkeim mit einem lebendigen Leib umkleiden bzw. dabei för-
derlich mitwirken können. In diesem Zusammenhang sieht Goethe die
Kabiren. Sie sind ihm Werdewesen, die in den Gestaltungskräften der
Natur tätig sind.

Warum jedoch werden sie dann in Krugform dargestellt? Hier hilft erst

220 Rudolf Steiner, im
Vortrag vom 17. Januar 1919,
GA 273.

243

Abb. 92: Samothrake,
Hieron von Süden.

ein Vortrag von Rudolf Steiner weiter, der nun ganz den Mysterien von Samothrake gewidmet ist.[221] In diesem Vortrag wird zuerst wiederholt, dass derjenige, der damals um Aufnahme in diese Mysterien nachgesucht hat, zunächst eine Einführung in den Zusammenhang des Menschenwesens mit dem ganzen Kosmos empfing. Diese Belehrung konnte mehr oder weniger ausführlich sein, brauchte auch nicht einmal in Samothrake selbst durchgeführt werden, verhalf aber dazu, dass der Neophyt, wenn er zur Initiation angenommen wurde, schon ein Netz von Begriffen hatte, mit dem er das Geschaute verstehen konnte. Samothrake war also, wie alle alten Mysterienstätten, zunächst auch eine Lehr- und Arbeitsstätte, wo man auf eine sorgfältige Vorbereitung des eigentlichen heiligen Ereignisses hoffen durfte.

Die samothrakischen Inschriften bezeugen nun, dass es *Mystai* und *Epoptai* gegeben hat, Titel, die den zwei verschiedenen Stufen der Einweihung entsprochen haben. Die Archäologen haben diese beiden Rangbezeichnungen den Vorgängen im *Anaktoron* und im *Hieron* zugeordnet, den beiden seit alters bestehenden Kultbauten, die beide im Inneren Sitze und auch Altäre hatten. Obwohl noch der Rundbau des *Arsinoeion* als drittes großes Gebäude hinzukam, weiß man nicht, wozu es eigentlich gedient hat, denn schriftliche Zeugnisse gibt es dort keine. Die Myesis, also die erste Stufe der Initiation, war Vorbedingung, um in das Hieron eingelassen zu werden. So steht es wenigstens auf einer Stele vor dem Eingang in diesen Bau.[222] Da im Innern die Listen der Eingeweihten zum Teil erhalten geblieben sind, weiß man auch ungefähr, wie unterschiedlich die Zulassung zu den «Großen Mysterien» im Vergleich zur ersten Stufe der Einweihung gehandhabt worden ist. Nur ein kleiner Teil der in die «Kleinen Mysterien» Eingeweihten konnte auch die höhere Stufe erreichen.[223]

Das zentrale Ereignis und das Besondere der samothrakischen Mysterien fand im Hieron statt. Und da dieser Bau von außen wie ein gewöhnlicher Tempel aussieht, im Inneren aber eine Apsis zeigt, wie sie eigentlich erst später in christlichen Kirchen auftritt (Abb. 92), so taucht sofort die Frage auf, wozu sie denn eigentlich gedient hat. Susan Guettel Cole meint, dass in dieser Apsis die «zentralen Zeremonien» stattgefunden hätten.[224] Was aber waren «zentrale Zeremonien»?

Hier hilft die Darstellung Rudolf Steiners weiter. Sie gliedert sich deutlich in zwei Teile: einen ersten, in dem beschrieben wird, was die Belehrung in den vorbereitenden «Kleinen Mysterien» enthielt, und einen zweiten, der den «Großen Mysterien» zuzuordnen ist. Zunächst wird an die für die Griechen noch naheliegende Empfindung angeknüpft, das Leben im organischen Zusammenhang mit dem gesamten Kosmos zu sehen. Vergegen-

221 Rudolf Steiner, Vortrag vom 21. Dezember 1923, *Mysteriengestaltungen*, 12. Vortrag, GA 232.
222 Vgl. dazu S. Guettel Cole, *Theoi Megaloi, The Cult of the Great Gods at Samothrace*, Leiden 1984, S. 26 ff.
223 op. cit. S. 46.
224 op. cit. S. 35.

wärtigen wir uns diesen Inhalt, dann können wir ahnen, dass eine solche Belehrung nicht nur aus einer kurzen Erinnerung an Bekanntes bestand, sondern eher aus einer ausführlichen und sorgfältigen Unterweisung, die sich über längere Zeiten erstreckte. Das wird uns sofort deutlich, wenn wir Rudolf Steiners Schilderung davon vernehmen:

«Es waren jene Mysterien, die gerade im tiefsten Sinne in voller Lebendigkeit vor ihren Zuhörern das Bewusstsein erweckten, dass die ganze Welt eine Theogonie, ein Götterwerden, sei, dass man die Welt durchaus in illusionärer Weise sieht, wenn man glaubt, dass etwas anderes wird in der Welt der Götter. Götter sind es, die die Wesenhaftigkeiten der Welt darstellen, Götter sind es, welche Erlebnisse in dieser Welt haben, Götter sind es, die Taten ausführen. Und das, was man sieht als Wolken, was man hört als Donner, was man wahrnimmt als Blitze, was man auf der Erde wahrnimmt als Fluss und Berg, was man wahrnimmt auf der Erde in Mineralreichen, das sind die Offenbarungen, die Äußerungen des Werdens der Schicksale der Götter, die sich dahinter verbergen. Und auch dasjenige, was äußerlich sich darstellt in der Wolke, in Blitz und Donner, in Baum und Wald, in Fluss und Berg, das ist nichts anderes, als was das Götterdasein, das überall ist, so offenbart, wie die Haut des Menschen das innerlich Seelenhafte dieses Menschen offenbart. Und wenn Götter überall sind, dann muss man unterscheiden – so lehrte man die Mysterienschüler im nördlichen Griechenland – zwischen den kleinen Göttern, die in den einzelnen Naturwesen und -vorgängen sind, und den großen Göttern, welche sich darstellen als Wesenhaftes der Sonne, des Mars, des Merkur und eines vierten, der nicht äußerlich durch ein Bild oder durch eine Gestaltung sichtbar gemacht werden kann. Das waren die großen Götter, die großen Planetengötter, jene großen Planetengötter, die so behandelt wurden, dass des Menschen Blick hinaufgelenkt wurde nach dem Weltenraum, dass sein Auge, aber auch sein ganzes Herz schauen sollte dasjenige, was in Sonne, Mars, Merkur lebte, was aber nicht nur draußen in diesem kleinen Kreise lebt im Weltenraum, was überall im Weltenraum lebt, was vor allen Dingen herankommt an den Menschen.

Und nachdem zuerst, ich möchte sagen ein majestätischer Impuls in dem Schüler der nordgriechischen Mysterien dadurch erweckt worden war, dass sein Blick hinaufgelenkt wurde auf die Planetenkreise selbst, wurde dann dieser Blick menschlich so vertieft, dass gewissermaßen das Auge vom Herzen ergriffen wurde, um seelisch zu sehen. Dann verstand der Schüler, warum auf den Altar vor ihn hingestellt worden waren drei symbolisch gestaltete Krüge.

Wir haben einmal eine Nachbildung dieser Krüge hier in einer … Faustvorstellung verwendet, und so, wie sie dazumal ausgesehen haben, diese Krüge, so haben sie ausgesehen in den samothrakischen, in den nordgriechischen Mysterien. Aber das Wesentliche war, dass mit diesen Krügen in ihrer gesamten symbolischen Gestaltung eine Weihehandlung, eine Opferhandlung vor sich gegangen ist. Eine Art Weihrauch wurde in diese Krüge getan, wurde entzündet, der Rauch strömte heraus, und drei Worte … wurden mit mantrischer Gewalt von dem zelebrierenden Vater in den Rauch hineingesprochen, der von diesen Krügen aufdampfte, und es erschienen die Gestalten der drei Kabiren. Sie erschienen dadurch, dass der menschliche Atem, die Ausatmung durch das mantrische Wort sich gestaltete und seine Gestaltung mitteilte dem Aufsteigenden, Aufdampfenden der Substanz, die den symbolischen Krügen einverleibt worden war. Und indem der Schüler auf diese Weise lesen lernte in seinen eigenen Atemzügen, indem er lesen lernte, was in den Rauch diese eigenen Atemzüge hineinschrieben, lernte er zugleich lesen, was die geheimnisvollen Planeten aus dem weiten Weltenall herein zu ihm sprachen. Denn nun wusste er: Wie der eine der Kabiren gestaltet wurde durch das mantrische Wort und seine Gewalt, so war in Wirklichkeit der Merkur; wie gestaltet wurde der zweite Kabir, so war in Wirklichkeit der Mars; wie gestaltet wurde der dritte Kabir, so war in Wirklichkeit Apollo, die Sonne.»

Aus dem Opferrauch selbst offenbarten sich dem Eingeweihten jene Geheimnisse, welche ihm die planetarischen Welten offenbaren wollten. «Und wenn sich der Schüler der Kabirenmysterien auf Samothrake näherte den Pforten dieser Einweihungsstätten, dann hatte er durch seinen Unterricht das Gefühl: Ja, jetzt betrete ich dasjenige, was mir umschließt die magischen Handlungen des opfernden ‹Vaters›. Denn ‹Vater› nannte man die zelebrierenden Initiatoren dieser Mysterien. Und was offenbarte dem Schüler die magische Kraft dieser zelebrierenden Väter? Durch das, was die Götter in den Menschen gelegt haben, durch die Gewalt der Sprache, schrieb der priesterliche Magier und Weise hinein in den Opferauch jene Schriftzüge, die aussprachen die Geheimnisse des Weltenalls.

Deshalb sagte der Schüler, wenn er sich der Pforte näherte, in seinem Herzen: Ich trete ein in dasjenige, was mir umschließt einen gewaltigen Geist, was mir umschließt die großen Götter, jene großen Götter, welche auf der Erde durch die Opferhandlungen der Menschen die Geheimnisse des Weltenalls enthüllen.

Das war eine Sprache, die da gesprochen wurde, und eine Schrift, die da geschrieben wurde, die wahrhaftig nicht bloß den Verstand des Menschen, sondern die den ganzen Menschen in Anspruch genommen haben. Und in den samothrakischen Mysterien war schon noch etwas von einem Wissen, das ja heute ganz verglommen ist.»

Im Weiteren beschreibt nun Rudolf Steiner, wie der Schüler zu diesem Wissen kam. Nicht so wie wir heute, dass wir Sinnestatsachen vorfinden und sie innerlich durch unser Denken in einen Zusammenhang stellen, ging der Eingeweihte vor, er hat vielmehr, «indem er in den Opferrauch die Worte hineinsprach …», gefühlt «in dem hinausgehenden Atem, wie der Mensch sonst fühlt, wenn er die tastende Hand ausstreckt … Er empfand den Aushauch wie ein Tastorgan, das nach dem Rauche hinging … Und er fühlte in dem Rauch die ihm entgegenkommenden Götter, die Kabiren … Die ganze göttliche Gestalt des Kabirs wurde ertastet mit dem in das Wort gekleideten Aushauch. Mit der Sprache, die aus dem Herzen kam, ertastete der samothrakische Weise die durch den Opferrauch zu ihm herabsteigenden Kabiren, das heißt die großen Götter. Und es war eine lebendige Wechselwirkung zwischen dem Logos im Menschen und dem Logos draußen in den Weltenweiten.»

Der ganze Prozess erinnert an die ephesischen Mysterien, nur mit dem Unterschied, dass hier der Eingeweihte nicht nur seine eigene Sprechtätigkeit bemerkte, sondern auch die ihm aus dem Rauch entgegenkommende Gestalt. Um das zu können, dazu musste er geschult sein, musste aktiv hinaussprechen können und im Sprechen die entstehenden Formen ertasten. Dabei offenbarten sich ihm dann in den ertasteten Formen die Zusammenhänge, auf die es ihm ankam. Das Bewusstsein des Sprechenden musste dabei doppelt beobachten: halb war es bei sich, indem er die richtige Artikulation hervorzubringen hatte, und halb bei der Sache, in der sich die Götter offenbarten. Wenn er dies tat, musste der «Vater» sich gewissermaßen aus seinem Leib lösen, sich über sich hinaus erheben, um jenseits des Leibes wahrzunehmen, was ihm die Götter sagen wollten.

«Sehen Sie, durchaus nicht nur natürliche Vorgänge und Wesenheiten wurden in der äußeren Welt in den alten Zeiten den Schülern vorgeführt. Was ihnen vorgeführt wurde, war weder etwas einseitig Naturalistisches noch etwas einseitig Moralisches, sondern etwas, wo Moral und Natur in eins zusammenflossen. Und das war gerade das Geheimnis der samothrakischen Welt, dass der Schüler vermittelt bekam das Bewusstsein: Natur ist Geist, Geist ist Natur.»[225]

Dergleichen Lehren strahlen natürlich weit in die Kultur aus und werden von deren führenden Vertretern aufgenommen und weiterverbreitet. Ein schönes Beispiel dafür sind die Werke des Aristoteles, der, seiner makedonischen Herkunft gemäß, schon durch seinen Vater, der Arzt am Hofe des Makedonenkönigs war, eine Einführung in eine solche Naturan-

225 Bis hierher die Zitate immer aus demselben Vortrag Rudolf Steiners. Vgl. Anm. 221.

248

schauung empfangen haben dürfte. Nach seinem fast zwanzigjährigen Aufenthalt in der Akademie Platons (367–347 v.Chr.) ist er dort, bis zum Tode Platons, mit einer «spirituellen Weltanschauung» in Berührung gekommen und hat sie selbstständig weiter vertieft. In zahlreichen Werken sind uns die Spuren dieses Studiums überliefert worden, manches als Lehrnotizen, manches als ausgearbeitete Materialsammlungen, manches von fremder Hand aufgeschrieben, doch wohl aus Aristoteles' Geist verfasst, aber immer problematisch, weil eben die wirklichen Werke des Aristoteles, die er für die Öffentlichkeit geschrieben hat, nicht erhalten geblieben sind. Nach seiner Berufung als Erzieher des dreizehnjährigen Alexander kehrt er nach Makedonien zurück, um sich in Miëza während dreier Jahre seinem Schützling widmen zu können. Dieser zauberhafte Ort, den die Archäologen vor wenigen Jahren wiedergefunden haben (bei Naoussa), liegt in einem Quellgebiet, dessen Wasser sich in einem tiefen Bach sammeln und durch ein Nymphen-Heiligtum fließen. Dort, inmitten uralter Platanen, wurde der Schüler sicherlich mit all dem Wissen bekannt gemacht, das damals von der «Natur» gewusst werden konnte, ausgehend von der Topografie der Erde, über die Elementenlehre und die Meteorologie (der sublunaren Sphäre) bis hin zu einem Verständnis der Planeten und ihren Konstellationen im Kosmos. All diese Wissenschaften wurden ergänzt um die «Stufenleiter der Natur», von den leblosen Dingen über die lebendigen Pflanzen zu den beseelten Tieren, um schließlich den Menschen zu betrachten mit all seinen Seelen- und Geistesgliedern. Dieser Unterricht griff tief in die Geistesbildung Alexanders ein, sodass er lebenslang mit seinem Lehrer in Briefkontakt blieb und dafür sorgte, dass alles, was ihm auf seinem Eroberungszug in den Osten an interessanten Naturalien begegnete, auch an Aristoteles geschickt wurde. Alles, was einem heute in den Werken des Aristoteles begegnet, lässt sich ohne Weiteres als vergeistigte Naturlehre lesen, denn was dort behandelt wird, ist immer von einem spirituellen Gesichtspunkt aus beschrieben. «Natur ist Geist, Geist ist Natur» gilt eben für das gesamte Werk des Aristoteles, als ob er selbst mit den samothrakischen Mysterien zusammengearbeitet hätte. Und in der Tat: Aristoteles und Alexander sind mit Samothrake eng verbunden.

Das wird schon bei den Eltern Alexanders deutlich. Denn in der Überlieferung wird mehrfach bezeugt, dass Phillip II. bei seinem Aufenthalt in Samothrake, aus Anlass seiner Einweihung in die Mysterien, die Mutter Alexanders kennen und lieben gelernt hat.[226] Samothrake wurde dann nach der Eroberung von Thrakien immer mehr zu einer makedonischen Geistesstätte, für die dann auch die makedonischen Herrscher immer

226 Zum Beispiel bei Plutarch, *Alexander,* 2,2.

mehr die Verantwortung übernahmen. Nachdem dann auch noch Ephesos durch den Brand (356 v.Chr.) seines Tempels ausfiel, hat sich Phillip II. öfter in Samothrake aufgehalten.[227]

Zu dieser gleichsam makedonischen Mysterienstätte scheinen auch Alexander und Aristoteles, wie als Abschluss und als Höhepunkt des ganzen Unterrichts, gezogen zu sein, um sich dort einweihen zu lassen. Denn von jenem Besuch an kennt Alexander die Kabiren und weiß auch, was zu einem Mysterienunterricht gehört. Das zeigt sich in seinem Verhalten anderen Heiligtümern gegenüber, in seinem Streben, in seinen Briefen und in jedwedem Gedenken an seinen Auftrag. So ließ er zum Beispiel an jenem Ort der Umkehr in Indien, nachdem ihm die Mannschaften die weitere Gefolgschaft verweigert hatten, Altäre und eine Stele errichten, an denen er den heimischen Göttern opferte. Sie waren dem «Olympischen Zeus», dem «Apollon von Delphi», der «Athena Proneia» und den «Kabiren von Samothrake» geweiht.[228] Diese Grenzmarkierung des Alexander-Reiches hat Apollonius von Tyana auf einer seiner großen Wanderungen im 1. Jahrhundert n.Chr. angetroffen und konnte auch noch den auf der bronzenen Stele aufgeschriebenen Text lesen. Er hieß: «Bis hierher kam Alexander.»

Es müsste ja auch seltsam zugegangen sein, wenn Alexander zwar zu vielen Heiligtümern der ganzen alten Welt in Beziehung gestanden hätte, nicht aber zu der eigenen, heimischen Mysterienstätte. Zudem wusste er auch davon, dass er in derselben Nacht geboren wurde, in der der hochheilige Tempel von Ephesos abgebrannt war. Und diese Geburt verdankte er Samothrake, denn dort haben sich seine Eltern kennengelernt.

Wenn wir nun fragen, was haben wohl Aristoteles und Alexander in Samothrake erlebt, dann kommen wir zu den eigentlichen Geheimnissen dieses Ortes, die wir bis jetzt noch gar nicht berührt haben. Zwar wissen wir durch Rudolf Steiners Beschreibung, was im Hieron vorgegangen ist, wissen von den drei Krügen und von den zugehörigen Zeremonien, aber wir wissen nicht, was die an diesen Zeremonien anwesenden Neophyten erlebt haben und wozu diese «Beschwörung» der Göttergestalten eigentlich diente. Gewiss, man hat das Werden der Welt ein Stück weit miterleben können, lernte Prozesse kennen, welche die Welt durchwirken, konnte das Entstehen und Vergehen der Naturreiche verfolgen, so wie es später im Werk des Aristoteles noch im Abglanz zu sehen ist. Aber das konnte man in anderen Mysterien auch erleben, dazu hätte es nicht solcher magischen Praktiken bedurft, wie sie im Hieron stattfanden.

Auch hier kämen wir nicht weiter, wenn nicht Rudolf Steiner dazu veranlasst worden wäre, im letzten Jahr seines Lebens nochmals über die Mys-

227 Curtius Rufus, *Die Taten Alexanders des Großen*, 8.1.26.
228 Aus: Philostrat, *Das Leben des Apollonius von Tyana*, 6,20.

terienstätten von Ephesos und Samothrake zu sprechen. In dem Zyklus «Das Osterfest als ein Stück Mysteriengeschichte der Menschheit»[229] schaute er nochmals zurück in die älteren Zeiten der Geschichte, entwickelte nochmals die Grundlagen des Mysterienwesens und betonte immer wieder, dass diese niemals in gleicher Art und Weise auch heute noch funktionieren würden. Sie gehörten in eine Zeit, in der der Mensch noch ein ganz anderes seelisch-geistiges Gefüge besaß, in der er zum Beispiel von Natur aus viel lockerer mit dem Leibe verbunden war, ganz anders schlief und anders träumte, sodass er durchlässiger war für göttliches Wirken. Das hatte auch Konsequenzen für sein inneres Wahrnehmen: Es gelang ihm leichter, die Wirkungen der Elemente zu erspüren, sogar seine Verbundenheit mit den Planeten war ihm bekannt. Wenn er einer Mysterienstätte angehörte und die verschiedenen Belehrungen empfangen hatte, dann öffnete sich ihm manches Mal sogar das nachtodliche und auch sein vorgeburtliches Dasein. Was ihm aber nur schwer zu erreichen war und überhaupt nur in den Blütezeiten der Mysterien gelang, das war ein Einblick in vergangene Leben. Zwar wusste man aus alten Überlieferungen, dass der Mensch sich wieder verkörpert, sodass selbst Platon sich eine Seelenwanderung vorstellen konnte, aber die Traditionen waren schon korrumpiert. Aristoteles dachte zunächst an eine Neuschöpfung der Seele in vorgeburtlicher Zeit und war sich nicht mehr sicher, ob es eine Reinkarnation überhaupt gibt. Die Überlieferung war noch da, die eigene Erfahrung jedoch fehlte.

Solch ein Zustand musste einmal eintreten, sonst wäre der Mensch kein freies Wesen geworden. Denn solange er von göttlichen Erlebnissen erfüllt war, solange hatte er den höheren Wesen zu folgen. Das war ganz selbstverständlich. Noch Abraham hätte niemals gewagt, sich der göttlichen Stimme zu widersetzen, selbst wenn ihm persönlich nur Unheil daraus entstanden wäre. Was die Götter wollten, das hatten die Menschen auszuführen. Erst als die göttlichen Erfahrungen erloschen, konnte der Mensch frei werden. Das gilt auch für die Mysterien. Zur Entwicklung der Freiheit war es notwendig, dass sich das alte Mysterienwesen zurückzog und die Menschen ihrer eigenen Führung überließ. Genau an dieser Grenze stand nun die Mysterienstätte von Samothrake. Es war die letzte in Griechenland, die noch einmal die Größe und Erhabenheit des alten Wissens bezeugte, und es war auch diejenige, welche ein neues Zeitalter einzuleiten hatte. Das ist gerade an den Wirkungen, die sie in Aristoteles und Alexander erzeugte, schön zu sehen.

229 GA 233 a.

Aristoteles und die Mysterien von Samothrake

Um die Frage beantworten zu können, was Aristoteles und Alexander nun eigentlich in den Mysterien von Samothrake erfahren konnten, was über das normale Werde-Erlebnis der Kabiren-Erscheinung hinausging und was das Spezifische dieser Mysterien ausmachte, ist zunächst an die individuelle Vorbereitung zu erinnern, welche die Neophyten mitbrachten. Die Epopteia im Hieron hing nicht nur davon ab, was da vollzogen wurde, sondern sie hing auch von den geistigen Fähigkeiten ab, die in dem Schüler schon angelegt waren; und diese wiederum wurden davon bestimmt, wie fest oder wie locker seine Wesensglieder ineinandersteckten. Konnte seine Seele sich zum Beispiel leichter vom Leibe lösen, dann waren tiefere Erlebnisse möglich, als sie normalerweise auftraten.

Aristoteles und Alexander kamen nun insofern mit einer ganz besonderen Vorbereitung in Samothrake an, als sie, nach einer Mitteilung Rudolf Steiners, die wir gleich hören werden, in einem vergangenen Leben in die ephesischen Mysterien eingeweiht waren.[230] Sie hatten einstmals schon teilgenommen an dem Leben der Artemis und hatten mitgemacht den Schulungsweg der Sprache. So innerlich vorbereitet – allerdings ohne dass sie sich dessen voll bewusst waren –, sind dann diese beiden Individualitäten nahegekommen den samothrakischen Mysterien. «Gerade beim Herantreten an die kabirischen Geheimnisse in Samothrake in der Zeit, als nun schon die alten Mysterien zurückgingen – Samothrake war ja noch als Erinnerungsstätte und auch noch als Pflegestätte, als Arbeitsstätte da, aber im Allgemeinen ging das Mysterienwesen schon zurück in der Alexanderzeit –, da war eben ein Moment, wo für Alexander und Aristoteles durch den Einfluss der Kabirenmysterien etwas entstand wie eine Erinnerung an die alte ephesische Zeit, die ja von beiden mitgemacht» worden war. Wie kam diese Erinnerung zustande oder welcher Einfluss der Kabirenmysterien hat das bewirkt?

Dergleichen Erlebnisse treten in der Regel dann auf, wenn etwas geschieht, was den Erfahrungen vergangener Leben ähnlich ist. Also zum Beispiel, wenn Formen vor einem auftauchen, die man zu kennen glaubt, wie es Goethe gegangen ist, als er nach Italien kam,[231] oder wenn Freunde beisammen sind, mit denen man verbunden ist – plötzlich wird die Welt für vergangene Zeiten durchsichtig. Goethe hatte viele solche Erlebnisse gehabt, sie waren ihm durchaus nicht angenehm. Denn die Bilder verschwanden nicht, solange sie nicht zu etwas Neuem weiterentwickelt worden waren. Bei Goethe hört sich das so an: «Ein Gefühl aber, das bei mir gewaltig überhand nahm und sich nicht wundersam genug äußern

230 Rudolf Steiner, Vortrag vom 22. April 1924, in GA 233 a.
231 Vgl. *Italienische Reise*, den 12. Oktober 1786.

252

konnte, war die Empfindung der Vergangenheit und Gegenwart in Eins: eine Anschauung, die etwas Gespenstermäßiges in die Gegenwart brachte. Sie ist in vielen meiner größeren und kleineren Arbeiten ausgedrückt und wirkt im Gedicht immer wohltätig, ob sie gleich im Augenblick, wo sie sich unmittelbar am Leben und im Leben selbst ausdrückte, jedermann seltsam, unerklärlich, vielleicht unerfreulich scheinen musste.»[232]

Ähnliche Erlebnisse, über die Goethe auch an anderen Stellen spricht, sind doch, trotz ihres Gespenst-Charakters, für Goethe immer fruchtbar geworden, weil sie der Anlass zu zahlreichen Werken waren. Genau in diesem Sinne muss man sich nun Aristoteles vorstellen, der beim Hören und Sehen einer wohlgeformten Sprache, welche der «Vater» in den aus den Krügen aufdampfenden Rauch sprach, sich an Ephesos erinnert fühlen musste. Auch dort hatte er ja immer wieder geübt, Laute, Worte und ganze Sätze in möglichst artikulierter Art auszusprechen und zu beobachten, was dabei an Gestalten in der Luft hervorgerufen wird. Jetzt, in Samothrake, allerdings mit dem Unterschied, dass der aufsteigende Rauch die sich bildenden Formen sichtbar und geistig tastbar machte.

Für Goethe lag in einem solchen Bilde aus vergangenen Leben der Ansporn, Neues zu schaffen, quasi das fortzusetzen, was das Bild von damals enthielt. Das liegt in der Natur der Sache, weil ein Einblick in vergangene Leben nie nur aus bloßer Neugierde erscheinen kann, sondern solche Bilder tauchen auf, weil sie Folgen fordern. Auch für Aristoteles und Alexander galt dieses Gesetz. Auch sie sollten nach dem samothrakischen Erlebnis die gestellte Aufgabe ergreifen, um fortzusetzen, was sie in Ephesos angelegt hatten.

Und so setzt Rudolf Steiner, nachdem er die auftretende Rückerinnerung im Hieron geschildert hat, fort: «Aber in dieser Erinnerung, in dieser historischen Erinnerung an Altes lag eine gewisse Kraft, Kraft, ein Neues zu schaffen …» Dieses Neue wurden dann die logischen Schriften des Aristoteles und die Kategorienlehre.

Die logischen Schriften des Aristoteles sind ein merkwürdig Neues in der griechischen Kultur; merkwürdig deswegen, weil man sich kaum vorstellen kann, wie sich auf der damaligen Stufe des Denkens ein Mensch plötzlich nicht mehr damit zufriedengeben konnte mit dem, was er gedacht hatte (was sonst die Regel war), sondern dass er, wenigstens anfänglich, sein Denken selbst betrachten wollte. Dazu musste er ja sein Denken während des Denkens wie von außen anschauen: Er musste denken und beobachten gleichzeitig. Diese Leistung hat Aristoteles als Erster vollbracht und daraus sein «Organon» entwickelt. Er stellte damit das «Werkzeug» zur Verfügung, mit dem man in den nächsten 2000 Jahren das Denken schulte.

232 *Dichtung und Wahrheit,* 3. Teil, 14. Buch, HA, S. 32.

Diesen Wendepunkt der Geistesgeschichte konnte Aristoteles nur vollziehen, weil er in Samothrake die Möglichkeit bekam, die Formen der Sprache zu schauen. Solches geschieht normalerweise völlig unbewusst. Durch das Medium des Rauches wurde erfahrbar, was im Sprechen vorgeht und welche formbildende Kraft im Menschen lebt, wenn er spricht. Genau dasselbe geschieht nun auch im Denken. Auch das Denken ist eine formbildende Kraft, die sich allerdings nicht in dem Element der Luft betätigt, sondern im «Äther». Jeder Laut, jedes Wort und jeder Satz bildet eine Gestalt und erst durch sie werden die Einzelheiten zu einem verstehbaren Ganzen zusammengefügt.

Die Idee dazu muss Aristoteles im Hieron von Samothrake gekommen sein. Und sie kam nur zu ihm, denn nur er war vorbereitet durch die Übungen im Sprechen, die er einst in Ephesos wieder und wieder ausgeführt hatte. Dass das tatsächlich so ist, lässt sich an dem Aufbau von «*Peri Hermeneias*», dem ersten Buch des *Organon*, selbst ablesen. Doch dazu noch einige Vorbemerkungen:

Das ganze Korpus der später als «Organon» bezeichneten logischen Schriften des Aristoteles ist ein Musterbeispiel für die Schwierigkeiten, die dieser Autor den heutigen Philosophen bereitet. Nichts ist eindeutig durch die komplizierten Wege, welche die Werke des Aristoteles bis zu ihrer Veröffentlichung erlitten haben. Durch die Eingriffe der verschiedenen antiken Redaktoren dieser Werke ist wohl kaum ein Buch des Aristoteles in dem Zustand erhalten geblieben, wie es sich sein Autor ursprünglich gedacht hat. Bis in die neueste Forschung hinein werden die einzelnen Werke hin und her datiert, werden Einwände dagegen erhoben, neue Vorschläge gemacht, jedoch ohne zu einem die verschiedenen Gesichtspunkte übergreifenden Ergebnis zu gelangen. Selbst Spezialisten auf ihrem Felde gelingt es nicht, über Vorschläge hinauszukommen, und so werden die Kategorienschrift und *Peri Hermeneias* einmal spät datiert (weil keine Bezüge zu früheren Werken bestehen), ein andermal datiert man sie in die Frühzeit von Aristoteles' Schaffen, ohne sich einigen zu können. Der Text selbst ist so zeitlos verfasst, dass man ihn ohne weiteres aus sich selbst verstehen kann. Und doch bleibt immer die Frage virulent, wieso dieser Meister des Denkens gerade darauf verfällt, die Bildung von Lauten, Worten und Sätzen und die Verknüpfung von Satzteilen zu Urteilen zu untersuchen, eine Untersuchung, die eigentlich keine richtigen «Objekte» hat. Grammatische und logische Gesichtspunkte wechseln ab mit sprachlichen Definitionen, wobei die erlangten Erkenntnisse jedoch fast immer durch Selbstbeobachtung entstanden sind.

Das Büchlein *Peri Hermeneias* beginnt mit der Feststellung: «Es sind also die Laute, zu denen die Stimme gebildet wird, Zeichen der in der Seele hervorgerufenen Vorstellungen, und die Schrift ist wieder ein Zeichen der Laute. Und wie nicht alle dieselbe Schrift haben, so sind auch die Laute nicht bei allen dieselben.»[233]

Wenn nun Gedanken in der Seele auftauchen, dann sind sie weder wahr noch falsch, solange sie nicht mit anderen Gedanken verbunden sind. Die Nomina und Verba für sich allein unterliegen noch keinem Irrtum. Als Beispiel nennt Aristoteles das Wort «Mensch» oder ‹weiß›, «wenn man sonst nichts hinzusetzt», und vor allem sein Kunstwort «Tragelaphos» = Bockhirsch, von dem man nicht wissen kann, ob es existiert oder nicht. Es ist nur ein Wort, das man zwar aussprechen kann, das aber eigentlich noch nichts bedeutet.

Das Ausgesprochene bedeutet erst dann etwas, wenn die Worte zu einem Satz verbunden werden, wobei die einzelnen Elemente dieses Satzes nicht voneinander isoliert werden dürfen. Dann verlieren sie ihre Bedeutung, wie eine Lautfolge ihre Bedeutung verliert, wenn man einzelne Laute daraus herausnimmt.

Die erste und einfachste aussagende Rede ist nun die Bejahung und die Verneinung. Dabei ist allerdings darauf zu achten, ob der bejahte oder verneinte Begriff etwas Allgemeines oder etwas Einzelnes aussagt. Nur bei Sätzen, die über ein Allgemeines nicht allgemein sprechen, ist Wahrheit möglich, wie z.B. der Satz: «Nicht jeder Mensch ist weiß.» Dazu kommt noch, dass eine Bejahung oder Verneinung von einem Sprecher ausgesagt wird, der sich dadurch erst mit einer Sache verbindet. Wir haben also nicht nur ein ausgesprochenes Objekt vor uns, sondern sind mit ihm auch durch unser Subjekt verbunden. Denn wenn ein Objekt keinen sinnvollen Namen hat, ist es keines. Das Wort «Nichtmensch» ist für Aristoteles kein Nomen, höchstens ein unbestimmtes Wort. Jede Bejahung und jede Verneinung muss also aus einem Nomen und einem Verb bestehen. «Demnach wird die erste Bejahung und Verneinung sein: Der Mensch ist – der Mensch ist nicht.»

In der Fortsetzung dieser Abhandlung geht Aristoteles nun zu differenzierteren Sätzen über, berücksichtigt dabei aber all das, was jeweils im Inhalt des Nomens schon enthalten ist. Wenn man etwa den Menschen einen Zweifüßler nennen wollte, so ist das unsinnig, weil der Zweifüßler schon mit dem Wort Mensch gegeben ist. Die Begriffe sind für Aristoteles immer inhaltsreich, er ist sich ihres genauen Gehalts bewusst und will sie deshalb nur formal verstanden wissen. Deswegen sind formal richtig gebildete Sätze, die inhaltlich nicht stimmen, wie etwa: «Das Holz ist ein nichtweißer Mensch» für Aristoteles nicht bloß reiner Un-

233 Hier und im Weiteren übersetzt von Eugen Rolfes, Hamburg 1974.

sinn, sie zeigen auch auf, was passiert, wenn man den Inhalt nicht ernst nimmt.

Das Ziel dieser Abhandlung ist es, wahre Urteile bilden zu können und logische oder sprachliche Irrtümer zu vermeiden. Die Sprache wird dabei als die Form des reflektierenden Denkens erlebt, in die sich der Gedankengehalt vollkommen einpassen kann. Die richtige Beurteilung der Sätze ist hier keine Auslegungsfrage, wie es die Überschrift «Peri Hermeneias» nahelegen könnte, sondern eine Tatsache, die zwar mit Hermes zu tun hat, aber offenbar in einem viel tieferen Sinn. Ohnedies ist dieses kleine Werk keine aufregende Schrift im Kontext der aristotelischen Schriften überhaupt, aber sie hebt einen Aspekt hervor, der sonst nirgends in der griechischen Kultur behandelt worden ist.

Wenn man nun die Abfolge der Gedanken, wie sie in *«Peri Hermeneias»* entwickelt werden, überblickt, dann kann man sich an die Abfolge der Sprechübungen, so wie sie in den «Großen Mysterien» von Ephesos praktiziert worden sind, erinnert fühlen. Auch dort begann das «Studium» mit der Untersuchung der Lautbildung,[234] es schritt dann fort zur Bildung von Worten, allerdings noch ohne auf deren Bedeutung zu achten, ehe es im dritten Schritt verfolgte, wie der Sinn in das Gesprochene eintrat. Im vierten Schritt galt es, die eigene Existenz im Sprechen zu erkennen, indem man immer wieder sprach: «Ich bin – ich bin nicht.» Jetzt in «Peri Hermeneias» heißt dieser Schritt: «Der Mensch ist – der Mensch ist nicht.» Der fünfte Punkt befasste sich in Ephesos mit der genauen Verfolgung jener Kräfte, welche im Denken in den Bereich des Geistes hinaufreichten und ihn mit dem Menschen verbanden, worauf in den letzten beiden Stufen das Schaffen des Logos erkannt wurde. Die Parallelen zu unserem Text sind offensichtlich!

Dergleichen Merkwürdigkeiten wie die, dass der ganze Vorgang mit der Betrachtung der Laute beginnt und in der Mitte das Urteil der Existenz behandelt wird, kann nicht nur als Seltsamkeit angestaunt werden. Wenn man nicht wüsste, dass in den Großen Mysterien von Samothrake eine Rückerinnerung an die Großen Mysterien von Ephesos stattgefunden hat, dann bliebe die Sache ohne Erklärung. Doch jetzt, wo man den parallelen Vorgang mitdenken kann, entdeckt man auch, warum diese Rückerinnerug die Fähigkeit zur «Selbstbeobachtung» öffnen konnte. Was in Ephesos geübt worden ist, wurde jetzt geschaut und dann gedacht. Von jenem Augenblick an konnte Aristoteles wissen, dass sich das Denken selbst beobachten kann – auch ohne Rauch!

Davon wird in der berühmten Stelle der *«Metaphysik»* gesprochen,[235] die zwar nicht leicht zu verstehen ist und deswegen in den verschiedenen

234 Vgl. S. 120 ff.
235 Vgl. *Metaphysik* XII, 1072 b 14–31.

256

Übersetzungen auch verschieden dargestellt wird, aber der Sinn wird wohl so sein, wie ihn Karl-Martin Dietz erfasst hat.[236] Der Ausgangspunkt für Aristoteles ist die Frage, ob es einen Beweger aus sich heraus gibt, der nicht deswegen schafft, weil er dazu angestoßen wurde, sondern der in sich selbst den Quell seiner Tätigkeit findet. Bei der Suche danach entdeckt er das Denken als jenen Ursprung des sich selbst bewegenden Bewegers. Allerdings ist das Denken des Menschen nur kurzzeitig dazu in der Lage, doch dieser fruchtbare Moment ist der erfreulichste Zustand, den sich der große Philosoph vorstellen kann, und so setzt er fort: «Nun kann sich der Geist selber denken, insofern er das Gedachte ergreift. Er wird nämlich selbst Gedachter, wenn er an die Sache rührt und denkt, sodass denkender Geist und Gedachtes dasselbe sind. Denn das, was das Gedachte und das Sein erst aufzunehmen vermag, ist zwar auch Geist, aber er ist erst wirklich tätig, wenn er es schon hat; daher ist dies mehr als jenes das, was man am Geist für göttlich hält, und die Schau (Theoría) ist das Erfreuendste und Beste. Wenn sich nun so wohl, wie wir uns zuweilen, der Gott aber immer befindet, so ist das etwas Wunderbares, wenn aber noch mehr, dann ist es noch wunderbarer. So aber befindet er sich wirklich. Auch Leben kommt ihm natürlich zu. Denn die Tätigkeit des Geistes ist Leben …»

Hier wird ein Ziel formuliert, und nur an dieser einzigen Stelle, das erst wieder 2200 Jahre später von den deutschen Idealisten richtig verstanden werden wird als ein Denken, das nicht mehr nur anderes erkennt, sondern dessen Tätigkeit sich selbst durchschaut. «Der denkende Geist (nus) und das Gedachte (noeton) sind dasselbe.» Was dieses lebendige und schauende Denken für Aristoteles bedeutet und welche Konsequenzen er daraus zieht, das wird von ihm im 10. Buch der *Nikomachischen Ethik* ausführlich dargelegt. Hier möge nur in Kürze erwähnt werden, dass es ihm die Möglichkeit eröffnet, wieder in die Welt der Götter aufzusteigen, sich mit ihnen zu befreunden und von ihnen geliebt zu werden.

Für die Griechen jedenfalls mussten solche Untersuchungen wie die hier angegebenen durchaus unverständlich bleiben. Sind sie doch aus jenen Fähigkeiten entstanden, die durch die Epopteia in den Mysterien hervorgelockt worden sind und also nur denjenigen etwas zu sagen hatten, die auch eingeweiht waren. Man konnte sich, wie wir schon bei Platon hörten, darüber zwar mündlich unterhalten, die eigentlichen Geheimnisse der Schriften blieben jedoch den Außenstehenden verschlossen. Plutarch hat gerade diese Tatsache in seiner Lebensbeschreibung Alexanders schön dargestellt, aber ohne die Mysterien von Samothrake zu erwähnen, auf die sich jedoch dieser Abschnitt bezieht. Er lenkt den Blick vielmehr nach

236 Karl-Martin Dietz, in: *Metamorphosen des Geistes,* Bd. 2, Stuttgart 1989, S. 199.

Miëza, «wo man noch jetzt die steinernen Sitze des Aristoteles und die schattigen Spaziergänge zeigt», als ob dort schon der Lehrer seinem Schüler die «akroamatischen» oder Mysterienwissenschaften beigebracht haben könnte. Und so lenkt er den Blick ab von Samothrake, wo er eigentlich hinschauen müsste. Er schreibt da:

«Indes wurde Alexander, wie es scheint, nicht bloß in der Moral und Politik unterrichtet, sondern nahm auch an den geheimen und schweren Wissenschaften teil, welche die Philosophen besonders die akroamatischen und epoptischen nannten und die sie dem großen Haufen nicht bekannt machten. Denn als er nachher während seines Feldzugs in Asien vernahm, dass Aristoteles über jene Wissenschaften einige Bücher herausgegeben hätte, machte er ihm deswegen im Namen der Philosophie in einem Brief Vorwürfe, dessen Abschrift also lautet: ‹Alexander entbietet dem Aristoteles seinen Gruß! Du hast nicht wohl getan, dass du die akroamatischen Wissenschaften bekannt gemacht hast. Denn worin werden wir uns nun von andern unterscheiden, wenn die Lehren, die uns mitgeteilt worden sind, allen gemein sein werden? Ich für meine Person wollte mich lieber durch Kenntnis der erhabensten Wissenschaften als durch Macht vor andern auszeichnen. Lebe wohl.› Zur Beruhigung dieser Ehrbegierde und zugleich zu seiner Rechtfertigung antwortete ihm Aristoteles, dass diese Wissenschaften bekannt und auch nicht bekannt gemacht wären. In der Tat enthält auch sein Werk über die Metaphysik weder zum Unterricht noch zum Lernen etwas Brauchbares und ist eigentlich nur für die Eingeweihten zur Rückerinnerung geschrieben worden.»[237]

Plutarch kannte sich aus im spätgriechischen Mysterienwesen. Als langjähriger Priester von Delphi und als Eingeweihter wusste er, wovon er schrieb. Dass er gerade bei Aristoteles die «Rückerinnerung» hervorhob, heißt also auch, eine bloße Erinnerung von den Erlebnissen im Hieron unterscheiden zu können, denn dort war ja die Rückerinnerung an ein letztes Leben bei Aristoteles und bei Alexander tatsächlich eingetreten! Daraus empfingen sie ihre Impulse, Neues zu schaffen. Aristoteles entdeckte das lebendige Denken als Mittlertätigkeit zu den Göttern und nannte sein Werk «Peri Hermeneias», auf Deutsch etwa: «Über das Hermeln», was auf jeden Fall eine Anspielung auf den Götterboten Hermes ist, und Alexander machte sich auf in den Orient, um dieses neue Geistesleben denjenigen Völkern zu bringen, denen das alte verloren zu gehen drohte. Denn wie das Denken selbst über die in Nationen geteilten Sprachen hinausreicht und einen übernationalen, menschheitlichen Impuls einleitet, so stellte sich auch Alexander in den Dienst dieses Impulses. Die Eroberung des ganzen Alten Orients, die ihm gelang, hatte ja im Rück-

237 Plutarch, *Das Leben Alexanders*, Kap. 7, übersetzt von Joh. Fr. Kaltwasser, Magdeburg 1803.

258

blick gesehen nur den Effekt, diese riesigen Gebiete tatsächlich der griechischen Kultur geöffnet zu haben und die griechische *Koiné* zu einer die Menschheit verbindenden gemeinsamen Kultursprache zu erheben. Das hatte weitreichende Folgen. Und so kann Hermann Bengtson schreiben: «Philipp, der Vater, und Alexander, der Sohn, sind es gewesen, die den Makedonen und Griechen das Tor zur Welt geöffnet haben. Mit dem makedonischen Imperialismus verbindet sich die Ausbreitung des griechischen Geistes, der die ganze Alte Welt durchdrungen hat. Ohne die Leistungen dieser beiden Könige wäre weder das Imperium Romanum noch die Ausbreitung des Christentums denkbar.»[238] Gelungen ist dieser Durchbruch durch die zahlreichen Städtegründungen, die Alexander auf seinem Zug ins Werk setzte. Nach Plutarch sollen es über 70 Städte gewesen sein, die ihre Gründung dem König verdankten. «Sie hießen fast ohne Ausnahme Alexandria. Die neuere Forschung seit J.G. Droysen steht mit Bewunderung vor dieser Leistung des Makedonenkönigs, sie ist geneigt, in Alexander den großen Kulturbringer und Förderer des Hellenentums in Vorderasien zu sehen. Dies wird im Großen und Ganzen richtig sein … Zu den Städtegründungen hat der König selbst die notwendigen Anordnungen gegeben, die neuen Städte sind seinem Geist entsprungen, sie entsprachen seiner Konzeption. Nach seinem Willen sollten sie die Mittelpunkte des von ihm eroberten Landes in Vorderasien bilde. Eine Sonderstellung nimmt Alexandrien in Ägypten ein, sein Name hat die Erinnerung an den Gründer für alle Zeiten am Leben erhalten … Was der Makedonenkönig erstrebte, war eine Urbanisierung, und zwar von Landschaften, die noch nie regelrechte Städte gekannt hatten. Die neuen Städte waren nach dem Vorbild der griechischen *Poleis* gebaut, sie waren von einer Mauer umgeben, in ihrer Mitte gab es einen geräumigen Marktplatz, an öffentlichen Gebäuden existierten ein Theater, ein Gymnasium und ein Rathaus …»[239]

So konnte sich das griechische Geistesleben entfalten und sich in großen Gebieten ausbreiten. Im Verfolg dieser Ausbreitung entsteht dann das, was wir heute den *Hellenismus* nennen, eine Geistesströmung, die viele Völker ergreift und in den nächsten Jahrhunderten deren Leben bestimmt. Vor allem auf den verschiedenen Feldern der Kultur zeigt sich das Neue, das den engen griechischen Lebensraum zugunsten weltweiter Kommunikation verlässt.

Vor diesem Hintergrund ist es kaum glaublich, dass all diese Früchte in der kleinen und bescheidenen Mysterienstätte von Samothrake ihren Ursprung gehabt haben sollen. Und doch ist es so. Denn wenn das richtig ist, dass die Mysterien größere geistige Ziele ins Auge fassten als ihre unmit-

238 H. Bengtson, *Philipp und Alexander der Große,* München 1985, S. 7.
239 op. cit. S. 226 f.

telbare Umgebung, so ist das an dem Beispiel von Alexander und Aristoteles ganz besonders schön zu sehen. Einstens mündete viel von dem altorientalischen Geistesleben in die Gründung von Ephesos ein – wir hörten davon bei der Betrachtung der Statue der Artemis –, dann entwickelte sich daraus das eigenständige griechische Geistesleben, das Denken entstand und mit ihm ein neues Mysterienwesen in Eleusis, doch jetzt, am Ende der griechischen Kulturentwicklung, gelingt es den Mysterien von Samothrake noch einmal, durch eine äußere Praxis, in einigen wohl vorbereiteten Schülern die Erinnerung an frühere Zeiten zu erwecken. In diesen Erinnerungen lebt nun wieder etwas auf, was einstens die frühen Zeiten geistig durchdrang, nicht nur in Ephesos, sondern auch noch in weit älteren Zeiten. Damals, in Ägypten zum Beispiel, war es in den Mysterien noch ganz natürlich, durch eine normale Mysterienschulung in vergangene Leben zurückschauen zu können und sich dadurch nicht nur vom *Gedanken* der Reinkarnation zu überzeugen, sondern von deren Tatsache selbst.

Diese späte Praxis, die das ermöglicht, verwendet dazuhin die alte Form, in der man sich diesen Inhalt vorstellen konnte. Denn vergegenwärtigen wir uns die alte Mysterienpraxis in Ägypten, dann wiesen die vier Kanopenkrüge mit Menschenkopf auf die Transformation hin, welche die vier Organsysteme zwischen ihrer Wiederverkörperung durchmachten. Ihre Kräfte vollzogen den Weg vom Rumpf zum Sternenhimmel und von dort aus zum Kopf der nächsten Inkarnation.[240] Die Metamorphose des physischen Leibes bildete die Grundlage für das komplizierte Geschehen, welches die Wesensglieder des Menschen zwischen dem Tod und einer neuen Geburt durchzumachen hatten. Und genau diese Bilder tauchen in Samothrake als Bilder für den Rückerinnerungsprozess auf. Die Kabiren sind *Kruggötter*, sind «irden-schlechte Töpfe». Nicht deswegen, weil sie diese Gestalt besäßen, denn als Schöpfergötter müsste man sie sich gänzlich anders vorstellen, sondern weil die Bilder für die geistigen Prozesse, die dabei auftreten, schon in alten Mysterien gefunden worden sind.

Der Rauch, der aus den Krügen aufstieg und sich im Weltenall verbreitete, entsprach ja genau dem Prozess, der ätherisch geschieht, wenn der Mensch stirbt, nur dass er ergänzt werden müsste um die Bildung des Hauptes, die sich daran anschließt. Was im Hieron zu sehen war und von dem Schüler miterlebt worden ist, ist also der Prozess, der sich zwischen den Erdenleben abspielt. Und das Ergebnis der Beobachtung dieses Vorgangs führte zur Erinnerung an das vergangene Leben. In Ägypten hat man diese ganze Metamorphose noch selbst erlebt, in Ephesos hat man sie noch gekannt

240 Vgl. F. Teichmann, *Die ägyptischen Mysterien*, Stuttgart 1999, S. 147–206.

und auch im Unterricht behandelt, in Samothrake hat man sie, wenn man dafür prädisponiert war, noch ein letztes Mal vor Augen geführt bekommen.

Jeder, der bis hierher den Text verfolgt hat, wird nun auch verstehen, warum von Samothrake aus alle Fäden in den Alten Orient führen und dort besonders nach Ägypten. Wenn Herodot behauptet, dass er die Kabiren in Ägypten gesehen hat, so kann er dort nichts anderes als die Kanopenkrüge darunter verstanden haben, und wenn man sie auch in Phönizien fand, dann sind es auch dort dieselben Formen. Überall, in der Mysterienhandlung sowohl als auch in den Namen der Kabiren und auch in den Formen der Götter, muss man zurückdenken in vergangene Leben und in vergangene Kulturen. Und die Kräfte, die man dort findet, sind dieselben, die man schon in Ephesos als Ka-Kräfte wiedererkannte, Kräfte, die in dem Werden der Welt gestaltend tätig sind und in Ägypten als Stierkräfte bezeichnet wurden. Zeus brachte Europa in der Gestalt eines Stieres nach Kreta, und auf der Suche nach seiner Schwester kam Kadmos nach Theben, einer Kuh folgend. Diese Kräfte sind solche, welche die sinnliche Welt mit der geistigen verbinden, und überall da, wo eine solche Vermittlung stattfindet – in der Bildung des Leibes, im Sprechen, im Denken, in der Ausgestaltung des Schicksals –, ist der «Ka» tätig. In Samothrake selbst kam diese geistverbindende Kraft sehr schön in den Metopen des Arsinoeion zum Ausdruck, den Orten, die normalerweise den Heroen, den Halbgöttern, vorbehalten sind, indem hier zur Opferung geschmückte Stierköpfe auftauchen (Abb. 46).[241] Es sind die Bilder ätherischer Kräfte, die in der ägyptischen Kultur «Ka» genannt worden sind und schon bei der Artemis von Ephesos von dorther ihren Sinn bekamen.

Vielleicht sind von dieser Grundlage aus auch die fremd klingenden Namen der Kabiren zu verstehen. Nachdem Schelling in seiner berühmten Abhandlung «Über die Gottheiten von Samothrake» verschiedene Wege zu ihrer Etymologie versucht und abgelehnt hatte, hat er sich für ihre Abstammung aus Phönizien entschieden. Dabei hat ihm die gemeinsame Vorsilbe der ersten drei Gottheiten überraschenderweise den entscheidenden Hinweis für seine ganze Deutung gegeben. Denn «nach der wörtlichsten Übertragung …kann der erste Name, Axieros, in phönikischer Mundart nicht wohl etwas anders bedeuten als zunächst den Hunger … und in weiterer Folge das Schmachten, die Sucht; eine Erklärung, die auf den ersten Blick wunderlich scheinen mag, aber durch tiefere Betrachtung einleuchtet.»[242] Diese von den Nachkommen bis heute vielbespöttelte Herleitung begründet Schelling in einer sehr aus-

241 Vgl. die Opferstierdarstellung in Ephesos, Abb. 45.
242 F.W.J. Schelling, *Über die Gottheiten von Samothrake,* Stuttgart 1815, S. 11 ff.

führlichen Anmerkung, aus der hervorgeht, dass ihn alle anderen Versuche nicht zu überzeugen vermochten. Doch im Weiterdenken dieses Hinweises ergibt sich ihm ein Zusammenhang, in dem alles zueinander passt. Er findet das entsprechende Bild, das er dem griechischen Mythos entnimmt, in der Ur-Nacht des Anfangs und denkt von da aus weiter: «Was ist das Wesen der Nacht, wenn nicht Mangel, Bedürftigkeit und Sehnsucht? Denn diese Nacht ist nicht Finsternis, nicht das dem Licht feindliche, sondern das des Lichts harrende Wesen, sie ist die sehnsüchtige, zu empfangen begierige Nacht.» Diese Nacht, die nur «Hunger nach Wesen» ist, nach Anfang, nach Schöpfung, wird im Folgenden von Schelling auch mit der Nacht der Toten verglichen, die sich nach einer neuen Verkörperung sehnen, nach «einem künftigen leiblichen Dasein».

Was zunächst wie eine mehr zufällige und eigenwillige Etymologie Schellings erscheint, über die sogar Goethe sich lustig macht, indem er die Kabiren als «sehnsuchtsvolle Hungerleider» bezeichnet, ist doch tiefer gedacht und der Wahrheit näher, als wir ahnen. Denn auf dem bisher behandelten Hintergrund der samothrakischen Mysterienerfahrung bekommt diese Etymologie noch einen ganz anderen Sinn.

In einem wahrscheinlich vor Ärzten gehaltenen Vortrag[243] hat Rudolf Steiner einmal dargestellt, wie sich die Transformation des Leibes und seiner Organe in das Haupt der nächsten Inkarnation vollzieht und was noch alles an weiteren Zusammenhängen dazugehört. Dabei stößt er auch auf die Fragen, die mit dem Schicksal verbunden sind, wie es sich bildet und wie es sich auslebt. Vor allem «jene eigentümliche Veranlagung, sein Karma auszuleben», ist interessant zu beobachten. Denn «wenn man beobachtet, wie das Karma sich auswirkt, so kann man ja sagen: Es lässt sich eigentlich dieses Ausleben des Karma von der Seite des Menschen nur schildern wie eine Art von Hunger und Sättigung.» Als Beispiel für diesen Vorgang führte Rudolf Steiner nun an, was alles vorgehen muss, damit sich zwei Menschen, die sich dann heirateten, überhaupt begegnen konnten und wie schon lange vorher ihre Wege unbewusst auf ein Treffen hin ausgerichtet waren. Dann setzt er fort: «Der Mensch, wenn er geboren wird, hat Hunger, das zu tun, was er tut, und er lässt nicht früher nach, bis die Sättigung kommt. Das Hindrängen zum karmischen Ereignis ist eine Folge eines solchen allgemeinen spirituellen Hungergefühles; man wird hingetrieben.»

Jeder Mensch hat solche Kräfte in sich, sie sind in vergangenen Leben angelegt worden und fordern jetzt die Folgen ein, die aus den Taten von damals entstanden sind. Daraus entsteht immer eine Lust, Neues zu schaf-

243 Rudolf Steiner, Vortrag vom 2. Juli 1921, in GA 205, S. 108 ff.

fen. Rilke hat das sehr schön in ein Gedicht verdichtet, in dem es heißt:
«Das ist der Sinn von allem, was einst war,
dass es nicht bleibt mit seiner ganzen Schwere,
dass es zu unserm Wesen wiederkehre,
in uns verwoben, tief und wunderbar.
…
Vergangenheiten sind dir eingepflanzt,
um sich aus dir, wie Gärten zu erheben.»[244]

Diese weisheitsvolle Erkenntnis ist den Neophyten in Samothrake zum Erleben gebracht worden. Alexander und Aristoteles ist dadurch nicht nur ein Rückblick in vergangene Leben ermöglicht worden, sondern in diesem Vorgang leuchteten ihnen auch die Folgen dieser Ursprünge auf. Aristoteles schaute zurück auf seine Sprachschulung und setzte sie eine Stufe höher fort in der Schulung des Denkens. Dabei entdeckte er, wenn er eine gewisse Höhe der Betrachtung erreicht hatte, eine göttliche Kraft in sich wirkend, die ihn zum geistigen Schauen führte.[245] An dieser Grenze berührt der Mensch die göttliche Welt: «Ein solches Leben aber wäre übermenschlich, denn man kann es in dieser Form nicht leben, sofern man Mensch ist, sondern sofern ein göttliches Element in uns wohnt … Ist also, mit dem Menschen verglichen, der Geist etwas Göttliches, so ist auch ein Leben im Geistigen, verglichen mit dem menschlichen Leben, etwas Göttliches.» Danach sollten wir streben und uns nicht durch irgendwelche flotten Sprüche davon abhalten lassen, die diejenigen propagieren, die nur leibliche Genüsse kennen. Wer dagegen seine natürlichen Begierden überwindet und den Geist pflegt, dem kommen die Götter entgegen und helfen ihm, das geistige Schauen zu verwirklichen: «Wer ein aktives Leben des Geistes führt und den Geist pflegt, von dem darf man sagen, sein Leben sei aufs Beste geordnet und er werde von den Göttern am meisten geliebt.» Sie vergelten ihm seine Anstrengungen mit Gutem, weil er sich um das bemüht, was ihnen nahesteht. «Dass dies aber im höchsten Grade bei dem Philosophen zu finden ist, darüber besteht kein Zweifel. Und so wird er von den Göttern am meisten geliebt. Als Liebling der Götter aber genießt er auch das höchste Glück.»
Dieses Ziel, der göttliche Mensch, der von den Göttern wahrgenommen und geliebt wird, ist die höchste Stufe des Menschseins, die sich Aristoteles vorstellen kann, deren Verwirklichung er aber auch angestrebt hat. Dieses Ziel ist ihm schon in Platons Akademie aufgeleuchtet, doch erst jetzt, nachdem er die Erfahrungen in Samothrake haben durfte und deren Folgen ausgeführt hatte, wurde ihm der ganze Umfang dieser Forderung

244 R.M. Rilke, aus:
Der Sänger singt vor einem Fürstenkind.
245 Siehe *Nikomachische Ethik*, X, 7–9.

263

deutlich. Als geistiges Ziel hat es Alexander der Große in Asien verbreitet,
um so dem Schwund der alten Mysterienerfahrungen die neuen, aufsteigenden Geisterlebnisse entgegenzusetzen. Auf vielfach verschlungenen
Wegen haben sie vielen Menschen in den nächsten Jahrhunderten Richtung und Ziel geben können. Auch das werdende Christentum konnte
sich mit diesem Streben verbinden, wie wir im nächsten Kapitel noch
sehen werden.[246]

Zum Schluss dieses Samothrake-Kapitels soll doch noch auf das schönste
Fundstück aufmerksam gemacht werden, das diesen Ort zunächst berühmt gemacht hat: die Nike von Samothrake. Sie ist gleich bei den ersten
Ausgrabungen ans Licht gekommen und hat ihren repräsentativen Platz
im Louvre gefunden (Abb. 93). Bei den späteren Ausgrabungen stellte sich
dann heraus, dass sie im Heiligtum einen ganz singulären Platz eingenommen hatte, hoch über dem Heiligtum und noch über dem Theater.
Man hat sie von überallher sehen können, und da sie die einzige Statue
war, fiel sie besonders auf.[247] Ursprünglich stand sie inmitten einer Brun-
nenanlage auf einem Schiff, das sie, vom Himmel herabschwebend, gerade
berührte. Dieses Weihegeschenk wird gewöhnlich als ein Siegesdenkmal
für eine gewonnene Seeschlacht gedeutet. Doch da man keinerlei Inschrift
fand, blieb es unsicher, um welche Schlacht es sich handeln könnte. Zudem
ist Samothrake nicht Delphi, wo es üblich gewesen ist, solche Siegesdenk-
mäler zu errichten.

Als einziges Denkmal dieser Art scheint dieses großartige Bild noch eine
andere Bedeutung gehabt zu haben. Denn wer sich fragt, was eine auf
einem sich bewegenden Schiff landende Nike denn eigentlich ausdrücken
könnte, der kommt schnell darauf, wie hier etwas dargestellt ist, das, vom
Himmel kommend, sich einem bewegenden Prozess einpasst. Es ist kein
stehender Empfang der Nike, sondern einer, der nur dann stattfinden
kann, wenn sich dem beweglichen Element ein Göttliches einfügen will.
Aristoteles hatte das als einen Gunsterweis der Götter erlebt, die dem
geistig strebenden Menschen entgegenkommen. Er hatte beobachtet, wie
Denken und Gedankeninhalt in einem Vorgang zusammenkommen. Das
ist das Bild der auf dem Schiff landenden Nike, das Bild eines inneren
Sieges.

246 Das Kapitel wurde nicht
mehr ausgeführt

247 Zusammenfassende
Darstellung von H. Krell,
Die Nike von Samothrake,
Darmstadt 1995.

Nachwort

Zeit seines Lebens hat sich Frank Teichmann mit der Frage nach dem Wesen des Menschen und seinem Verhältnis zur göttlich-geistigen Welt beschäftigt. Wie sich dieses Verhältnis im Laufe der Bewusstseinsgeschichte der Menschheit entwickelt hat, wurde für ihn zum zentralen Forschungsanliegen. Die Hinwendung zu den antiken Kulturen war nie nur von bloß historischem Interesse, sondern richtete sich immer auf die Bedeutung der Phänomene für unsere heutige Bewusstseinslage und die daraus erwachsenden zukünftigen Aufgaben. Mit der Buchreihe *Der Mensch und sein Tempel* wurden die Tempelbauten als Ausdruck des jeweiligen Verhältnisses der Menschen zur Götterwelt betrachtet, und es zeigte sich das sich in der Zeit entwickelnde gegliederte Wesen des Menschen. Es sollten den bereits erschienenen vier Bänden noch die Betrachtungen zu den Bauten der Romanik, des Barock und des Goetheanums folgen.

Von Anfang an wirkten die Mysterien in diese Forschung mit hinein. Denn aus ihnen gingen die Eingeweihten als Stifter und Führer der jeweiligen Kulturen hervor. Auch die Mysterien stehen in dem raum-zeitlichen Gefüge der Menschheitsentwicklung. So schließen sich die griechischen Mysterien organisch an die ägyptischen an, weil die Menschen einen großen Bewusstseinsschritt in diesem Übergang vollzogen haben. In seinem Buch über die Tempel in der Megalithkultur stellte Frank Teichmann einen vergleichenden Überblick über die drei vorchristlichen Kulturarten Ägyptens, Griechenlands und der Megalithkultur des Nordwestens vor. Er hatte vor, auch über diese letztere Mysterienart eine Arbeit vorzulegen. Das war ihm nicht mehr gewährt.

Auch das vorliegende Buch über die griechischen Mysterien konnte nicht vollständig ausgeführt werden. So sollen im Folgenden die Grundgedanken der beiden fehlenden Schlusskapitel zusammengefasst werden. Dabei kann uns Frank Teichmanns Art zugute kommen: Was sich schließlich an

Forschungsergebnissen in Schriften ausformte, wurde erst in vielen Vorträgen und Seminarkursen sprechend mit den Zuhörern bewegt.

Schon im dem Titel des Buches «*Quellen für ein Verständnis des Christentums*» zeigt sich der Bezug der griechischen Mysterien zum Christentum, und die Wiedererinnerung an die Mysterien in der Neuzeit ist als Folge und Aufgabe daraus zu verstehen.

In der Frühzeit der Menschheit lebte der Mensch in Gemeinschaft mit den Göttern – sie waren *einer* Herkunft. Der Mensch als der «erste Adam» war nach dem Bilde der Gottheit geschaffen: Er war ein «göttlicher Mensch».

Erst mit dem Sündenfall verdunkelte sich seine göttliche Gestalt – sein Bewusstsein lenkte er auf die Erde. Er vergaß allmählich seine Zusammengehörigkeit mit der himmlischen Welt.

Hier nun werden die Mysterien eingerichtet, die in ihren Praktiken mit auserwählten Menschen die Verbindung mit der göttlichen Welt aufrecht erhielten und aus dem Erleben der Götter und aus dem Verkehr mit ihnen die Kultur ihres Volkes begründeten und führten. In keiner Weise sind die Mysterien rückwärts gewendet, um wieder eine paradiesische Welt zu schaffen. Sie richten die Menschen auf das Erdenleben hin und sorgen dafür, dass es nicht gottverlassen und sinnlos wird. Sie bereiten aber auch das Verständnis für das größte Ereignis der Erdenentwicklung vor: Der Gott, der die Welt geschaffen hat, ermöglicht der Menschheit in der Zukunft, wieder zu ihrem wahren Wesen hin zu finden; das heißt aber, die Vollmacht zu erlangen, «Gottes Kinder zu werden».

Das Ausrichten auf dieses Ereignis und das Verständnis für die Christus-Tat wurde an den drei großen Mysterienstätten Griechenlands auf verschiedene Art verwirklicht.

In *Ephesus* wird das Werden der Welt beobachtet. Dort entsteht der Begriff des Logos (durch Heraklit im Umkreis des Tempels und der Mysterien): In der Sprache (und Sprachschulung und -beobachtung) ist der Mensch beteiligt am Entstehenden und zu Beobachtenden. Ephesus wurde dann auch geistig anziehend für das frühe Christentum: Der Evangelist des Logos, Johannes, geht mit der Mutter Jesu dorthin. Paulus hat dort gelebt und gewirkt. Und Ephesus gehört zu einer der sieben Gemeinden der Apokalypse.

In *Eleusis* wird die Geburt eines Knaben, des Gotteskindes, von einer Jungfrau gefeiert («Eleusis» bedeutet «Ankunft»). Es geschieht der Ausblick auf etwas, das kommen wird.

In *Samothrake* schließlich wird, in der Rückerinnerung an Ephesus und im Zusammenwirken mit den «starken» Göttern, nun nicht mehr das

Sprechen untersucht und zur Erfahrung des Logos gebracht, sondern im irdischen Medium des Rauches erscheinen die Formen der Sprache. Aristoteles, als Schüler Platons, kommt diesen Mysterien nahe und entwickelt aus den Formen der Sprache das Denken. Der Logos als Weltschöpfer (Ephesus) wird jetzt in der inneren Denktätigkeit erlebt und beobachtet. Die kosmische Intelligenz wird im Menschen gesucht, das Denken wird geschult und führt zu den *logischen Schriften* (nicht mehr Dialogen) des Aristoteles. Er wird *der* Philosoph der nächsten zwei Jahrtausende im europäischen Geistesleben. Was er als Denken ausgebildet hat, ist nicht national wie die Sprachen, es wirkt übernational in allen Menschen. So trägt sein Schüler Alexander den kosmopolitischen Geistimpuls in die orientalische Welt. Seine Züge nach Osten gelten nicht einfach einer politisch-militärischen Eroberung, sondern sie sind Ausdruck einer geistig-kulturellen Kraft von überwältigender Wirkung. In Alexandria in Ägypten, seiner hervorragendsten Städtegründung, wird später die bedeutendste frühchristliche Schule eingerichtet. [248]

Gegenüber den ägyptischen Mysterien geschah in den griechischen ein wichtiger Schritt. Der Mensch ist nicht mehr nur Gefäß der göttlichen Einwirkungen und seine Wesensverwandlung deren Geschenk, sondern er beteiligt sich aktiv am Vorgang der Einweihung: in Ephesus beim Sprechen, in Eleusis als Mithandelnder im Mysteriendrama, in Samothrake als einer, der mit der Sprache durch den Opferrauch die herabsteigenden Götter ertastet und in der Rückerinnerung seine ephesischen Erfahrungen hereinruft. So ist es ganz verständlich, dass in Griechenland, wo das Denken als Naturgabe der Menschen auftrat, eine Schule des Denkens von einem Eingeweihten begründet wurde: die *Platonische Akademie* von Athen. Hier wurde ein Denken ausgebildet, das nicht an die leibliche Existenz gebunden blieb, sondern den Menschen nach dem Tod von seinem Schattendasein erlöste und ihn in die Gemeinschaft mit den Göttern führte. Platon lehrt Mysterienweisheit, die die Seele reinigt und das geistige Leben fördert und so steigert, dass die «wahren» Philosophen auf dieselbe Höhe der Geisterfahrung gelangen wie die Eingeweihten. In der Akademie werden dann die Gedankenformen und Begriffe ausgebildet, die später das Verständnis des Christentums ermöglichen. Die Evangelisten schreiben griechisch und bedienen sich der Mysterienbegriffe.

Als die Geistentfremdung der allgemeinen Menschheit so groß geworden war, kam der höchste Schöpfergott auf die Erde in einen Menschenleib, wirkte unter den Menschen, erlitt den Tod und vollzog die Auferstehung. Damit war der Inhalt und das Ziel der Mysterien als historisch-mystische Tatsache in die Welt getreten. Sie hat gewirkt, wäre aber nie verstanden

248 Schelling sah in dem in Samothrake wirkenden Gotte *Kadmilos-Hermes* das in der hebräisch-christlicher Tradition mit dem Namen *Michael* bezeichnete göttlich-geistige Wesen. Aus Rudolf Steiners Forschung ist bekannt, dass verschiedene Erzengel nacheinander in den Kulturepochen in besonderer Weise die Geistesentwicklung der Menschheit inspirierend führen. Die Zeit von Aristoteles und Alexander stand unter einer solchen Michael-Führung. Unter diesem Aspekt erhalten die Wirkungen der Samothrakischen Mysterien noch eine größere spirituelle Dimension.

worden, wenn nicht die Philosophie im griechischen Geistesleben die Begriffe ausgebildet hätte, dass das tote Denken wieder lebendig werden kann und dadurch erst ein Leben der Menschenseele über den Tod hinaus möglich wird. Johannes beschreibt das mit dem Begriff des Logos. Er, der als Lazarus die alte Einweihung durch den Tod durchgemacht hat, wird durch Christus selbst in die neue Einweihung erweckt. Er wird mit einem alten Mysterienausdruck bezeichnet: «der, den der Herr lieb hatte» (schon der Pharao wird «ein von Gott Geliebter» genannt). Damit ist durch das Mysterium von Golgatha der Umschwung in der Menschheitsentwicklung eingetreten. Paulus ruft den Ephesern zu: «Wache auf, der du schläfst, und stehe auf von den Toten, so wird dich Christus erleuchten» (Eph. 5,14).

Das neue Denken führt zur geistigen Geburt durch Logostätigkeit. Es bildet die Grundlage für die *christliche Schule von Alexandria*. Sie wird von Griechen gegründet. Clemens – ein Eingeweihter in Eleusis – stammt aus Athen, kommt nach Alexandria und lernt dort das Christentum kennen. Er möchte es wie eine Mysterienweisheit behandeln und heilig halten. Man schaut dort auf zwei Quellströme des Christentums: den hebräischen, der den Leib für den Christus zubereitet, und den griechischen, der nach ihrer Ansicht von Christus selbst eingerichtet wurde, um den Geist zum Verständnis des Mysteriums von Golgatha auszubilden. Ohne dieses Verstehen hätten die christlichen Wahrheiten nicht 2000 Jahre durchgetragen werden können. Denn das direkte Wirken des Christus auf die Apostel und deren Nachfolger hat im 2. Jahrhundert allmählich nachgelassen. In Alexandria lebte aber immer noch eine innere Verbindung zu Eleusis und der platonischen Akademie.

Der Schüler des Clemens, Origenes, hat dann das Verständnis des Christentums sehr weit entwickelt. Er hat eine systematische Schulung zur Wiederverbindung des Menschen mit der geistigen Welt und zu seiner Höherentwicklung ausgebildet. Durch «die liebende Bemühung um die Erforschung der Wahrheit» auf der Erde macht der Mensch sich zum Anwärter einer überirdischen Schule, in der Christus und seine Engel ihn belehren; und den skizzenhaften Anlagen seiner Erkenntnis wird im künftigen Leben «die Schönheit des vollendeten Bildes hinzugegeben». Origenes bringt das Wachsen des Geisteslebens nach dem Tode mit dem Wirken des auferstandenen Christus in Verbindung. Der Schulungsweg des Denkens, der an die platonische Mysterienmethodik anschließt und sich den Wahrheiten im «dreifachen Schriftsinn» zuwendet, wird dann in der «platonischen» *Schule von Chartres* gepflegt und weiterentwickelt.

Während sich im allgemeinen Kulturleben die Aufmerksamkeit immer mehr der Erforschung der Sinneswelt zuwendet, wird ein esoterischer

270

Strom im Geistesleben weitergeführt, der an den alten Mysterienstrom anschließt, diesen aber für die Bedürfnisse und Aufgaben des neuzeitlichen Bewusstseins fruchtbar macht.

Das zeigt sich in der intensiven Beschäftigung mit Platon in der *platonischen Akademie von Florenz*. Aber auch in der *Gralsströmung* wirkt dieser innere Impuls des Entschlusses zum eigenen Weg der Vervollkommnung. Parzival geht auf seinen Lebensweg mit dem Ziel, Artusritter – nämlich ein lichter göttlicher Mensch – zu werden. Er sieht den Gral und hat kein Verständnis, wie es um ihn steht. Als er von seiner «Schuld» und von der Aussichtslosigkeit seiner Schicksalssituation erfährt, fasst er den einsamen Entschluss in seiner Seele, den Gral zu suchen: «Dahin jagt mich mein Denken, davon lasse ich nimmer, meines Lebens immer.» Er wird nicht mehr erwählt zur Einweihung am Gral, sondern er begibt sich auf den Weg, und er wird dann in seinem Bemühen von der göttlichen Welt erkannt: sein Name erscheint am Gral. Wolfram von Eschenbach kennt den Mysterienhintergrund und verschließt ihn in die Bilder seines *«Parzival»*.

Das alles tauchte in Vergessenheit unter bis im *deutschen Idealismus* durch Goethe in Zusammenarbeit mit den Philosophen Fichte, Schelling und Hegel der Entwicklungsgedanke entdeckt und ausgebildet wurde. Er wurde erst am Menschen und der Menschheitsentwicklung erforscht, was bei den Philosophen zu großartigen Entwürfen führte. Sie erinnern sich an die Mysterien – vor allem Schelling – und denken sich alle nach Griechenland zurück – aber nicht im bloß historischen Rückblick. Menschheitsgeschichte wird in einem Entwicklungsbogen gesehen, an dem der einzelne Mensch erleidend und tätig mitgestaltet: von der Höhe des Zusammenlebens mit den Göttern ist er herabgestiegen bis zu dem Tiefpunkt größter Geistferne. Da musste der Schöpfergott selbst dem Menschen zu Hilfe kommen und das Mysterium von Golgatha vollziehen und dadurch für den Menschen die Wiederverbindung mit der göttlichen Welt seiner Herkunft als Zukunftsmöglichkeit erringen. Die deutschen Idealisten fühlen sich mit den Mysterien verbunden und erkennen daraus den modernen Auftrag der eigenen Höherentwicklung.

Daran schließt *Rudolf Steiner* mit der *Anthroposophie* an. Aus der Kenntnis seiner eigenen Beteiligung an der Menschheitsentwicklung kann der individuelle Mensch sich nun frei entscheiden, durch Schulung den Weg zur Vervollkommnung und damit zum wahren Ziel seines Menschseins zu beschreiten. Das ist aber immer mit Christus als dem Quell aller Vervollkommnungsbemühungen verbunden. Die Verwirklichung dieses «Unternehmens» geschieht von zwei Seiten: aus der differenzierten

Kenntnis des Menschenwesens und seiner Entwicklung (die gleichzeitig die der Menschheit im Ganzen ist) einerseits und aus einer Methode der Schulung, die zu dem Menschheitsziel führen kann. Eigentlich muss der individuelle Mensch an allen Stufen beteiligt sein (wenn er nicht nur Geschöpf und Geführter bleiben will), das heißt aber, dass es ihn immer wieder auf die Erde drängt, um Neues zu erfahren und zu leisten im Dienste der gesamten Menschheitsentwicklung. Geschichte ist dann nicht nur ein Rückblick auf vergangene Ereignisse, sondern sie wird verstanden als ein sich entwickelndes Ganzes, in dem Vergangenheit, Gegenwart und Zukunft aufeinander bezogen sind.

So stehen die griechischen Mysterien in einem großen Geschichtsstrom. Sie halten die Menschen in Verbindung mit der geistigen Welt und bereiten das Christusereignis vor, indem sie auf den zukünftigen göttlichen Menschen hinblicken. Als die Menschheit auf dem Tiefpunkt ihrer Geistverlassenheit angekommen war, wurde der Schöpfergott selbst Mensch und ging durch Tod und Auferstehung. Alle Menschheitsentwicklung geschieht seither unter der Wirkung dieser Tat des Christus. Sie zu verstehen, ist mehr als nur eine intellektuelle Übung. Denn sie bringt durch Schulung den geistigen Menschen aus dem natürlichen, leiblich gebundenen Denken hervor. Paulus spricht davon im 1. Korintherbrief: «Es wird gesät ein natürlicher Leib, und wird auferstehen ein geistlicher Leib … Der erste Adam ward zu einer lebendigen Seele, und der letzte Adam zum Geist, der da lebendig macht … Der erste Mensch ist von der Erde und irdisch; der andere Mensch ist der Herr vom Himmel.» (1. Korinther 15, 44 – 47). In den Mysterien war immer das Ziel der Einweihung die Geburt des Geisteskindes. Und Johannes zeigt im Prolog seines Evangeliums den Weg zu diesem Zukunftsziel: «Er kam in sein Eigentum und die Seinen nahmen ihn nicht auf. Die, die ihn aber aufnahmen, denen gab er die Macht, Gottes Kinder zu werden» (Johannes 1, 11 – 12).

Dann können die Menschen aus dieser Vollmacht, die sie aus ihrem übenden Streben erworben haben, wie die früheren Eingeweihten, wieder mit den Wesen der geistigen Welt kommunizieren und dadurch fruchtbar und heilsam handelnd in ihrer Kultur wirken.

Frank Teichmann hat sich bis in die letzten Tage seines Lebens mit den griechischen Mysterien beschäftigt und hat das Ziel formuliert vom «göttlichen Menschen, der von den Göttern wahrgenommen und geliebt wird», was für Aristoteles im Zusammenhang mit den Mysterien von Samothrake als die höchste Stufe des Menschseins galt.

Dieser Gedanke hat aber durch eine Schicksalsfügung eine denkwürdige

Verdichtung erfahren. Als Abschluss einer über längere Zeit in der Anthroposophischen Gesellschaft in Stuttgart bearbeiteten Thematik über das Wesen des Menschen, *Ecce Homo,* hielt Frank Teichmann am 13. Dezember 2006 seinen letzten Vortrag und zugleich den letzten in dieser Reihe mit dem Titel «Zur Geburt des Geistesmenschen». Er schloss diesen Vortrag mit dem Gedanken: «Weihnachten ist das Fest der doppelten Geburt – der leiblichen und der geistigen. Somit ist das Weihnachtsfest nicht ein bloßes Gedenken an ein Ereignis in der Vergangenheit, sondern es bedeutet auch ein Hinschauen auf die Impulse der Zukunft.» [249]

Mit diesem Impuls in seiner Seele überschritt er am 23. Dezember 2006, am Tag vor Weihnachten, die Schwelle des Todes.

Zuletzt möchte ich im Namen von Frank Teichmann all denen danken, die durch ihre freundschaftliche Verbundenheit und ihren Einsatz das Erscheinen dieses letzten Werks ermöglicht haben. In den Mitarbeitern des Friedrich von Hardenberg-Instituts in Heidelberg fand er stets aufgeschlossene Gesprächspartner und Kenner des antiken Geisteslebens – und der griechischen Sprache – und konnte mit diesen gemeinsam über viele Jahre seine Mysterienforschungen weiter bewegen. Frau Elisabeth Köster sei gedankt für ihr kluges und einfühlendes Erstellen des Textes aus der handschriftlichen Vorlage, wie sie es über viele Jahre auch für die früheren Texte geleistet hat. Andreas Neider danke ich für sein sorgfältiges Lektorat und mitdenkendes Verständnis. Walter Schneider sei für den unermüdlichen und kompetenten Einsatz bei der Herstellung des Buches gedankt. Als Ausdruck einer fruchtbaren Verbindung durch die vielen Jahre von Frank Teichmanns literarischem Wirken sei auch dem Verlag für das Erscheinen dieses Buches gedankt.

Ich möchte die Worte des Dankes nicht beenden, ohne Frank Teichmann selbst zu danken, dass er uns dieses Zeugnis seiner lebenslangen reichen Forscherarbeit noch geschenkt hat.

Im September 2007   *Brigitte Teichmann*

249 Zur Vertiefung der oben skizzierten Gedanken:
Rudolf Steiner: *Bausteine zu einer Erkenntnis des Mysteriums von Golgatha,* GA 175, bes. Vortrag vom 24.4.1917.
Rudolf Steiner: *Initiationserkenntnis,* GA 227.
Frank Teichmann: *Die Entstehung der Anthroposophischen Gesellschaft auf mysteriengeschichtlichem Hintergrund,* Stuttgart, 2002.
Frank Teichmann: *Goethe und die Rosenkreuzer,* Stuttgart, 2007.

273

Register